Gerald Schwabe

Lieblings-Wanderungen rund um OBERSTDORF

- Südliches Oberallgäu & Kleinwalsertal -

45 traumhafte Touren

ALPENVERLAG SCHWABE
Immenstadt

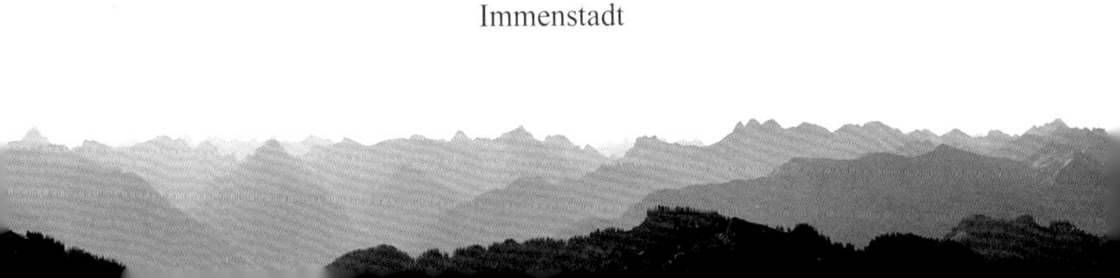

VORWORT

Oberstdorf und Fischen sind zwei kleine Orte mit nur wenigen Tausend Einwohnern, und doch gehören sie zu den bekanntesten Urlaubsorten Deutschlands. Millionen wander- und naturbegeisterte Urlaubsgäste zieht es Jahr für Jahr ins Oberallgäu und machen es zu einer der beliebtesten Ferienregionen des Landes. Es ist nicht nur seine schöne Landschaft, sondern auch seine unglaubliche Vielfalt, die es für so viele Menschen so attraktiv macht. Die hohen Felsgipfel der Allgäuser Alpen locken ambitionierte Bergsteiger, während in direkter Nachbarschaft familienfreundliche Höhenwege über sanfte, aussichtsreiche Grasberge führen. Klettersteige verlaufen über ausgesetzte Grate, während sich in den unteren Stockwerken die zahlreichen, autofreien Täler auf herrlichen, leichten Spazierwegen erkunden lassen. Fast ein Dutzend Seilbahnen und Sessellifte im näheren Umfeld Oberstdorfs erschließen die Bergwelt mit ihrem großen Angebot an schönsten Wanderwegen für fast jeden Geschmack und jede Kondition. Und während die hohen Gipfel im Süden eine beeindruckende Hintergrundkulisse bilden, so gibt das weite Illertal dem südlichen Oberallgäu eine überraschend offene, sonnenverwöhnte und freundliche Note, obwohl man sich gleichzeitig mitten in den Bergen fühlt.
Für dieses Buch habe ich Ihnen die 45 schönsten Wanderungen im südlichen Oberallgäu rund um Oberstdorf und Fischen sowie im angrenzenden Kleinwalsertal ausgewählt, eine abwechslungsreiche Mischung von leicht bis fordernd, vom entspannten Gipfelausflug bis zur ausfüllenden Tagestour, von begeisternden Höhenwegen bis zu gemütlichen Tal-Spaziergängen, von stillen Pfaden bis hin zu bekannten Klassikern, zu einsamen Bergseen und entlang rauschender Wasserfälle.

Ich wünsche Ihnen wunderschöne Natur- und Bergerlebnisse im Allgäu.

Gerald Schwabe

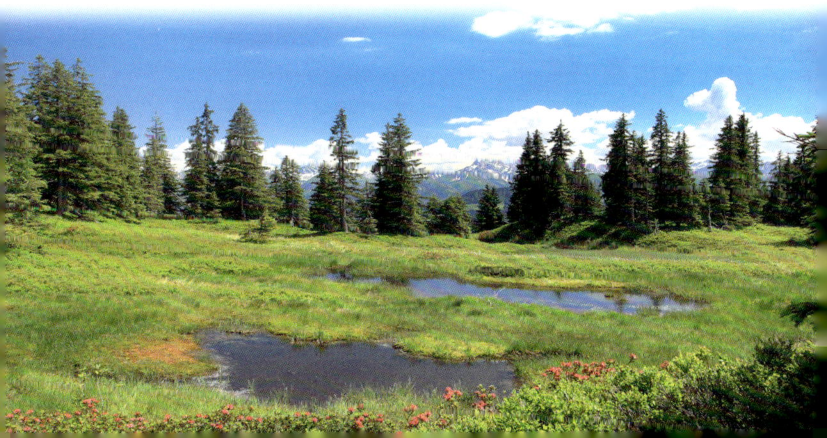

INHALT

Die Wanderungen

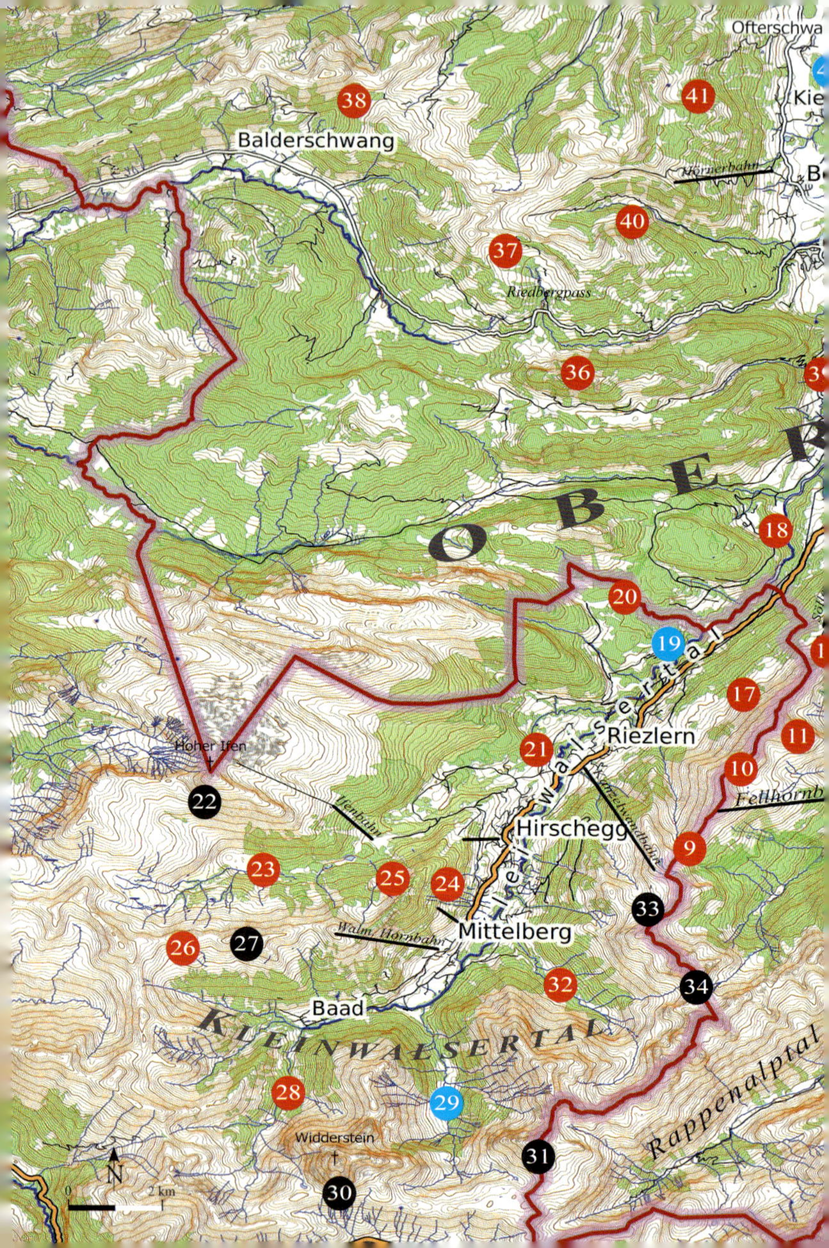
Ofterschwa
Balderschwang
Hörnerbahn
Riedbergpass
O B E R
Hoher Ifen
Ifenbahn
Riezlern
Hirschegg
Mittelberg
Walm. Hornbahn
Baad
KLEINWALSERTAL
Kleinwalsertal
Fellhornb
Rappenalptal
Widderstein
N
0
2 km
38
41
40
37
36
18
20
19
17
11
10
21
22
9
23
25
24
33
26
27
32
34
28
29
31
30

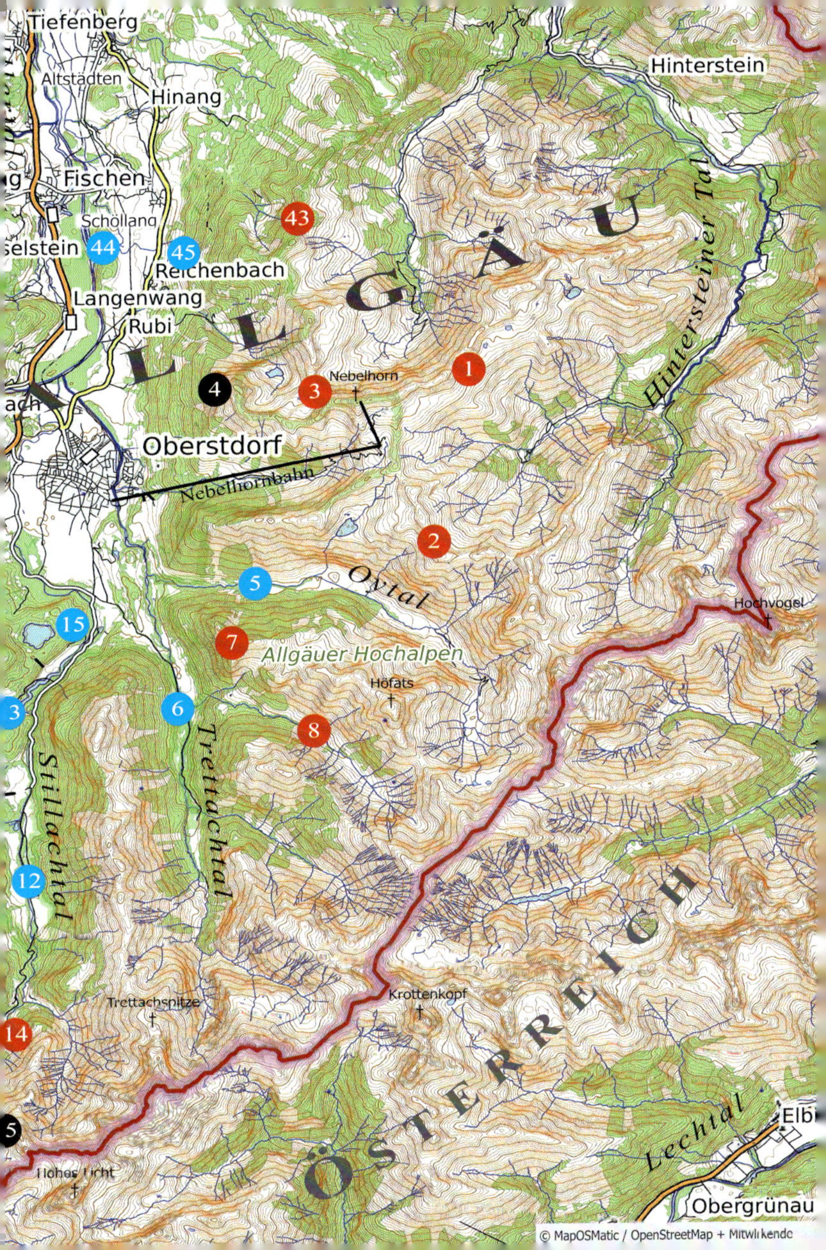

Tiefenberg
Altstädten
Hinang
Hinterstein
Fischen
Schöllang
44
45
43
Reichenbach
Langenwang
Rubi
ALLGÄU
Hintersteiner Tal
1
Nebelhorn
3
4
Oberstdorf
Nebelhornbahn
2
5
Oytal
15
Hochvogel
7
Allgäuer Hochalpen
Höfats
3
6
8
Trettachtal
Stillachtal
12
ÖSTERREICH
Krottenkopf
Trettachspitze
14
5
Hohes Licht
Lechtal
Obergrünau
© MapOSMatic / OpenStreetMap + Mitwirkende

PRAKTISCHE HINWEISE & INFOS

Das südliche Oberallgäu

Das Allgäu ist eine der beliebtesten Urlaubsregionen Deutschlands und ein wahres Paradies für Bergwanderer, Radfahrer und Naturliebhaber. Und das Herz des Allgäuer Wandertourismus schlägt fraglos rund um Oberstdorf und Fischen tief im Süden des Oberallgäus. Das südliche Oberallgäu wird geprägt vom breiten Illertal, das von den ersten hohen Bergen bei Immenstadt fast 20 Kilometer schnurgerade nach Süden in die Alpen reicht, um dort – bei Oberstdorf – seine Fortsetzung zu finden in wunderschönen, weiteren Tälern, die noch tiefer hineinführen in die Allgäuer Bergwelt: Trettachtal, Stillachtal, Oytal, Kleinwalsertal…

Man ist hier mitten in den Bergen, dennoch präsentiert sich die Landschaft überraschend offen und sonnendurchflutet. Wobei die spektakulären Felsgipfel des Allgäuer Hauptkamms eine beeindruckende Hintergrundkulisse schaffen. Sanfte, von Almwiesen überzogene Bergkuppen säumen das Illertal im Westen und Osten, familienfreundliche Wanderwegen wechseln sich ab mit hochalpiner Szenerie, und aussichtsreiche Gratwanderungen führen über die messerscharfen Kämme der berühmten Allgäuer Grasberge. Es locken blumenreiche Wiesenhänge und spektakuläre Höhenwege in 2000 Meter Höhe, großartige Aussichtsgipfel, und dazwischen eingestreut immer mal wieder ein wunderschöner Bergsee, der jedem Alpen-Klischee gerecht wird.

Ein Großteil des Allgäus steht unter Natur- oder Landschaftsschutz, doch richtige Wildnis darf man natürlich nicht erwarten. Das Allgäu ist eine seit Jahrhunderten besiedelte Kulturlandschaft mit einer noch immer sehr ausgeprägten Almwirtschaft – was sicherlich einen Teil des Reizes des Allgäus ausmacht. Eine Landschaft, die für jeden Geschmack etwas bietet und bei aller Popularität viele stille Ecken parat hält.

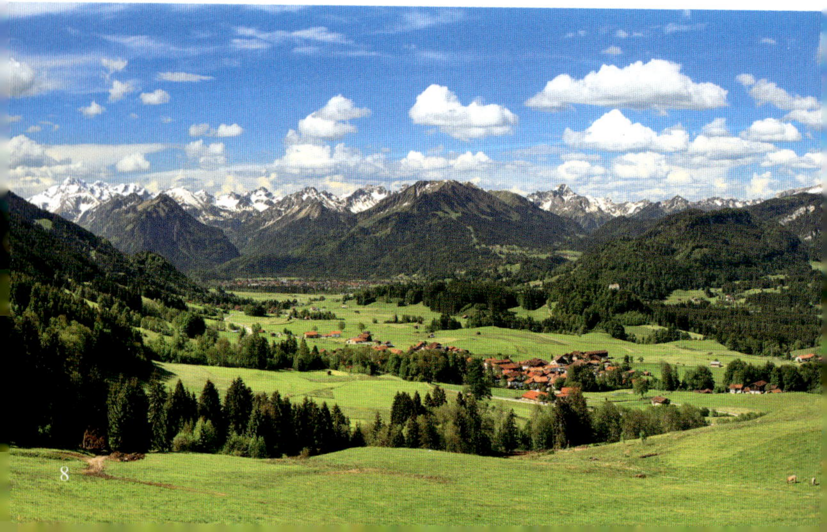

Das Kleinwalsertal

Das Kleinwalsertal, das sich ebenfalls im Südwesten Oberstdorfs anschließt, nimmt eine Sonderstellung ein. Ca. 15 km lang und bis zu 7 km breit, ist es sehr viel offener und siedlungsfreundlicher als seine direkten Nachbarn Stillach- und Trettachtal. Es gehört zum österreichischen Vorarlberg, bildet geografisch und touristisch aber eher eine Einheit mit dem Allgäu, da die hohen Gipfel ringsherum eine vernünftige Verkehrserschließung nach Österreich unmöglich machen. Eine Zufahrt mit dem Auto ist nur über das Allgäu möglich. Schon 1891 wurde das – aus österreichischer Sicht – etwas abgelegene und wirtschaftlich benachteiligte Tal daher deutsches Zollanschlussgebiet, offizielle Währung war jahrelang die D-Mark. Vier kleinere Orte verteilen sich in dem Tal, das für ungefähr 5000 Menschen die dauerhafte Heimat ist. Zu ihnen gesellt sich Jahr für Jahr ein Vielfaches an Urlaubsgästen: Das Kleinwalsertal lebt heutzutage fast ausschließlich vom Fremdenverkehr und ist eine der beliebtesten Urlaubsregionen in Österreich mit jährlich über 1,5 Millionen Übernachtungen.
Vier Orte reihen sich entlang der Hauptstraße aneinander, vom größten Ort Riezlern am nördlichen Talausgang über Mittelberg und Hirschegg bis zum kleinen Baad im Talschluss. Wobei sich die bäuerlichen Ursprünge und der sehr ländliche Charakter des Tales nicht verleugnen lassen: Es handelt sich – von Riezlern abgesehen – weniger um geschlossene Ortschaften, als vielmehr um mehr oder weniger dichte Ansammlungen von einzeln stehenden alten Bauernhäusern und Gehöften, Hotels und neueren Wohnhäusern, zwischen denen sich immer wieder kleinere Wiesen finden.
Die teilweise recht tief eingeschnittene Breitach durchfließt das Tal in seiner ganzen Länge und vereint sich – nachdem sie am Talausgang die berühmte Breitachklamm durchflossen hat – bei Oberstdorf mit der Trettach und Stillach zur Iller. Aus dem weiten, sonnigen Haupttal führen rund ein halbes Dutzend Nebentäler in die Berge hinein, von denen das Schwarzwassertal das größte ist. Höchster Gipfel ist der Widderstein, 2533 m, der mit seiner wuchtigen Gestalt das Tal im Süden dominiert. Der markanteste Gipfel ist sicherlich der Hohe Ifen, dessen schräge Felsplatte sich westlich von Hirschegg in den Himmel reckt. Direkt daneben erstreckt sich mit dem Gottesackerplateau eines der größten und interessantesten Karstgebiete Europas. Für Abwechslung ist also gesorgt in diesem Tal, das Sommergästen schier unbegrenzte Wandermöglichkeiten bietet.

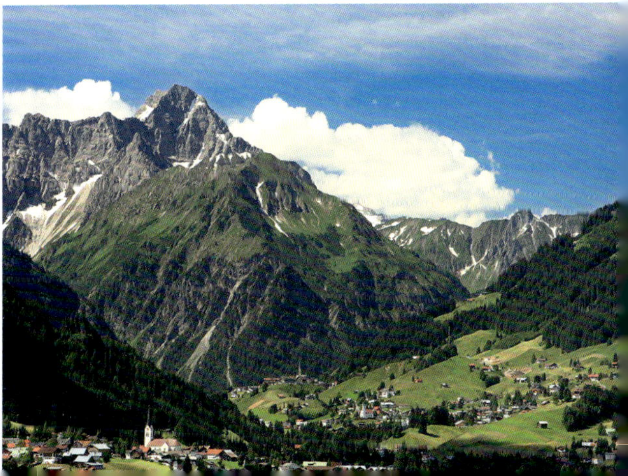

Die Berge der Region

Dass das Allgäu so beliebt bei Bergwanderern und Naturliebhabern ist, liegt sicherlich auch an den ungemein abwechslungsreichen Berggipfeln, die in der Region zu finden sind. Das mag nach staubtrockener Geologie klingen, aber wenn man durch die Allgäuer Berge wandert, wird man überrascht sein, wie spannend Zusammenhänge zwischen Geologie und Landschaft sein können. Denn es gibt wenige Gegenden in den Alpen, in denen auf so kleinem Raum so viele unterschiedliche Gesteinsformationen für das Erscheinungsbild der Berge verantwortlich sind. Die Gesteine der heutigen Gipfel wurden unter den unterschiedlichsten Bedingungen gebildet, an weit auseinanderliegenden Orten und zu völlig verschiedenen Zeiten, und erst die Alpenbildung hat alles soweit zusammengeschoben, dass wir heute vieles dicht neben- und übereinander vorfinden.

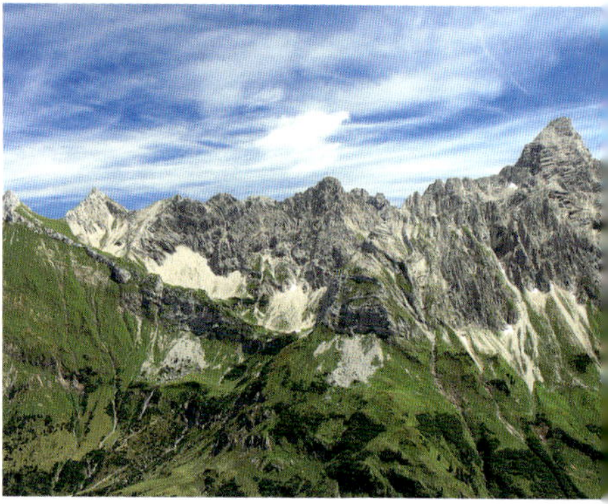

Hauptdolomit: Das Rückgrat der Allgäuer Alpen wird durch Dolomitgestein gebildet, das einigen Wanderern aus den Dolomiten bekannt sein wird und markante Felsgipfel hervorbringt, die im Allgäu oft die 2500-Meter-Marke knacken. Das schroffe, hellgraue und kahle Gestein ist allerdings recht brüchig, eher kletterfeindlich und steinschlaganfällig, was sich auch an den teilweise gewaltigen Schutthalden zeigt, die die Bergflanken säumen. Markante Vertreter im Oberallgäu sind Hochvogel *(re.)*, Krottenkopf und Trettachspitze; im Kleinwalsertal gehört die südöstliche Ecke dazu, in Gestalt von Widderstein und Schafalpenköpfen.

Allgäuschichten: Der Name deutet schon an, dass dieses Gestein im Allgäu flächenmäßig eine große Rolle spielt. Es bildet heute weitflächig die Unterlage der Dolomitschichten, oft mit einer scharfen Grenze zwischen »Grün« und »Grau« *(s. auch Bild oben)*. Aus dem Gestein gehen sehr fruchtbare Böden hervor, die oft bis weit in die Gipfelregion almwirtschaftlich genutzt werden. Einige der Gipfel ragen bis über 2300 m empor und sind doch bis zur Spitze flächendeckend mit Gras bedeckt. Schöne Beispiele sind das Rauheck oder der Fürschießer *(Bild links; rechts dahinter der felsige Großen Krottenkopf)*.

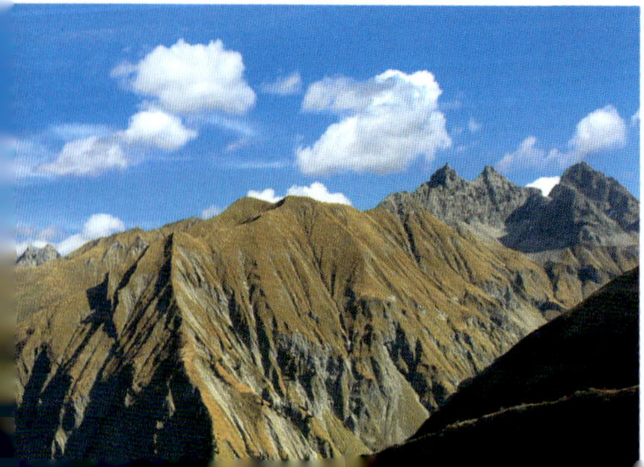

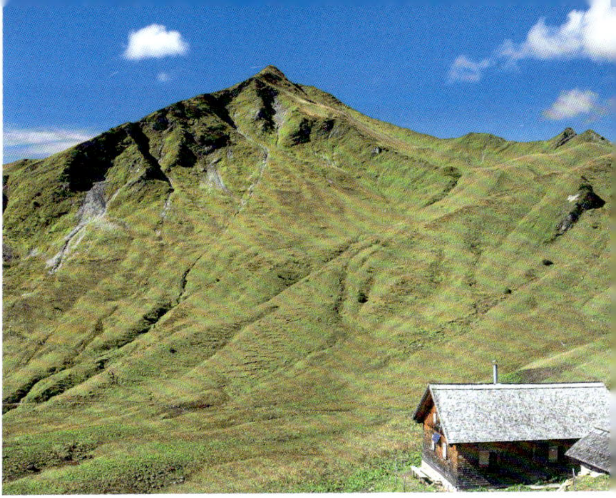

FLYSCH: Diese Gesteine bilden sowohl im Kleinwalsertal als auch im südlichen Oberallgäu eine Vielzahl von schönen Gipfeln. Der Begriff »Flysch« kommt aus dem Schweizerischen und bedeutet »fließen«. Das Gestein ist recht erosionsanfällig, die Gipfel weisen oft sanfte, runde Formen auf und sind bis in ihre Kammlagen von über 2000 m von dichtem Gras überzogen. Viele Flyschberge bilden aber auch scharfe Grate aus, und die steilen Hänge sind von unzähligen Erosionsrinnen durchzogen. Dank der guten Böden werden diese Berge intensiv almwirtschaftlich genutzt, so dass der ursprüngliche Wald weitflächig Almweiden Platz machen musste. Musterbeispiele sind der Fellhornkamm, das Riedbergerhorn sowie weite Bereiche des hinteren Kleinwalsertals mit Walmendinger Horn, Grünhorn und Güntlespitze *(siehe oben)*.

SCHRATTENKALK: Ein in der Schweiz weit verbreitetes Gestein, das gerade eben noch so ins Kleinwalsertal und das südliche Oberallgäu hereinreicht. Es handelt sich um ein reines, sehr festes Kalkgestein, das nicht nur die auffällige Felsplatte des Hohen Ifen, die karge Hochfläche des Gottesackerplateaus und den Besler-Gipfel bildet, sondern dem wir auch die Breitachklamm verdanken, wo die Breitach in mühevoller Kleinarbeit einen schmalen Durchgang durch den harten Fels gefräst hat.

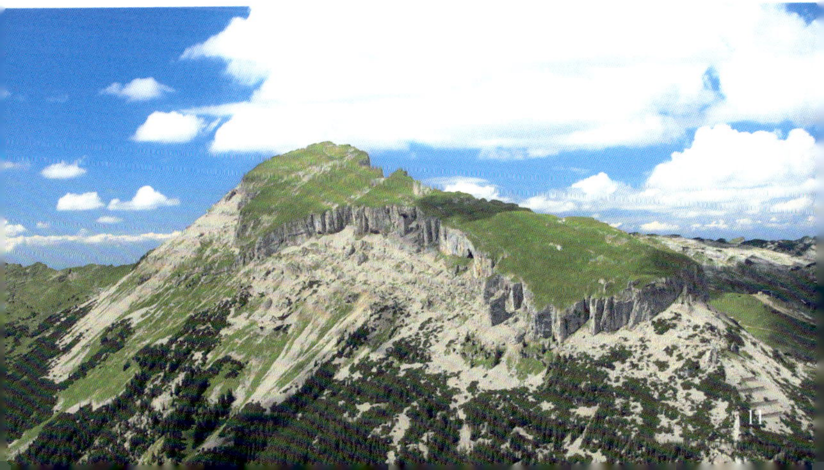

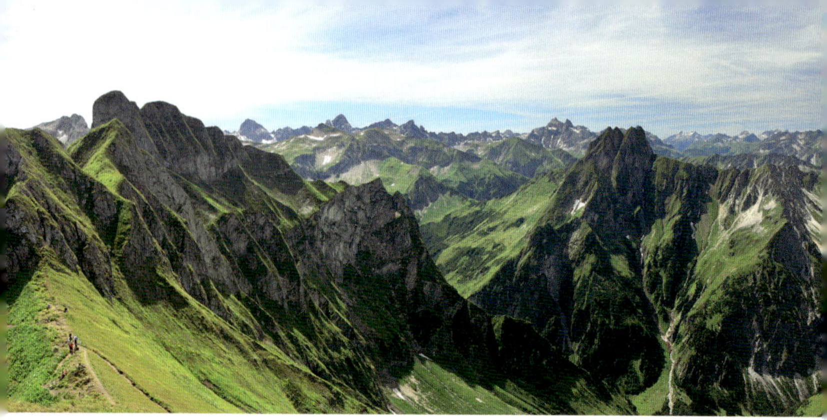

APTYCHENKALK: Ein Gestein, das aufgrund seiner geringen flächenmäßigen Ausdehnung eigentlich kaum der Rede wert ist, uns aber einige der schönsten Gipfel der Region beschert. Nur eine Laune der Natur, genauer: eine winzige Beimischung von hartem Kieselgestein führt dazu, dass die Berge aus diesem Gestein extrem feste, steile, grasbewachsene und blumenreiche Gipfel aufweisen. Paradebeispiele sind die bekannte Höfats und die nicht minder schöne Schneck *(Bild oben)*, die besonders schön auf der Tour 2 vom Nebelhorn zum Laufbacher Eck bewundert werden können.

NAGELFLUH: Auch wenn dieses Gestein eher am Oberallgäuer Alpenrand zu finden ist und damit etwas außerhalb dieses Buches, darf es in dieser Beschreibung nicht fehlen. Schließlich gibt es westlich von Fischen und Immenstadt einen ausgedehnten Naturpark mit dem Namen »Nagelfluhkette« mit einer großen Anzahl schönster Aussichtsgipfel. Anders als die bisher aufgeführten Gesteine ist das Nagelfluhgestein erst während der Alpenfaltung und -hebung entstanden, die vor gut 20 Millionen Jahren begann. Dabei wurden Unmengen von Gesteinsschutt von Flüssen aus den Bergen ins Alpenvorland transportiert und abgelagert; und schließlich selbst noch mit gefaltet und angehoben. Um heute langgestreckte, in West-Ost-Richtung verlaufende Höhenrücken zu bilden, die selbst noch Meereshöhen von 1800 m erreichen. Wer auf diesen Gipfeln unterwegs ist, dem werden immer wieder die wie Waschbeton aussehenden Felswände auffallen, ein Mix aus Flussschottern und Sand, verkittet zu einem festen Gestein *(z.B. Tour 38 auf den Siplingerkopf)*.

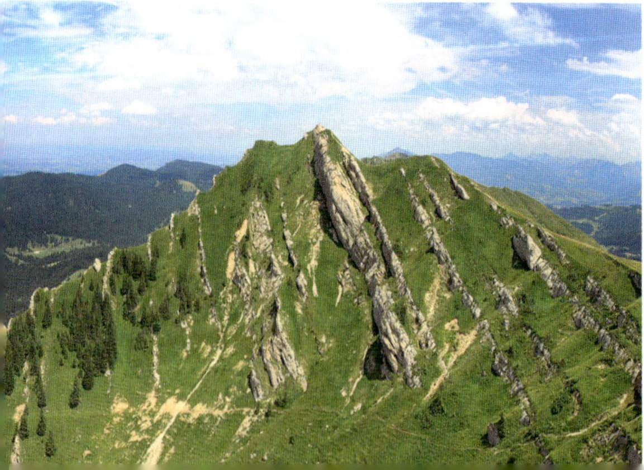

Rindalphorn, Nagelfluhkette

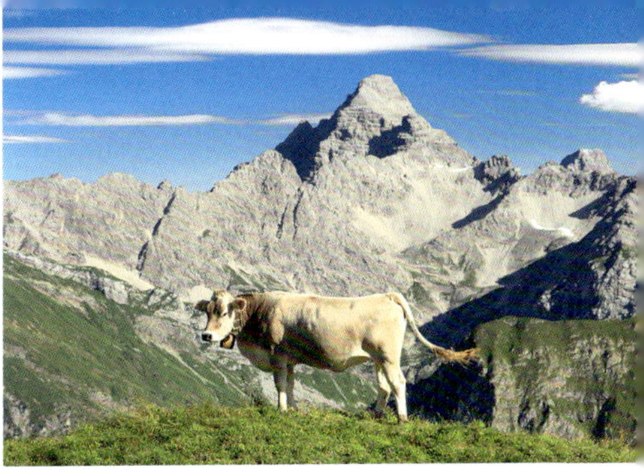

Hochvogel

Tourenauswahl

Im Kleinwalsertal und südlichen Oberallgäu findet sich eine unglaubliche Fülle an Touren, so dass für fast jeden Wandergeschmack etwas dabei sein dürfte. In diesem Buch ist eine bunte Auswahl der schönsten Wanderungen zusammengefasst, von leichten Wanderungen durch die vielen hübschen Seitentäler über lohnende Halbtagestouren hinauf in die beeindruckende Bergwelt bis hin zu anspruchsvollen Gipfelbesteigungen. Und dank der guten Seilbahnerschließung finden Wanderer selbst in alpinen Höhen erstaunlich leichte Touren.

Um eine Tour auf den ersten Blick grob einschätzen zu können, sind jeder Wanderung Kurzinfos vorangestellt. Diese geben Auskunft über Ausgangspunkt/Anfahrt (Auto und Bus), Tourencharakter, Höhendifferenz, Einkehrmöglichkeiten unterwegs sowie Gehzeit (Die Gehzeiten beziehen sich auf die reine Gehzeit ohne Rast und Pausen und orientieren sich an den auf den Beschilderungen vor Ort angegebenen Zeiten). Auch auf mögliche Varianten wird hier hingewiesen. Nach der Kurzinfo folgt die ausführliche Wegbeschreibung, jeweils ergänzt durch eine Karte mit Routeneintrag sowie ein Streckenprofil.

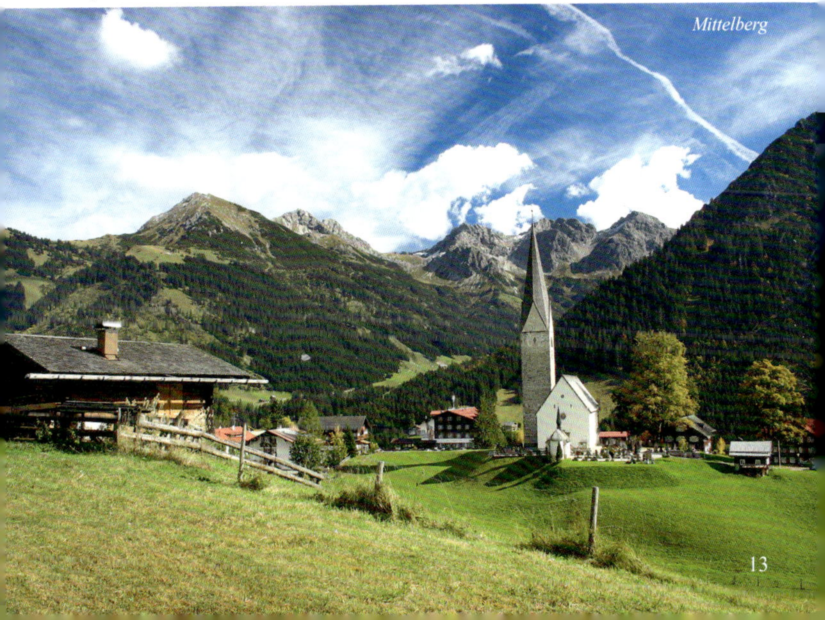

Mittelberg

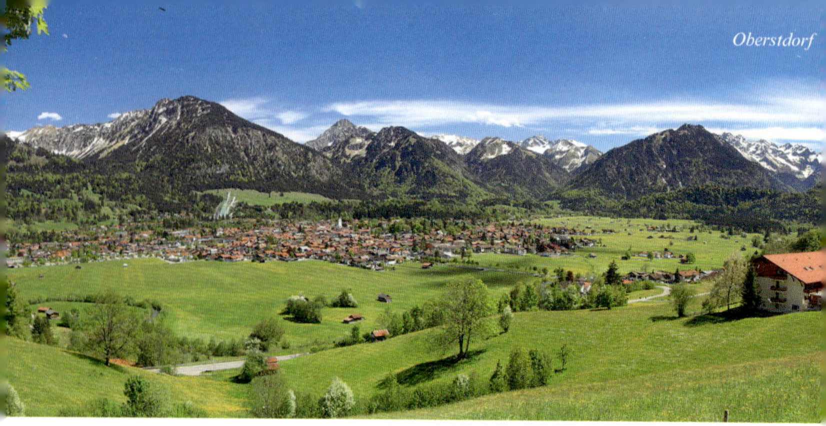

Oberstdorf

Anforderungen

Die Beurteilung einer Tour hinsichtlich Schwierigkeit und Anforderung ist naturgemäß sehr subjektiv, zu unterschiedlich sind individuelle Vorlieben, Kondition, Bergerfahrung und vor allem die Selbsteinschätzung. Die farbliche Unterteilung der Touren in **leicht**, **mittel** und **schwer** dient deshalb nur als grobe Orientierung. Sind bei Wanderungen heikle Stellen, Kletterpassagen, Seilsicherungen oder besondere Schwierigkeiten zu erwarten, wird dies in den jeweiligen Wegbeschreibungen explizit aufgeführt.

● **Leicht:** Auf diesen Touren sind die Wege breit und weitgehend eben, es sind nur wenige Höhenmeter zu bewältigen und die wenigen Steigungen sind recht gemächlich. Oft haben die Wege Spaziergang-Charakter und sind auch bei Regenwetter gefahrlos zu begehen.

● **Mittel**: Diese Touren sind für durchschnittliche Bergwanderer mit guter Kondition geeignet. Es gibt durchaus längere, steilere Wegpassagen, allerdings ohne technisch besondere Herausforderungen. Die Wege sind oft schmal und verlaufen teils in alpinem Gelände, setzen also ordentliche Wanderschuhe und eine gewisse Trittsicherheit voraus.

● **Schwer**: Bei diesen Touren sind eine sehr gute Kondition sowie absolute Berg- und Trittsicherheit erforderlich. Sowohl wegen der insgesamt zu bewältigenden Höhenmeter als auch wegen der teils sehr steilen An- und Abstiege und ausgesetzter Gratwege nur für geübte Bergwanderer.

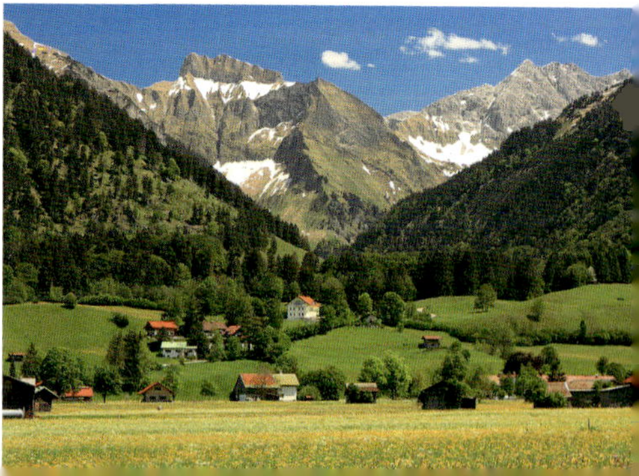

Bei Oberstdorf

TELEFONNUMMERN, INTERNET & WANDERKARTEN

Touristen-Info:

⇨ Tourismus Oberstdorf, Prinzregenten-Platz 1, Oberstdorf Haus, 87561 Oberstdorf, Tel. +49 8322 7000, www.oberstdorf.de

⇨ Tourismus Hörnerdörfer GmbH, Am Anger 15, 87538 Fischen i. Allgäu, Tel. +49 8326 3646-0, www.hoernerdoerfer.de

⇨ Kleinwalsertal Tourismus, Walserstrasse 264, A-6992 Hirschegg Tel. +43 5517 5114-0, www.kleinwalsertal.com

Notrufnummer 112 (Europaweite Notrufnummer für Festnetz und Mobiltelefon)

Wetterberichte (online)

⇨ www.alpenverein.de (Wetterbericht für den Alpenraum)

⇨ Deutscher Wetterdienst, www.dwd.de

⇨ http://wetter.orf.at (Berg-/Wetterbericht für Österreich)

⇨ Zentralanstalt für Meteorologie: www.zamg.ac.at (Berg-/Wetterbericht für Österreich)

Wanderkarten

Zusätzlich zu den Wanderkärtchen, die Bestandteil jeder Tourenbeschreibung sind, ist – für alle, die unterwegs statt Smartphone lieber eine handfeste Karte in Händen halten – folgendes Kartenmaterial empfehlenswert:

⇨ Landesamt für Vermessung und Geoinformation: UK50-47 »Allgäuer Alpen« im Maßstab 1:50.000 (www.ldbv.bayern.de)

⇨ Zumstein-Wanderkarten: Nr. 4 »Oberstdorf« im Maßstab 1:30.000 (www.ava-verlag.de)

ANREISE MIT DEM AUTO

Das südliche Oberallgäu und das Kleinwalsertal sind per Pkw gut erreichbar: Auf der A7 aus Richtung Ulm und weiter ab Kempten auf der ausgebauten B19 kommt man ungehindert bis Sonthofen im Oberallgäu. Ab dort über Fischen bis Oberstdorf ist allerdings – insbesondere an schönen Wander-Wochenenden – oft etwas Geduld gefragt, denn das Allgäu lockt neben den vielen Übernachtungsgästen auch unzählige Tagesausflügler an, und es geht teilweise nur sehr zäh voran. Parkplätze gibt es im gesamten Tourengebiet ausreichend, allerdings sind fast alle kostenpflichtig (auch am Wochenende) und teilweise sehr teuer; Ein Ausflug in die Berge mit dem ÖPNV schont also nicht nur die Umwelt, sondern oft auch Nerven und Geldbeutel.

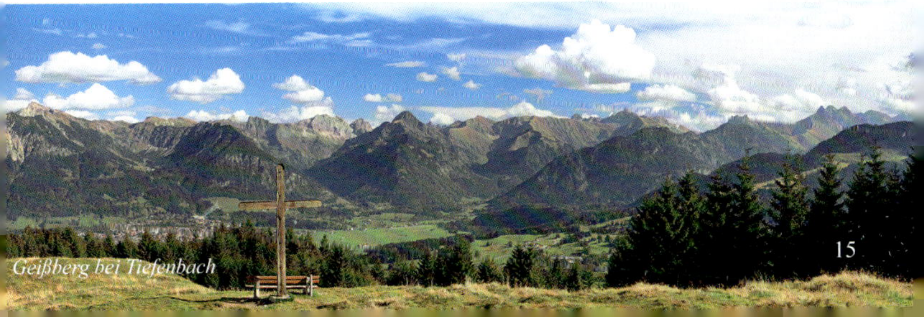

Geißberg bei Tiefenbach

Symbole & Pictogramme

Ausgangspunkt / Anfahrt	Gehzeit	Schwierigkeit:
Tour mit Seilbahn / Lift	Höhenmeter (*bergauf / bergab*)	Leicht
Tourencharakter	Distanz	Mittel
Einkehr	A E Ausgangs- / Endpunkt	Schwer
Ort / Dorf	P H Parkplatz / Bushaltestelle	

Öffentliche Anreise und mobil vor Ort

Oberstdorf wird ein- bis zweimal pro Stunde von der Bahn via Immenstadt und Fischen angefahren (www.bahn.de). Und – von ganz wenigen Ausnahmen abgesehen – sind alle in diesem Buch beschriebenen Wanderungen mit öffentlichen Verkehrsmitteln problemlos machbar. Vom Bahnhof Oberstdorf verkehrt der Walserbus von früh bis spät alle 10 bis 20 Minuten auf der Hauptstrecke ins Kleinwalsertal über Riezlern, Hirschegg und Mittelberg bis nach Baad (Anschlüsse in die Nebentäler halbstündlich). Die kleinen Orte und Dörfer in der Umgebung Oberstdorfs sind i.d.R. alle 1 bis 2 Stunden per Bus zu erreichen, ins Stillachtal und zur Fellhornbahn fährt ein Bus ab Oberstdorf alle 30 min.

Walserbus-Fahrpläne sind als Faltblatt vor Ort erhältlich, außerdem im Internet zur Ansicht bzw. zum Ausdrucken unter ► www.kleinwalsertal.com (Busbenutzung ist für Kleinwalsertal-Übernachtungsgäste kostenlos).

Busfahrpläne für das südliche Oberallgäu gibt es als handliche Fahrplanhefte in den Touristenämtern bzw. am Bahnhof oder online unter ► www.oberallgaeu.de bzw. www.mona-allgaeu.de.

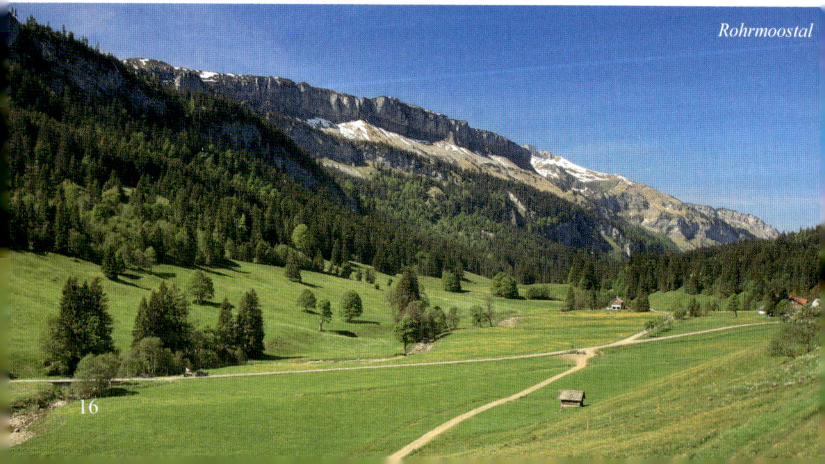

Rohrmoostal

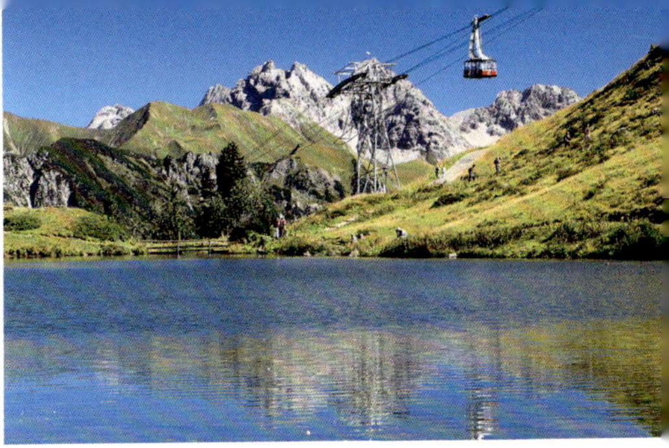

Fellhornbahn

Bergbahnen

Alleine im südlichen Oberallgäu rund um Oberstdorf und im Kleinwalsertal gibt es insgesamt 10 Sommerseilbahnen und Sessellifte, was die Bedeutung des Wandertourismus für die Region unterstreicht. Die Bahnen sind in der Regel ganzjährig in Betrieb, nur in den touristisch ruhigeren Übergangsmonaten zwischen Sommer- und Wintersaison (i.d.R. die Monate November und April) werden Revisionspausen eingelegt. Durch die zunehmend warmen und auch oft schneearmen Winter sind einige Bahnen allerdings – bei schönem Wanderwetter – auch dann an manchen Wochenenden ausnahmsweise in Betrieb (aktuelle Infos stehen auf den jeweiligen Internetseiten). Die täglichen Betriebszeiten liegen in etwa zwischen 8.30 und 16.30 Uhr. Genauere Informationen sowie Telefonnummern und Internetseiten sind in den Kurzinfos angegeben.
Bei vielen Hotels sind bei längeren Aufenthalten manche Seilbahnen inklusive, zudem gibt es diverse Angebote (uneingeschränkte Seilbahnnutzung an mehreren Tagen u.ä.), die Übernachtungsgäste auf ihre Gästekarte aufbuchen lassen können.

Einkehr, Almhütten & Co.

Die Berge im Kleinwalsertal und im südlichen Oberallgäu sind gastronomisch bestens erschlossen, sodass es kaum eine Wanderung ohne Einkehrmöglichkeit gibt. In unmittelbarer Umgebung der Seilbahn-Bergstationen findet man eigentlich immer irgendeine Hütte oder ein Restaurant, und auch sonst stößt man unterwegs immer wieder auf eine Alpenvereinshütte oder eine der zahlreichen privaten, bewirtschafteten Alphütten.
Die bei den Bergstationen gelegenen Hütten/Restaurants haben während der Seilbahn-Betriebszeiten i.d.R. ohne Ruhetage geöffnet. Die Öffnungszeiten der hochgelegenen Alpenvereinshütten sind durch die Höhe bzw. den Winter begrenzt; die Sommersaison ist sehr unterschiedlich und dauert etwa von Anfang Juni bis Anfang Oktober. Bei den meist privaten Alphütten, die im Nebenerwerb Kost anbieten, bestimmt oft der bäuerliche Terminkalender die Saison, die meist nur so lang dauert, wie das Vieh auf der Alm ist, also von ca. Mitte Juni bis zum Viehscheid ca. Mitte September. Mit einem wöchentlichen Ruhetag muss man rechnen. Besonders bei etwas abgelegenen Hütten weist meist ein Schild frühzeitig auf eventuelle Ruhetage hin.

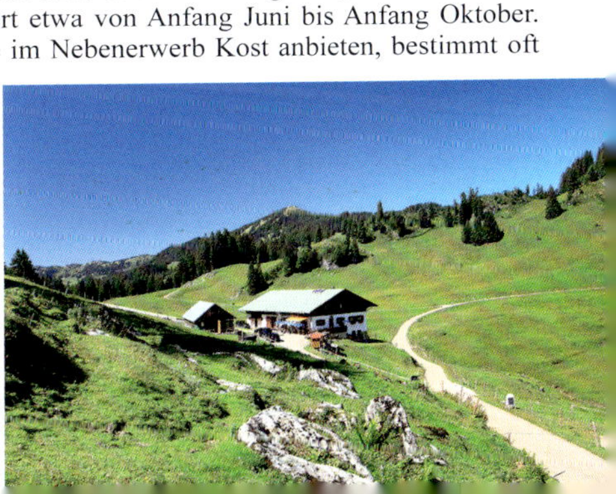

1 Vom Nebelhorn zum Engeratsgundsee

4.45 Std. | 420 Hm | 10,2 km

Oberstdorf, Parkplatz bei der Talstation der Nebelhornbahn, 828 m *(**Navi**: 87561 Oberstdorf, Rossbichlstraße)*; Bus und Bahn nach Oberstdorf aus Richtung Immenstadt ca. halbstündlich; vom Bahnhof ca. 20 Min. zu Fuß.

Nebelhornbahn: Kleinkabinenbahn, Betrieb ca. Mitte Mai–Anfang November, 8.30–16.30 Uhr, www.ok-bergbahnen.com, Talstation 828 m, Bergstation Höfatsblick 1932 m.

Hochalpines Gelände; Der schmale, teils holprig-felsige Weg schlängelt sich mit leichtem Auf und Ab durch die Karsthochfläche des Koblat.

Edmund-Probst-Haus (DAV) und Restaurant Station Höfatsblick ②

Hochalpine Traumtour am Nebelhorn

Das Nebelhorn oberhalb von Oberstdorf ist dank der Seilbahn sicherlich einer der meistbesuchten Gipfel der Region. Höher hinauf als hier kann man sich im Allgäu nicht transportieren lassen, und die Werbung verspricht einen 400-Gipfel-Blick. Trotz des entsprechenden Trubels dort oben kann man eine recht stille Berglandschaft genießen, wenn man die unmittelbare Seilbahn-Umgebung verlässt. Z.B. auf dieser Tour, die uns über die weite, sonnige und aussichtsreiche Karsthochfläche des Koblat am stillen Laufbichelsee vorbei zum herrlichen Engeratsgundsee führt. Sicher eine der schönsten Touren im Oberallgäu.

Nach der Seilbahnauffahrt von **Oberstdorf** ①, 828 m, steigen wir von der **Station Höfatsblick** ②, 1932 m, schräg den Osthang des weiten Kessels hinauf zu einem Grat. Oben haben wir freie Sicht auf die breite Karsthochfläche des Koblat. Unser Weg schlängelt sich mit leichtem Auf und Ab durch diese bucklige, von hellen Felsen durchsetzte, vegetationsarme Hochfläche, auf der es im Hochsommer sehr heiß werden kann. Links hoch über uns

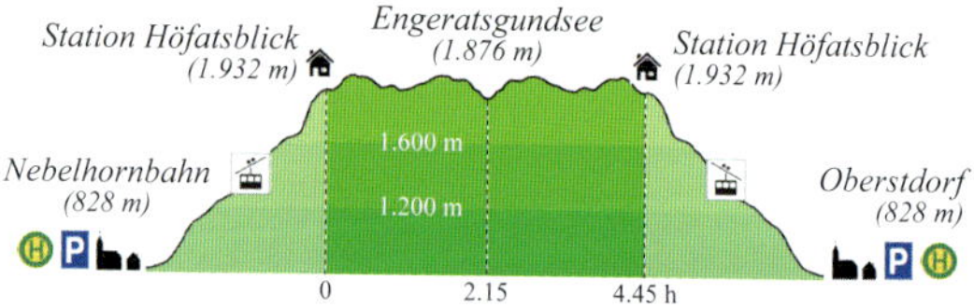

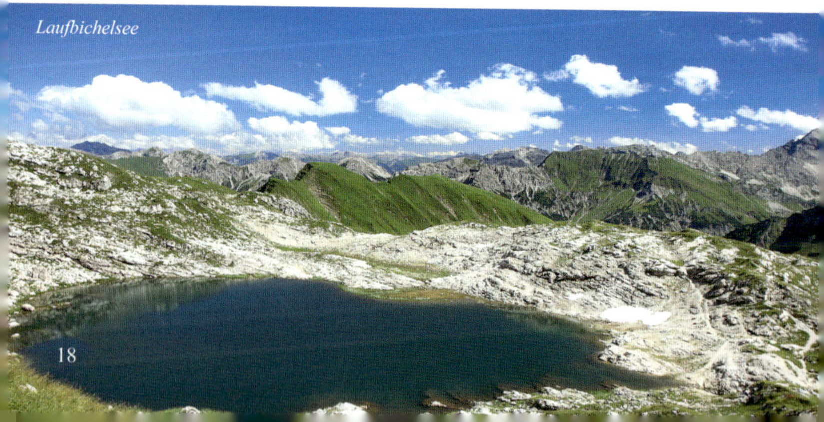

Laufbichelsee

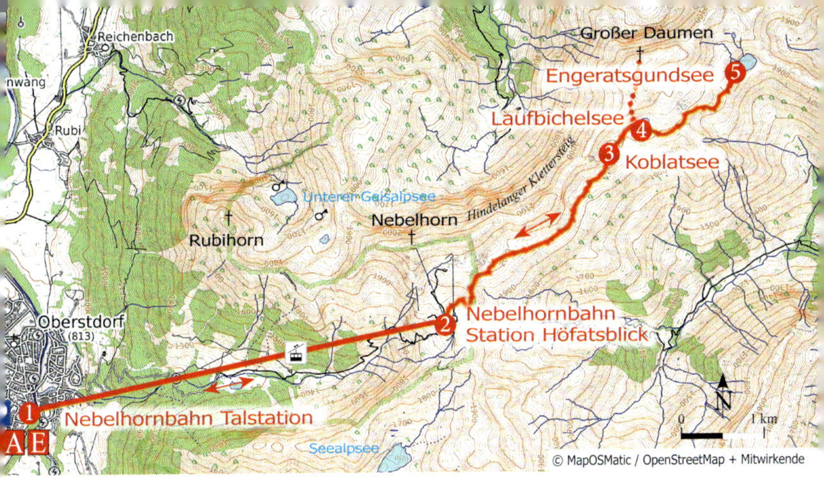

sind manchmal Bergsteiger auf dem Hindelanger Klettersteig zu erkennen, zur Rechten haben wir freie Sicht auf die Allgäuer Alpen mit der markanten Pyramide des Hochvogels als Blickfang. Schließlich erreichen wir den fast völlig von Kalkschutt umgebenen **Koblatsee** ③, 1966 m, und wenige Minuten später auch den hübschen **Laufbichelsee** ④, 2018 m. (Links vor dem See windet sich ein steiler Weg in Serpentinen hinauf Richtung Großer Daumen, 2280 m; s. Variante).

Nun wartet noch der schönste See der Wanderung auf uns. Der Weg verläuft weiter auf der Koblat-Hochfläche, verliert aber nun allmählich etwas an Höhe. Gleichzeitig verändert sich auch die Umgebung ein wenig: Die hellen, freiliegenden Felspartien, die bisher so dominierend waren, werden seltener, es wird grüner. Rechts vor uns erhebt sich der steile Wiesengrat der Laufbichelkirche – ein Pendant zu Schneck und Höfats, deren Gipfel wir weit im Süden erkennen und die aus dem gleichen Gestein aufgebaut sind. Schließlich eine letzte Biegung, und vor uns liegt der wunderschöne **Engeratsgundsee** ⑤, 1876 m, der Umkehrpunkt unserer heutigen Tour. Der Rückweg zur Nebelhornbahn und hinab nach Oberstdorf erfolgt auf demselben Weg.

Variante: Als Alternative zum Engeratsgundsee am Ende der Tour oder als zusätzlicher Gipfel zwischendurch bietet sich der Große Daumen an: Der Weg zieht sich – ausgehend vom **Laufbichelsee** ④ – den steilen Hang hinauf und bietet mit jedem gewonnenen Höhenmeter einen schöneren Blick über den See und die Allgäuer Alpen im Hintergrund. Am Kamm angelangt, führt ein überraschend leichter Pfad einen langgestreckten, sanft ansteigenden Wiesenhang hinauf bis zum Gipfel des Großen Daumens *(Insgesamt plus 50 min. und 280 Hm)*.

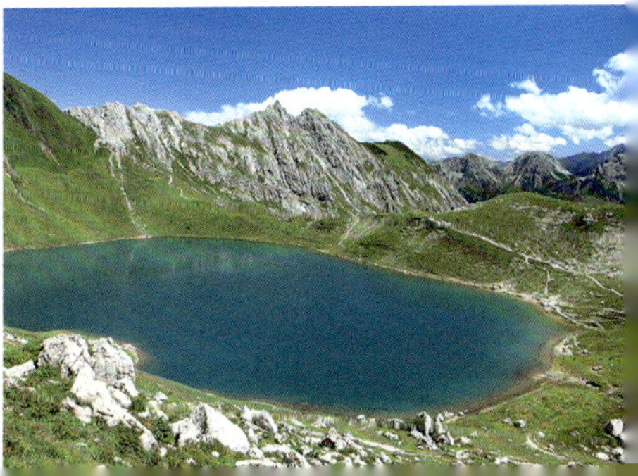

Engeratsgundsee

2 Vom Nebelhorn zum Laufbacher Eck

4.15 Std. | 410 Hm | 10,4 km

Oberstdorf, Parkplatz bei der Talstation der Nebelhornbahn, 828 m *(**Navi**: 87561 Oberstdorf, Rossbichlstraße)*; Vom Bahnhof ca. 20 Min. zu Fuß durch die Fußgängerzone.

Nebelhornbahn: Kleinkabinenbahn, Betrieb ca. Mitte Mai–Anfang November, 8.30–16.30 Uhr, www.ok-bergbahnen.com, Talstation 828 m, Bergstation Höfatsblick 1932 m.

Bis zum Zeigersattel breiter Weg, danach schmaler Wanderpfad mit nur geringem Auf und Ab am steilen Wiesenhang entlang – nicht schwierig, aber recht ausgesetzt, trittsicher sollte man also sein. Zum Laufbacher Eck steiler Anstieg, auf den man aber verzichten kann (150 Hm weniger).

Edmund-Probst-Haus (DAV) und Restaurant Station Höfatsblick ②

Panoramawanderung hoch über dem Oytal

Die Nebelhornbahn bringt uns bequem hinauf in alpine Höhen zu unserer heutigen Tour, einem echten Highlight der Allgäuer Alpen: Der wunderschöne Panoramaweg hinüber zum Laufbacher Eck führt mit nur geringem Auf und Ab hoch über dem Oytal entlang, vorbei an prächtigen Ausblicken auf den vielfotografierten Seealpsee, die berühmte Höfats und die Allgäuer Alpen. Der einzige anstrengende Teil der Wanderung wartet am Ende mit dem Aufstieg zum Laufbacher Eck: ein sehr lohnender Abschluss, auf den man aber bei fehlender Kondition verzichten kann.

Von **Oberstdorf** ①, 828 m, schweben wir gemütlich mit der Nebelhornbahn in Richtung Gipfel. Rund um die **Station Höfatsblick** ②, 1932 m, ist immer recht viel Trubel, sodass wir uns schnell auf den Weg machen. Auf einem breiten Fahrweg wandern wir in südlicher Richtung etwas bergab, um dann am Gegenhang zum grünen **Zeigersattel** ③, 1910 m, hinaufzusteigen, der uns anfangs noch die freie Sicht auf die hohen Gipfel versperrt. Umso größer ist die Begeisterung, wenn wir auf der anderen Sei-

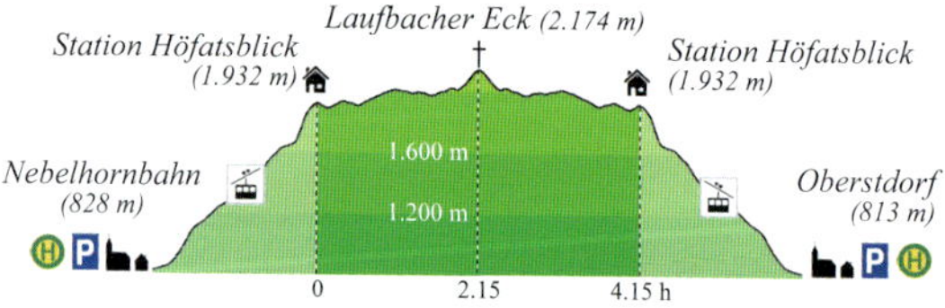

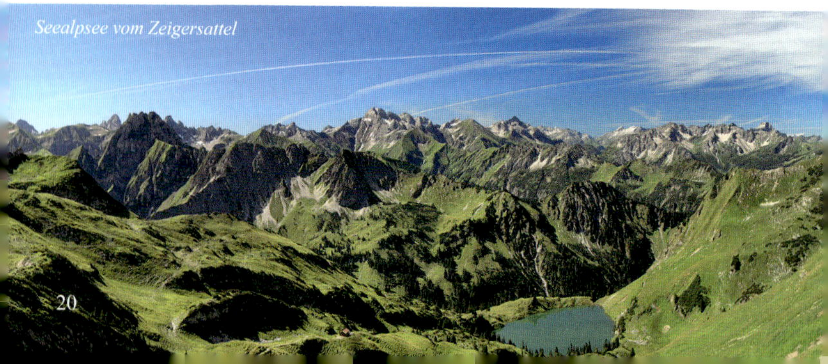

Seealpsee vom Zeigersattel

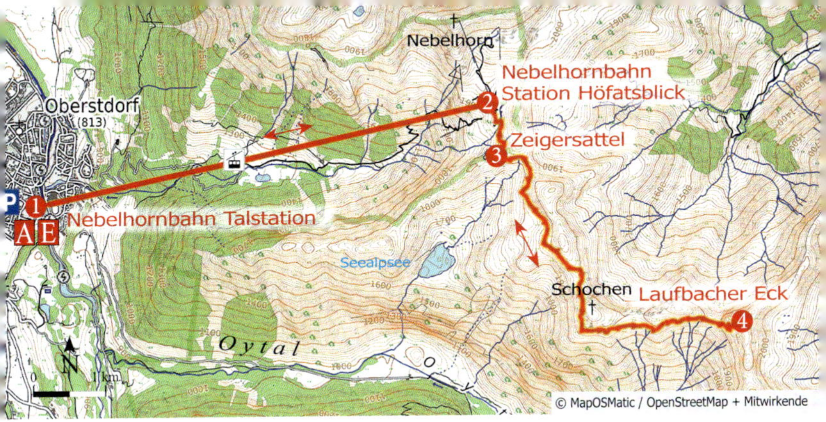

te des Passes stehen: welch ein Panorama! Als Blickfang der wunderschöne Seealpsee, dahinter die Allgäuer Alpen in ihrer ganzen Pracht. Die Nähe der Bergstation sorgt auch hier für recht viel Betrieb, aber auf den weiten Wiesenhängen findet jeder ein ruhiges Plätzchen.

Jenseits des Passes wird es merklich stiller; der Weg Richtung Laufbacher Eck zieht sich ohne größere Höhenunterschiede am linken Hang des weiten Talkessels entlang. Steile Grashänge prägen das Gelände, der Weg ist oft schmal, aber ungefährlich, sofern man nicht allzu verträumt die Landschaft bewundert. Hinter dem spitzen Grasgipfel des Schochen biegt der Hang scharf nach links ab, und ab jetzt verläuft der Weg – immer grob entlang der 2000-m-Höhenlinie – als wunderschöner Höhenweg hoch über dem Oytal. Die Aussicht ist spektakulär: der Talschluss mit Schneck und Großem Wilden vor uns, auf der gegenüberliegenden Talseite die markante Höfats.

Eine kurze, seilgesicherte, aber nicht wirklich schwierige Passage ist zu überwinden, dann steuern wir langsam auf das Laufbacher Eck zu. Der einzige nennenswerte Anstieg dieser Tour führt uns am Ende im weiten Zickzack rund 150 Höhenmeter hinauf zu einer Passhöhe knapp unterhalb des **Laufbacher Ecks** ④, 2178 m, die den Übergang zum Bärgündeletal bildet. Genau gegenüber thront die eindrucksvolle Pyramide des Hochvogels. Zurück nach Oberstdorf geht es auf demselben Weg.

Da man bei dieser Tour hin und zurück auf demselben Weg geht, kann man die Wanderung je nach Lust und Kondition (oder falls Kinder dabei sind) beliebig verkürzen. Selbst eine einstündige Wanderung auf diesem Panoramaweg ist bereits ein Erlebnis.

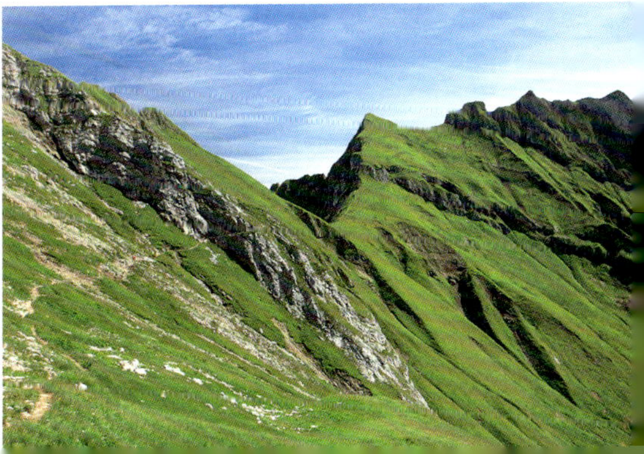

Höhenweg zum Laufbacher Eck

3 Vom Nebelhorn zu den Gaisalpseen

4.45 Std. | 185 / 1300 | 11,9 km

Oberstdorf, Parkplatz bei der Talstation der Nebelhornbahn, 828 m *(**Navi**: 87561 Oberstdorf, Rossbichlstraße)*; Vom Bahnhof ca. 20 Min. zu Fuß durch die Fußgängerzone.

Nebelhornbahn: Kleinkabinenbahn, Betrieb ca. Mitte Mai–Anfang November, 8.30–16.30 Uhr, www.ok-bergbahnen.com, Talstation 828 m, Bergstation Höfatsblick 1932 m.

Alpines Gelände mit schmalen Wegen, teils felsig. Steiler und teils schrofiger Abstieg vom Oberen Gaisalpsee bis zur Gaisalpe.

Edmund-Probst-Haus (DAV) und Restaurant Station Höfatsblick ②; Untere Richtersalpe; Gaisalpe ⑥; Café Breitenberg ⑦

Bergseen zwischen Nebelhorn und Rubihorn

Mit dieser Wanderung erwartet uns ein weiteres Schmankerl im Tourenangebot rund um das Nebelhorn: Es geht überwiegend bergab, anfangs in den oberen Regionen des Faltenbachtales, schließlich durch die hochalpine Bergwelt zwischen Nebelhorn, Rubihorn und Entschenkopf, entlang von zwei malerischen Bergseen und vorbei an zwei gemütlichen Alphütten. Eine herrliche Tagestour voller schöner Eindrücke.

Von **Oberstdorf** ①, 828 m, fahren wir zunächst mit der Nebelhornbahn nach oben. Direkt bei der **Station Höfatsblick** ②, 1932 m, beginnt ein breiter Panoramaweg hinüber zu einem Aussichtspunkt über das Faltenbachtal. Wir gehen aber nicht bis zu dessen Ende, sondern biegen bereits nach etwa 150 Metern rechts auf einen schmalen Pfad (Wegweiser »Gaisalpsee«) ab, der kurz darauf eine steile Geländestufe erreicht. Es geht im Zickzack einige drahtseilgesicherte Passagen bergab, ehe wir danach, ganz allmählich wieder an Höhe gewinnend, die steilen Südhänge

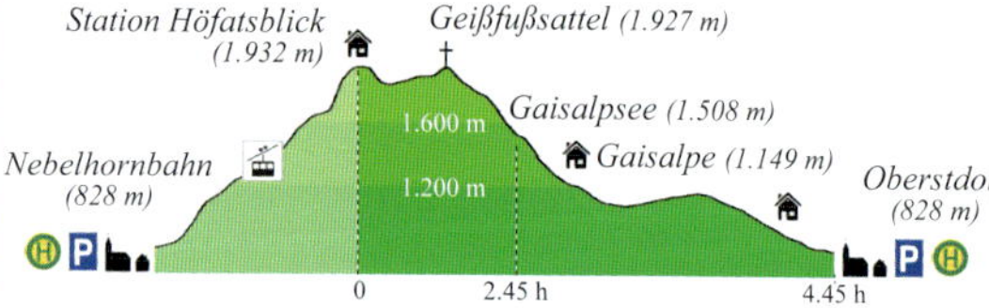

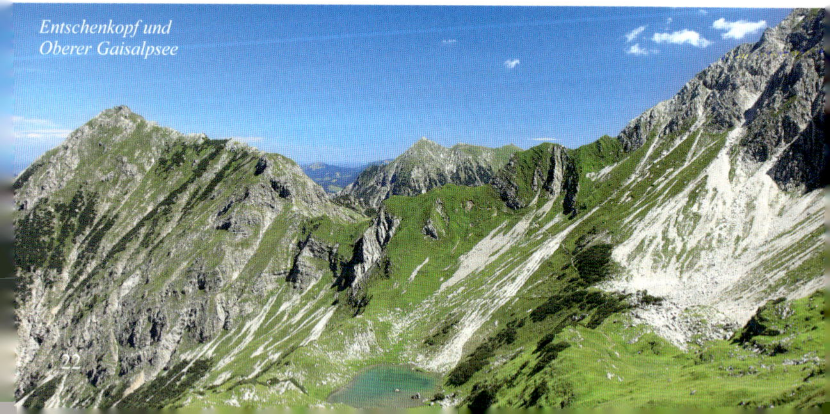

Entschenkopf und Oberer Gaisalpsee

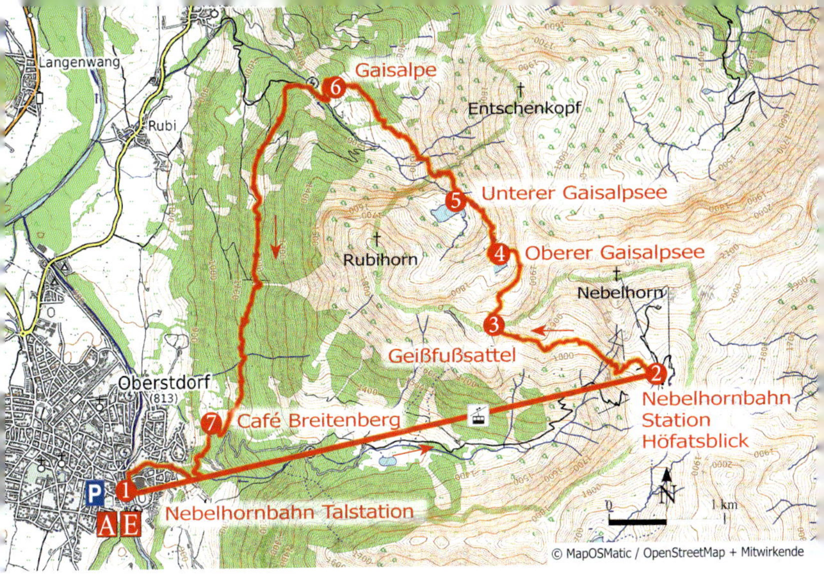

unterhalb des Nebelhorn-Gipfels queren. Wir wandern durch den Großen Gund und bringen den einzigen etwas steileren Anstieg der heutigen Tour zum **Geißfußsattel** ③, 1927 m, hinter uns.

Jenseits des Geißfußsattels breitet sich vor uns ein weiter Kessel aus, umrahmt von Nebelhorn, Entschenkopf und Rubihorn. Unser Weg zieht sich an seinem steilen Osthang entlang und verliert dabei allmählich an Höhe. Vorbei am Abzweig hinauf zum Entschenkopf wandern wir im sanften Bogen um den **Oberen Gaisalpsee** ④, 1769 m, herum, der malerisch eine Karmulde vor der Kulisse des Rubihorns füllt, ehe der steile Abstieg hinab Richtung Unterer Gaisalpsee beginnt. Das gesamte Gelände ist ein Paradebeispiel für ein von einem Gletscher während der Eiszeit geformtes Seitental:

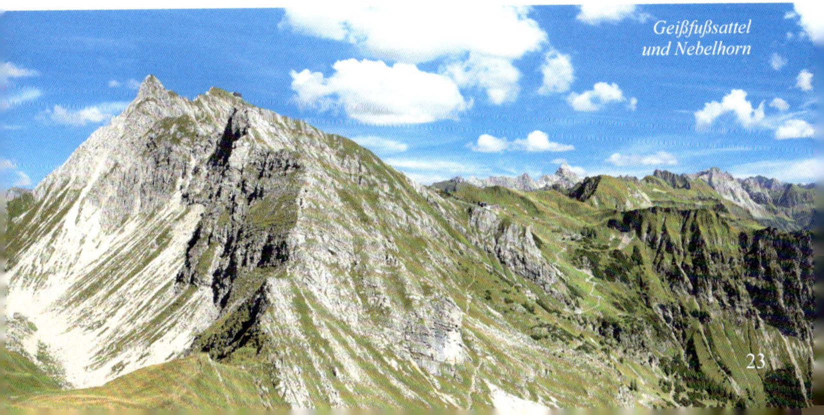

Geißfußsattel und Nebelhorn

Ganz oben der steile Hang unterhalb des Nebelhorns, wo sich die Schnee- und Eismassen angesammelt haben, um sich dann der Schwerkraft folgend talwärts zu schieben; dann die erste Geländestufe in Form der Karmulde, die der Gletscher dabei ausgeschürft hat und so die Voraussetzung geschaffen hat für den Oberen Gaisalpsee, gefolgt von der Karschwelle, über die der Gletscher erneut in die Tiefe gestürzt ist; dann die nächstgelegene Karmulde mit dem Unteren Gaisalpsee, eine weitere Karschwelle und wieder ein sehr steiler Geländeabfall hinunter zur Gaisalpe.

Der Streckenabschnitt zwischen Oberem und Unteren Gaisalpsee verläuft durch anfangs offenes Gelände, in das sich zunehmend Latschenbestände mischen; der Weg ist steil und mitunter durch Kalkgrus etwas unangenehm. Am Ende des Abstiegs belohnt uns der wunderschöne **Untere Gaisalpsee** ⑤, 1509 m, über dem sich, ein wenig drohend, das Rubihorn erhebt. Der See ist dank des nicht allzu langen Aufstiegs von Reichenbach ein beliebtes und viel besuchtes Familien-Wanderziel. Trotzdem herrscht, bei aller Betriebsamkeit, eine angenehme Atmosphäre an seinen Ufern.

Der folgende, etwa einstündige Abstieg hinunter Richtung Gaisalpe und Richtersalpe ist erneut recht steil, und auch hier verlangt der oft lockere Grus auf dem Weg unsere volle Aufmerksamkeit. Einige ausgesetzte Stellen unterwegs sind mit Seilen gesichert, und an manchen felsigen Passagen machen querende Bäche den Untergrund unangenehm rutschig. An einem Abzweig können wir uns zwischen dem Weg zur **Gaisalpe** ⑥, 1149 m und dem zur Richtersalpe entscheiden; beide Einkehrmöglichkeiten sind besuchenswert, beide Wege sind gleich lang, und unterhalb der Hütten kommen die Wege wieder zusammen. Auf dem nun breiten Wirtschaftsweg überqueren wir den Gaisalpbach und erreichen nach einem kurzen Gegenanstieg eine kleine Kapelle am Wegrand. Hier zweigt links der Wallraffweg ab, auf dem wir unseren Rückweg Richtung Oberstdorf beginnen. Der angenehm zu gehende Weg quert, anfangs für längere Zeit ganz leicht ansteigend, die unteren, bewaldeten Hänge des Rubihorns. Schließlich erreichen wir eine große Lichtung oberhalb von Oberstdorf und wandern steil bergab, am **Café Breitenberg** ⑦, 960 m, und den überdimensionalen Tribünen der Skisprungschanze vorbei, und schließlich entlang des Faltenbaches zurück zu unserem Ausgangspunkt in Oberstdorf.

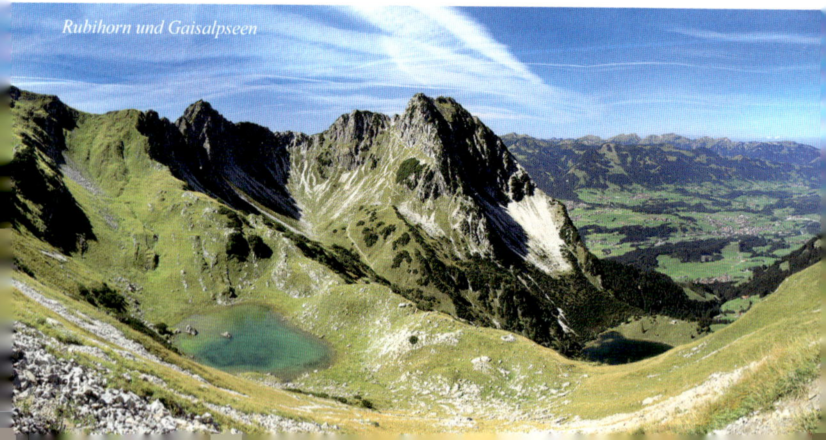
Rubihorn und Gaisalpseen

Hinauf aufs Rubihorn 4

30 Std. | 1200 Hm | 16 km

Oberstdorf, Parkplatz bei der Talstation der Nebelhornbahn, 827 m *(**Navi**: 87561 Oberstdorf, Rossbichlstraße);*
Bus und Bahn nach Oberstdorf aus Richtung Immenstadt ca. halbstündlich; vom Bahnhof ca. 20 Min. zu Fuß durch die Fußgängerzone.

Lange, steile Anstiege und teils schrofige Abstiege, einige ausgesetzte Wegpassagen im Gipfelbereich. Gute Kondition erforderlich!

Untere Richtersalpe ⑤; Gaisalpe ⑤

Anstrengende Tour mit großer Aussicht

Das Rubihorn ist einer der großartigsten Aussichtsberge im Oberallgäu. Der wuchtige Berg ist zwar niedriger als das benachbarte Nebelhorn, aber weitaus exponierter und überragt das Illertal sowie den weiten Talkessel von Oberstdorf. Den Gipfelblick muss man sich allerdings dank der fehlenden Seilbahnerschließung durch einen schweißtreibenden Anstieg verdienen. Dafür geht es auf seinem Gipfel auch weitaus ruhiger zu als auf dem Nebelhorn. Der Abstieg beschert uns noch den herrlichen Gaisalpsee und den malerischen Gaisbachtobel, die diese ungemein lohnende Tagestour abrunden.

Von der Nebelhornbahn-Talstation in **Oberstdorf** ①, 827 m, gehen wir auf der »Rossbichlstraße« parallel zur Trettach wenige Meter flussabwärts (am großen Eissportzentrum vorbei), überqueren den Faltenbach, wenden uns gleich dahinter nach rechts und wandern am Bach entlang hinauf zur Schattenberg-Skisprungschanze. Im Winter trifft sich hier die Weltelite zur Vierschanzentournee, im

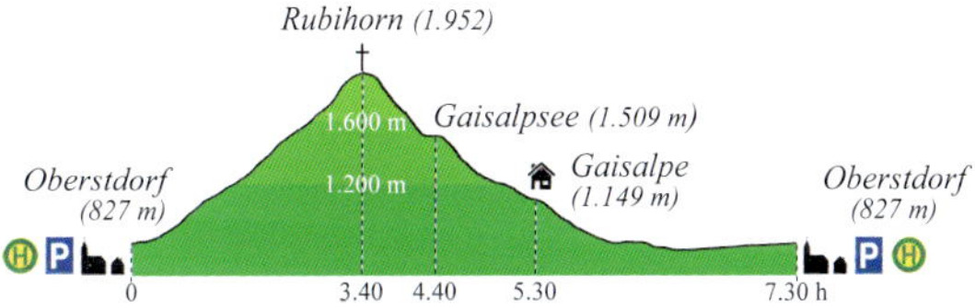

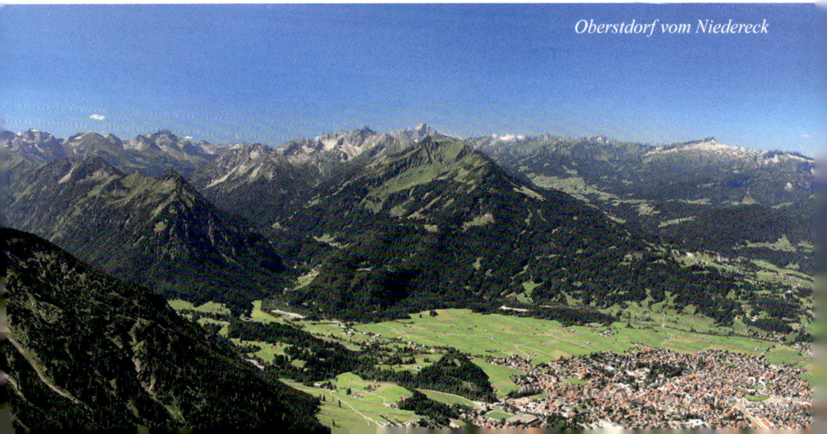

Oberstdorf vom Niedereck

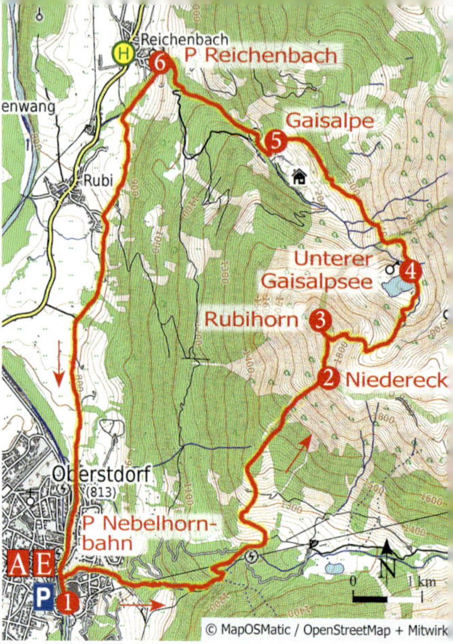

Sommer wirkt das monströse Bauwerk um einige Nummern zu groß für einen beschaulichen Ort wie Oberstdorf. Wir steigen unterhalb der Tribünen bergwärts, verlassen schließlich in der ersten Kehre die Teerstraße und tauchen in den Faltenbachtobel ein. Ein wunderschöner Weg mit zahlreichen Wasserfällen und wilden Stromschnellen liegt vor uns. Im oberen Bereich ist der Tobel etwas durch Stauwerke gezähmt, und für ein kurzes Stück wird aus dem Wanderweg ein Fahrweg. Dann lassen wir den Bach unter uns zurück und steigen am linken Hang durch den Wald weiter steil hinauf. Wir unterqueren die Seilbahntrasse und stoßen auf eine Teerstraße, auf der wir noch wenige Meter in Richtung der Station Seealpe hinaufwandern. Kurz hinter einer kleinen Brücke, 1227 m, in Sichtweite der Seilbahnstation, verlassen wir die Straße und biegen links auf einen schmalen Pfad ein und wandern weiter bergan. Nun beginnt der anstrengendste Teil der Tour in Gestalt von unzähligen, engen Serpentinen, die sich den steilen, von einzelnen Latschen bestandenen Hang hinaufwinden. Zum Lohn wird der Blick über Oberstdorf und die umgebenden Täler immer schöner. Und schließlich, nach einigen schrofigen Passagen, bei denen man eventuell die Hände einsetzen muss, stehen wir auf dem aussichtsreichen und überraschend schmalen Grat des **Niederecks** ②, 1862 m.

Wir halten uns nordwärts und wandern auf dem etwas ausgesetzten Kammweg Richtung Rubihorn. Nach ca. 300 Metern passieren wir einen Abzweig, an dem wir später den Abstieg hinunter zum Gaisalpsee antreten werden. Vorerst steht jedoch noch der eigentliche Gipfel auf dem Programm. Der Weg verläuft links auf dem steilen,

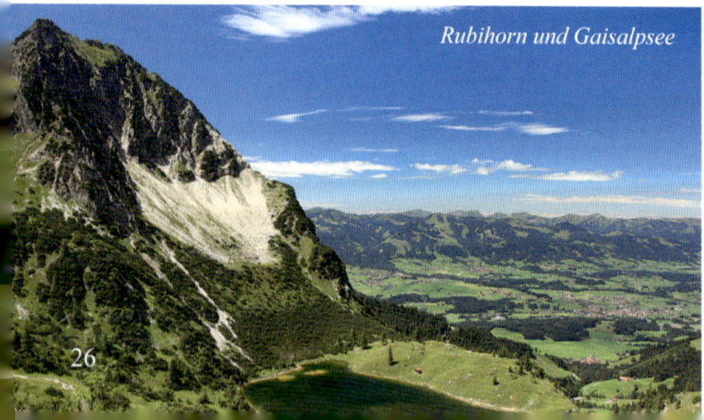
Rubihorn und Gaisalpsee

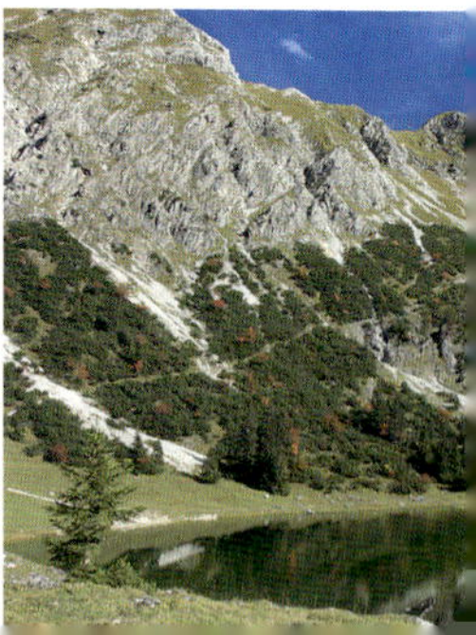

felsdurchsetzten Kamm entlang und führt schließlich in leichtem Bogen auf den nahen Doppelgipfel des **Rubihorns** ③, 1952 m. Trotz des anstrengenden Anstiegs verschlägt es erstaunlich viele Wanderer hier herauf, was angesichts des prächtigen Panoramas allerdings nur allzu verständlich ist. Tief unter uns breitet sich das gesamte Illertal bis hinüber zum Grünten aus, und direkt unterhalb der steilen, dunklen Nordwand können wir den Gaisalpsee entdecken – unser Zwischenziel beim Abstieg. Wir verlassen den Gipfel auf dem Herweg und beginnen nach etwa 200 Metern am besagten Abzweig unseren Abstieg. Der Osthang des Rubihorns ist steil und teilweise geröllig, und es geht im Zickzack bergab bis zu einem kleinen Bach, wo Gefälle und Weg etwas angenehmer werden. Kurz darauf erreichen wir den herrlichen **Unteren Gaisalpsee** ④,1508 m, mit seinen flachen, picknick-freundlichen Wiesenufern, überragt von der abweisenden Nordflanke des Rubihorns.

Der folgende, etwa einstündige Abstieg hinunter Richtung **Gaisalpe** ⑤, 1149 m, und Richtersalpe ist ebenfalls recht steil, und auch hier erschwert lockerer Grus an manchen Stellen das Gehen. Einige ausgesetzte Stellen unterwegs sind mit Seilen gesichert und manche felsigen Passagen sind durch kleine Bäche, die den Weg queren, unangenehm rutschig. Knapp oberhalb der beiden Alphütten beginnen entsprechende Beschilderungen, den Wanderern den jeweiligen Abstecher schmackhaft zu machen.

Unterhalb der beiden Alphütten vereinen sich die Wege wieder zu einem breiten Wirtschaftsweg. Am tiefsten Punkt, direkt vor der Brücke über den Gaisalpbach, verlassen wir die Straße und biegen rechts in einen Waldweg ein. Vor uns liegt der Gaisalptobel mit einer schönen, wild rauschenden Atmosphäre; an manchen Stellen ist der Weg unangenehm matschig und recht rutschig! Am unteren Ende des Tobels stoßen wir wieder auf die breite Forststraße, auf der wir in wenigen Minuten einen großen **Parkplatz** ⑥, 870 m, erreichen.

Hier kann man sich nun zwischen zwei Alternativen entscheiden: Bei der kürzeren Variante gelangt man in wenigen min. zur Bushaltestelle im Ort Reichenbach (Busse ca. stündlich zum Bhf. Oberstdorf; das verkürzt die Tour um etwa 4,5 km und 1.15 Std.). Im zweiten Fall gehen wir vom Parkplatz aus parallel zum Gaisalpbach bergab und wenden uns an einer Brücke nach links. Uns erwartet ein schöner, weitgehend ebener Weg durch Wiesen und Moore, der mehr oder weniger direkt nach Süden auf die sich vor uns erhebenden Oberstdorfer Berge zusteuert. Bald erreichen wir die ersten Häuser von Oberstdorf und bringen entlang der Trettach die restliche Strecke bis zum Ausgangspunkt hinter uns.

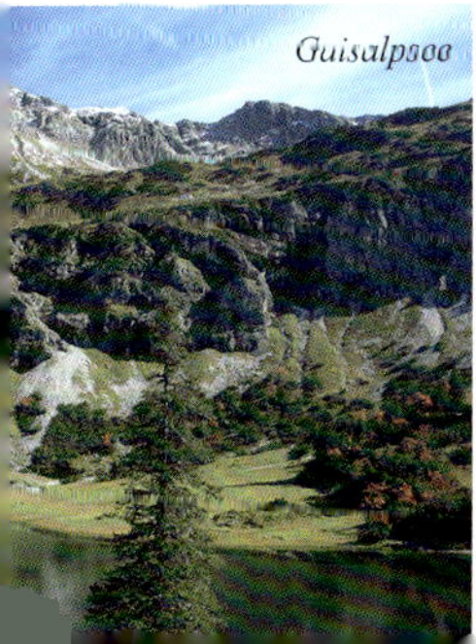
Gaisalpsee

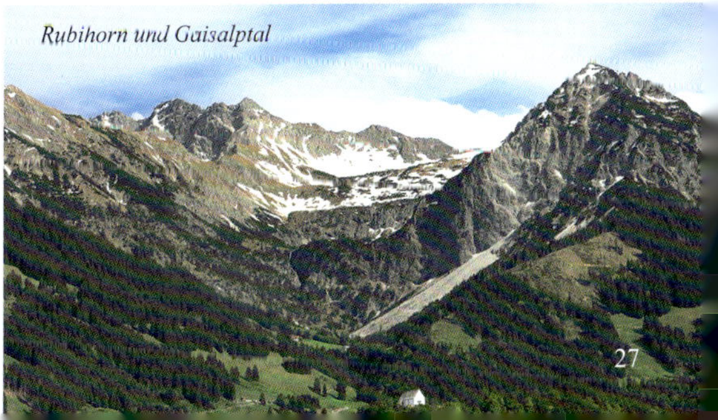
Rubihorn und Gaisalptal

5 Ins malerische Oytal

3.15 Std. | 190 Hm | 10,3 km

Oberstdorf, Parkplatz bei der Talstation der Nebelhornbahn, 827 m *(**Navi**: 87561 Oberstdorf, Rossbichlstraße)*; Bus und Bahn nach Oberstdorf aus Richtung Immenstadt ca. halbstündlich; vom Bahnhof ca. 20 Min. zu Fuß durch die Fußgängerzone.

Breite Wege mit geringen Anstiegen, teils Schotter, teils Teerstraße. Oft Spaziergang-Charakter.

Café Jägerstand ②; Oytalhaus ④

Leichte Talwanderung entlang klarer Bergbäche

Das Oytal ist eines der vielen schönen Täler, die es im direkten Umfeld Oberstdorfs zu entdecken gibt. Wer über die weiten Wiesen im Süden des Ortes wandert, hat einen freien Blick auf die eindrucksvollen Gipfel von Schneck und Großem Wilden, die den Talschluss des Oytals überragen. Die hier vorgestellte leichte – allerdings auch gut besuchte – Wanderung führt uns an den Ufern der rauschenden Trettach und des unglaublich klaren Oybachs hinein in das enge Tal und zur weiten Ebene am Oytalhaus, überragt von den hohen Seewänden und den Dolomitgipfeln des Großen Wilden.

Wir starten unsere Wanderung an der **Trettachbrücke** ①, 827 m, in Sichtweite der Nebelhornbahn-Talstation, und laufen am rechten oder linken Ufer flussaufwärts. Schon bald erreichen wir unterhalb des **Cafés Jägerstand** eine weitere **Brücke** ②, 860 m. Hier öffnet sich das bisher recht enge Tal und breite, flache Kiesbänke bieten Kindern schöne Spielmöglichkeiten am Wasser.

Ein kurzes Stück bleiben wir auf der autofreien Straße, bis von links der **Oybach** zur Trettach stößt ③, 862 m. Vor der Brücke biegen wir links ab und wandern auf dem schönen »Dr.-Hohenadel-Weg« am Bach mit seinem kristallklaren Wasser entlang. Ein hübscher Mischwald umgibt uns, rechts rauscht der Bach, meist harmlos, manchmal aber auch durch wilde Felspassagen hindurch. Bald steigt der Weg etwas an und verläuft etwas oberhalb des Baches, genauer gesagt oberhalb des Bachbetts, denn ein Blick hinunter offenbart Erstaunliches: Der bisher so munter fließende Oybach ist völlig verschwunden, das Flussbett staubtrocken! Des Rätsels Lösung: Knapp oberhalb des Oytalhauses versickert das Wasser komplett im

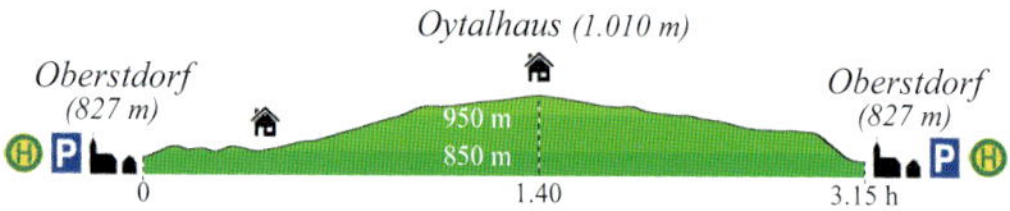

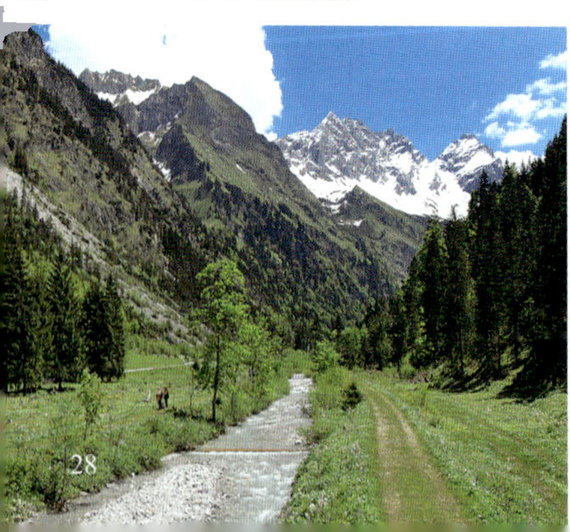

Im Oytal; Großer Wilder

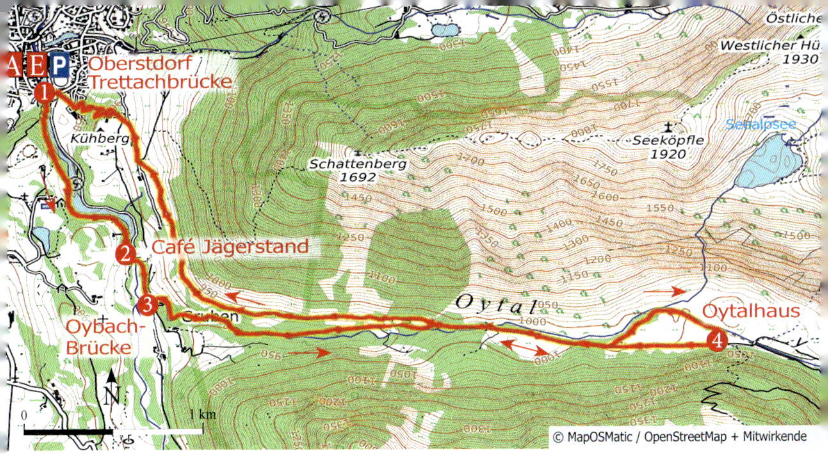

kiesigen Untergrund. Rund drei Kilometer talauswärts kommt sein Wasser in zahlreichen Quellen, die aufmerksame Wanderer unterwegs entdecken können, wieder zum Vorschein.

Am Ende eines kurzen, steilen Anstiegs trifft der Weg auf die (autofreie) Teerstraße, die alternativ von Oberstdorf ins Oytal führt. Das Tal öffnet sich und macht Platz für eine weite Almwiese. Es geht durch eine schöne Platanenallee, ehe sich vor uns die weiten Au-Ebenen, die dem Tal den Namen gegeben haben, ausbreiten. Anstatt auf der Straße geradeaus zu gehen, biegen wir gleich am Beginn der Ebene links in einen schmalen Kiesweg ein, der am linken Talrand parallel zum – hier trockenen Oybach – verläuft. Links recken sich die steilen Seewände in den Himmel – von ihnen stürzt manchmal nach Regentagen ein dünner, hoher Wasserfall hinab – und vor uns erhebt sich der markante Gipfel der Schneck. Rechts davon rücken allmählich die Dolomitgipfel des Großen Wilden ins Bild. Ein beeindruckendes Panorama! Am Ende der Wiese haben wir schließlich das **Oytalhaus** ④, 1010 m, erreicht.

(Wer noch etwas weiterwandern möchte: Hinter dem Oytalhaus wird das Tal wilder, der Weg wird holpriger, aber bis zum »Prinzenkreuz«, wo die steilen Serpentinen hinauf zur Käseralpe beginnen, gibt es kaum Anstiege. Einkehr bietet die etwa zwei Kilometer entfernte Untere Gutenalpe.)

Der Rückweg vom Oytalhaus erfolgt ausschließlich auf der autofreien Teerstraße. Fast immer leicht bergab wandern wir durch die über einen Kilometer lange, schöne Platanenallee, dann durch ein Stück Wald, ehe sich das Tal öffnet und wir auf einem sonnendurchfluteten Wiesenhang die letzten Meter nach Oberstdorf zurücklegen. Kurz vor dem Ort – beim Gasthof Kühberg – verlassen wir die Straße und steigen in vielen Kehren einen schmalen Waldweg hinunter zur Oybelehalle und zur Trettachbrücke.

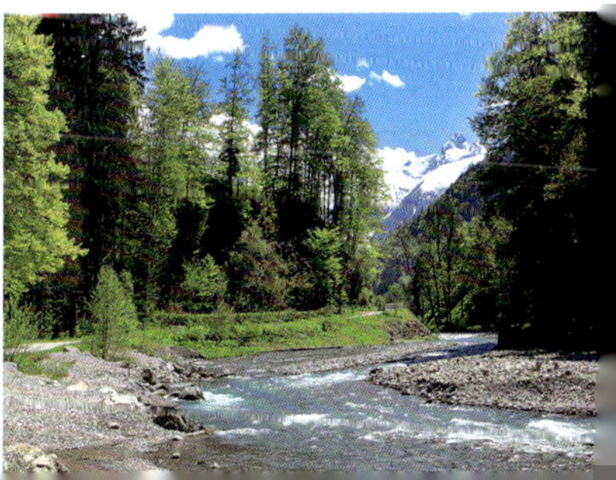

Entlang der Trettach

6 Durchs Trettachtal nach Spielmannsau

4.15 Std. | 230 Hm | 14,4 km

Oberstdorf, Parkplatz bei der Talstation der Nebelhornbahn, 827 m *(**Navi**: 87561 Oberstdorf, Rossbichlstraße)*; Bus und Bahn nach Oberstdorf aus Richtung Immenstadt ca. halbstündlich; vom Bahnhof ca. 20 Min. zu Fuß durch die Fußgängerzone.

Breite, leichte Wege mit kaum merkbaren Anstiegen, teils Schotter, teils Teerstraße. Eher Spaziergang-Charakter.

Gaststätte Riefenkopf; Mumme Stüble; Gasthof Spielmannsau ③; Café Christlessee ④ u.a.

Info: zwischen Oberstdorf und Spielmannsau (via P Renksteg) verkehrt ca. stündlich ein Pendelbus (www.brutscher-reisen.de).

Talwanderung nach Spielmannsau

Von Oberstdorf führen zahlreiche Täler in alle Richtungen weiter in die Bergwelt hinein. Eines davon ist das Trettachtal, das direkt am Ortsrand beginnt und rund 10 Kilometer fast schnurgerade Richtung Süden verläuft: ein wunderschönes Tal, durch die Nähe Oberstdorfs gut besucht, aber doch voller stiller Ecken und herrlicher Plätze. Auf dieser Wanderung genießen wir die klare Trettach, die weiten Wiesen von Dietersberg und ganz im Süden des Tales die Ebene der Spielmannsau, die spektakulär von Kratzer und Trettachspitze überragt wird. Und auf dem Rückweg kommen wir am klaren Christlessee und dem hübschen Moorteich vorbei. Eine abwechslungsreiche Tour ohne größere Herausforderungen.

Wir starten die Wanderung in Oberstdorf an der **Trettachbrücke** ①, 827 m, in der Nähe der Nebelhornbahn-Talstation, wählen die rechte Seite des Flusses und folgen dem schönen Waldweg entlang der kristallklaren Trettach. Der Fluss windet sich hier durch eine Schlucht hindurch, die sich nach etwa einem Kilometer öffnet und den Blick auf die Gipfel von Kratzer und Trettachspitze weit im Süden

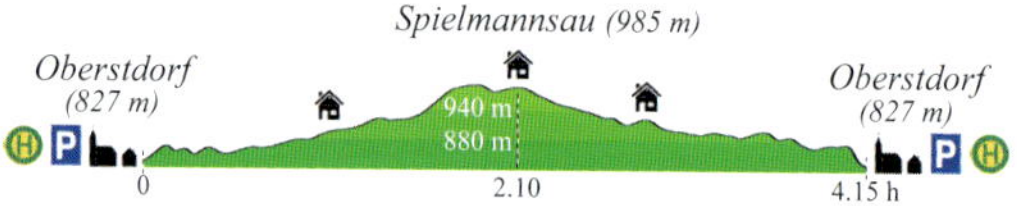

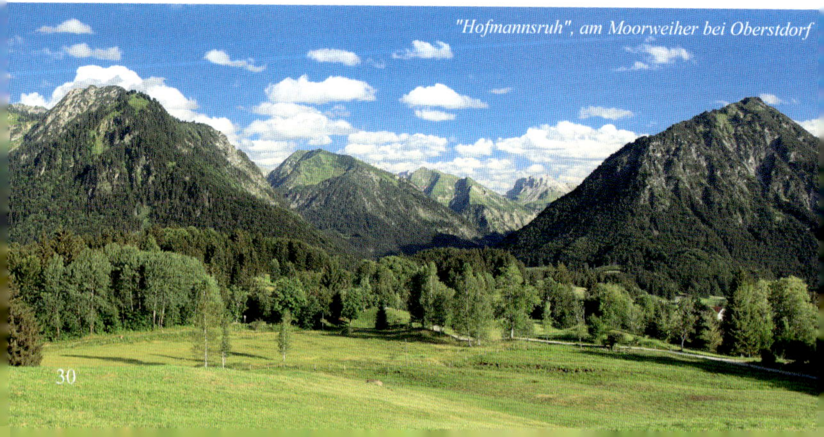

"Hofmannsruh", am Moorweiher bei Oberstdorf

freigibt. Über eine Brücke (beim Café Jägerstand) gelangen wir auf die östliche Flussseite und folgen dem breiten Fahrweg flussaufwärts. Kurze Zeit später queren wir auf einer weiteren Brücke den von links aus dem gleichnamigen Tal herabrauschenden Oybach. Durch eine lange Platanenallee hindurch erreichen wir schließlich bei einer kleinen **Staumauer** ②, 900 m, eine Teerstraße, auf der wir taleinwärts weiterwandern. Hier öffnet sich vor uns eine wunderschöne, sonnige Tallandschaft voller schönster Postkartenmotive: Almwiesen, vereinzelte Bauernhäuser und im Talschluss die markanten Gipfel von Trettachspitze und Kratzer. Gemütlich geht es weiter entlang der offenen Wiesen, bis wir an deren südlichem Ende einen kleinen Bach überqueren. Gleich dahinter halten wir uns schräg links, queren eine kleine Lichtung mit zwei Gehöften und steigen ganz gemächlich auf einem angenehmen Waldweg bergan. Wir passieren einen von links – von Gerstruben – kommenden Abzweig und wandern geradeaus taleinwärts, bis wir schließlich in Sichtweite der Häuser von **Spielmannsau** ③, 985 m, wieder auf die Fahrstraße stoßen. Hinter dem kleinen Weiler breitet sich unterhalb des spektakulären Talschlusses eine weite Ebene aus, auf der man noch etwa einen Kilometer auf leichten Wegen weiter ins Tal

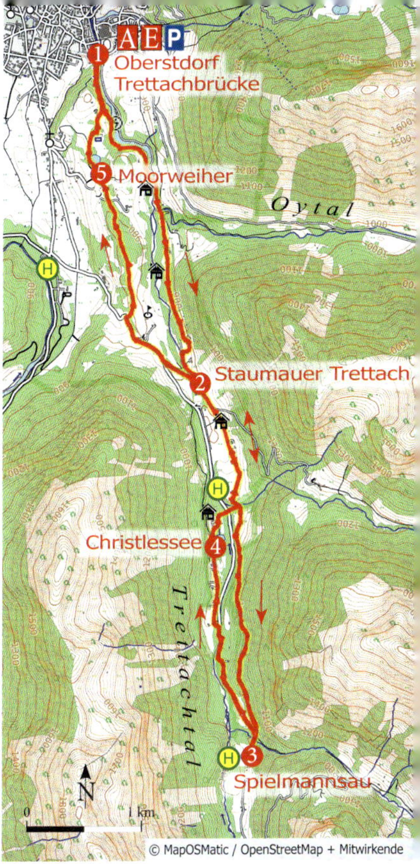

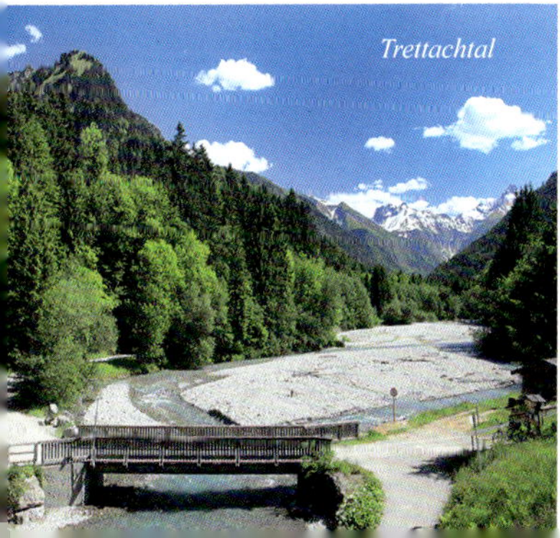
Trettachtal

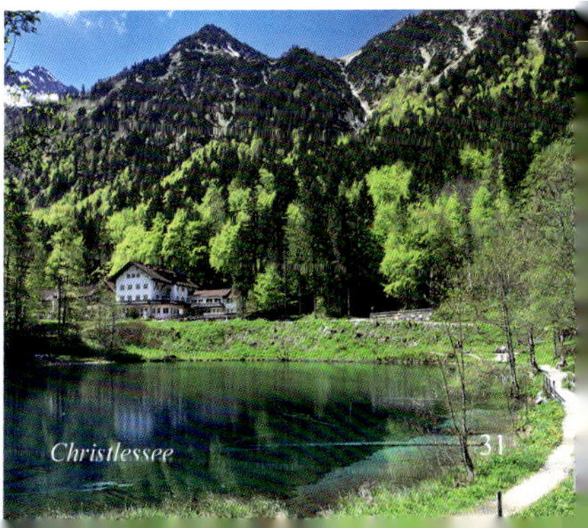
Christlessee

hineinspazieren kann, beispielsweise zur Alpe Oberau. Dahinter wird es allmählich steiler und geht schließlich sehr viel anspruchsvoller hinauf in Richtung Kemptner Hütte.
Für den Rückweg folgen wir für etwa 20 Minuten der (fast autofreien) Teerstraße, biegen hinter der ersten Brücke über die Trettach links ab und wandern parallel zur Straße auf einem breiten Schotterweg zum **Christlessee** ④, 926 m, einem wunderschönen Quellteich mit unglaublich klarem Wasser und zahlreichen versunkenen Baumstämmen. Vom See sind es nur wenige Meter bis zur Teerstraße, die wir – ebenso wie die Trettach – überqueren. Kurze Zeit später schließt sich ein erster Kreis, und wir haben die weiten Wiesen von Dietersbach mit seinen diversen Einkehrmöglichkeiten erreicht. Am nördlichen Ende dieser Wiesen überqueren wir bei dem kleinen Stauwehr ② die Trettach, bleiben rund einen Kilometer auf der Teerstraße und biegen dann, kurz bevor die Straße steil abfällt, rechts ab. Anfangs an einem Golfplatz entlang, gelangen wir auf einem schönen Waldweg zum stillen **Moorweiher** ⑤, 864 m. Auf einer der vielen aussichtsreichen und sonnigen Bänke kann man den Tag noch einmal Revue passieren lassen, bevor die letzten Meter bewältigt werden müssen: hinter dem Weiher schräg rechts, vorbei am Moorbad und dann durch Wald knapp oberhalb der Trettach hinunter zu unserem Ausgangspunkt an der Trettachbrücke.

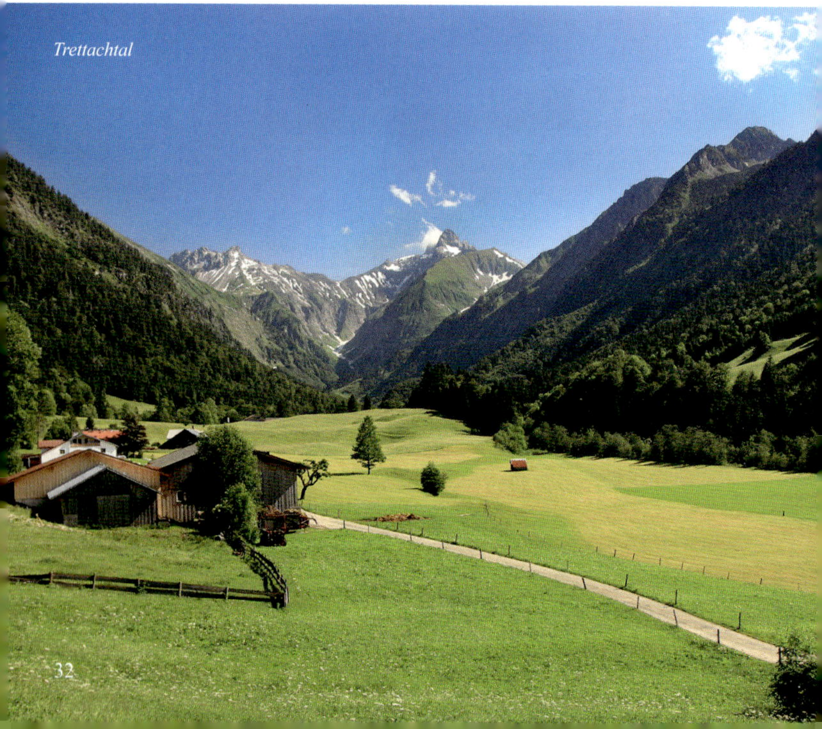

Trettachtal

Auf den Hahnenkopf 7

5 Std. | 900 Hm | 17,6 km

Oberstdorf, Parkplatz bei der Talstation der Nebelhornbahn, 827 m *(**Navi**: 87561 Oberstdorf, Rossbichlstraße)*;
Bus und Bahn nach Oberstdorf aus Richtung Immenstadt ca. halbstündlich; vom Bahnhof ca. 20 Min. zu Fuß durch die Fußgängerzone.

Unten in den Tälern leichte Wege, eher Spaziergang-Charakter.
Im Hölltobel steil und teils etwas rutschig; Aufstieg zum / Abstieg vom Hahnenkopf (zwischen Gerstruben und Oytalhaus) steile Bergwege.

Gaststätte Riefenkopf; Mumme Stüble ②; Gasthof Gerstruben ③; Oytalhaus ⑧ u.a.

Stiller Gipfel zwischen Oy- und Dietersbachtal

Diese Tour führt auf einen erstaunlich einsamen Gipfel in unmittelbarer Nähe von Oberstdorf. Der Hinweg bringt uns hinein in das schöne Trettachtal, auf dem Rückweg durchwandern wir das malerische Oytal. Und als Verbindungstück zwischen beiden Tälern steigen wir auf stillen Pfaden hinauf auf den Hahnenkopf, den westlichen Außenposten eines langen Grates, der die beiden Taleinschnitte trennt.

Vom Ausgangspunkt an der **Trettachbrücke** ①, 827 m, spazieren wir auf dem schmalen Waldweg am rechten Trettachufer flussaufwärts, durchqueren eine überraschend enge, steile Schlucht und erreichen bald das Café Jägerstand; in der Ferne sind die Gipfel von Kratzer und Trettachspitze am Talschluss zu erkennen. Wir wechseln auf die linke Seite des Flusses, gehen durch Wiesen und eine Platanenallee hindurch weiter taleinwärts, bis wir bei einer kleinen Staumauer auf eine Teerstraße stoßen. Kurz darauf öffnet sich das Tal zu einer lichtdurchfluteten Wiesen- und Almlandschaft mit vereinzelten Bauernhäusern, im Hinter-

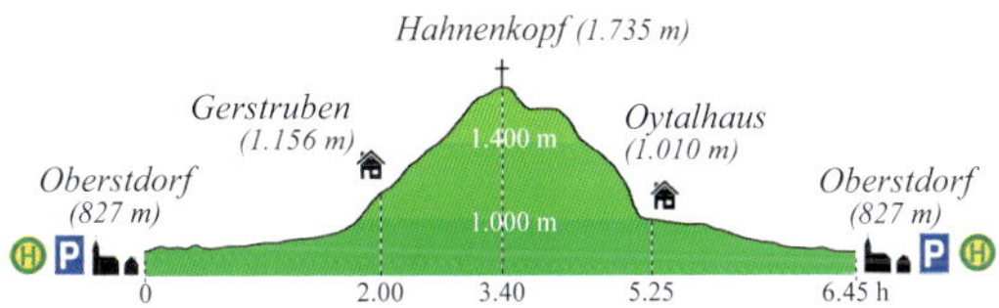

m Hölltobel (li.)
lpsiedlung Gerstruben (re.)

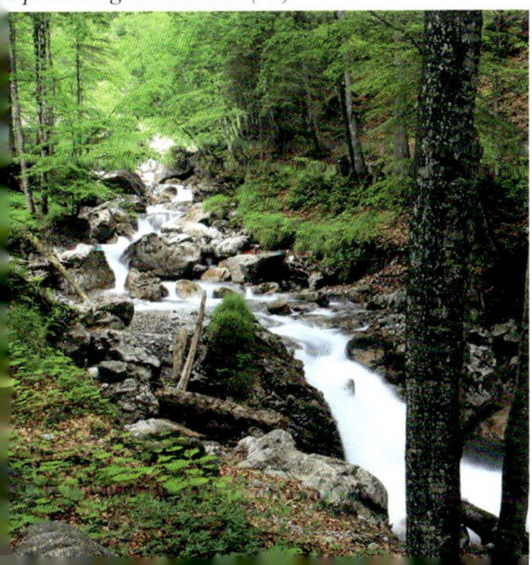

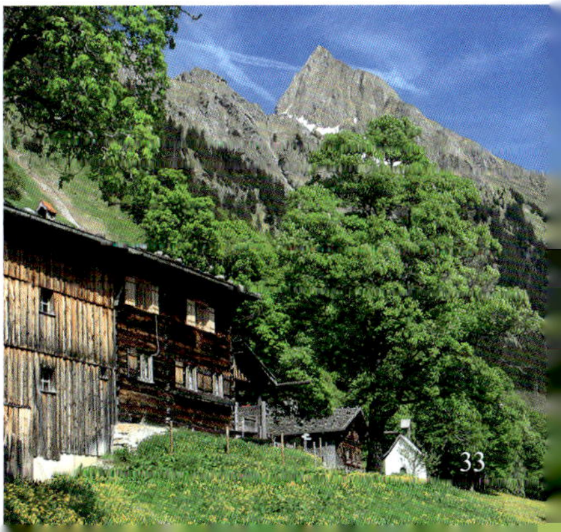

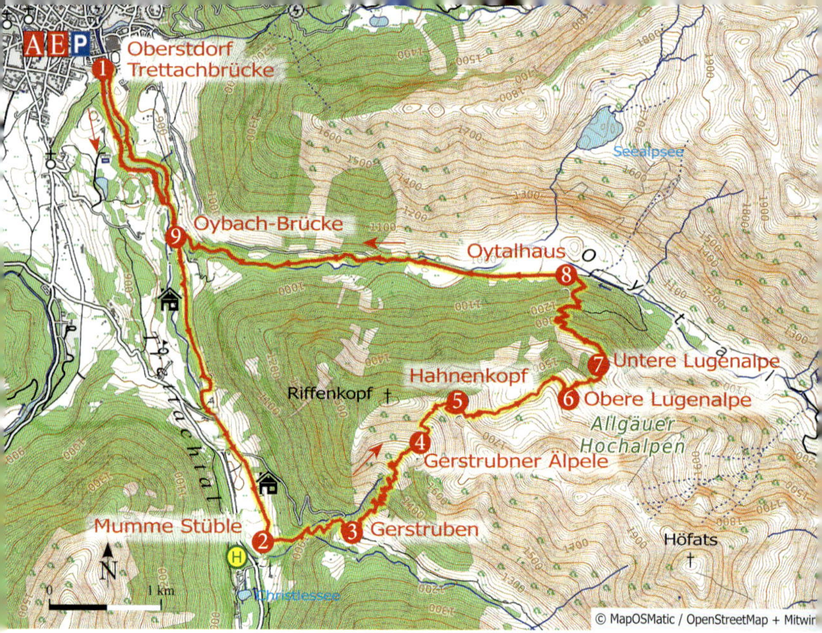

grund der schöne Talschluss. Nach gut 10 Minuten zweigt beim **Mumme Stüble** ②, 928 m, links ein schmaler Pfad ab, der uns zum nahen Waldrand hinaufbringt. Dort beginnt der eindrucksvolle Hölltobel, durch den wir auf einem steilen, etwas holprigen Weg entlang von Wasserfällen und Felswänden hinauf nach Gerstruben steigen. Bald haben wir die historische Alpsiedlung erreicht, einen der malerischsten Plätze im Oberallgäu mit seinen alten Alphütten und großen Ahornbäumen, eindrucksvoll überragt von der spitzen Höfats. Dann beginnt der alpine Abschnitt der heutigen Tour: Es geht links am **Gasthof Gerstruben** ③, 1156 m, vorbei, dann zunehmend steil in vielen Serpentinen den bewaldeten Hang hinauf. Hinter uns wird mit jedem gewonnenen Höhenmeter der Blick über das Trettachtal umfassender und bald rückt auch der Christlessee ins Blickfeld. Wir

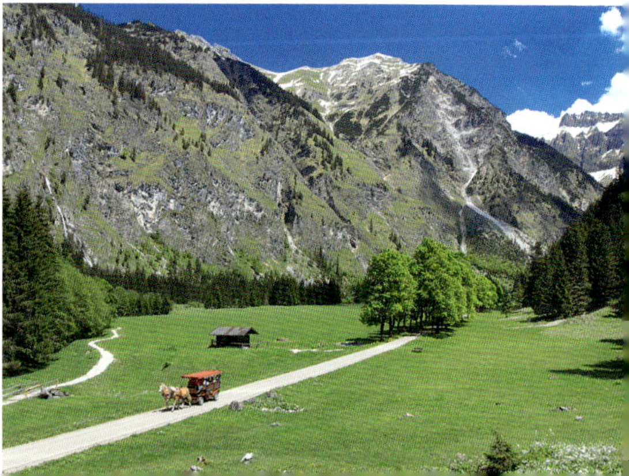

Im Oytal

passieren die Hüttenreste des **Gerstrubner Älpeles** ④, 1570 m, und erreichen 20 Minuten später einen felsdurchsetzten Wiesensattel (wer mag, kann hier links einen kleinen Abstecher hinüber zum Riffenkopf-Gipfel machen). Kurz darauf zweigt links ein Weg ab, der uns zum nahen **Hahnenkopf** ⑤, 1735 m, hinaufleitet, wo wir einen schönen Ausblick genießen können. Allmählich rückt nun auch das vor uns liegende Oytal in den Fokus. Wir gehen zurück zum Sattel und abwärts in eine weite Wiesenmulde, passieren die Alphütte der **Oberen Lugenalpe** ⑥, 1567 m, und bald darauf – unterhalb einer weiteren Steilstufe – auch die **Untere Lugenalpe** ⑦, 1416 m. Der weitere Abstieg ist wieder steiler und bringt uns durch den bewaldeten Hang hinab zum flachen Talboden des Oytals. Von dort sind es nur wenige Schritte bis zum **Oytalhaus** ⑧, 1010 m. Ab hier nimmt die Tour wieder einen völlig anderen Charakter an. Die stille, alpine Note weicht einem gut besuchten Talspazierweg. Wir reihen uns ein in den Strom der Urlauber, wandern talauswärts und lassen die hübschen Auwiesen rund um das Oytalhaus – sowie die steilen Seewände gegenüber – hinter uns. Nach etwa 15 Minuten biegen wir von der Teerstraße links ab und folgen einem schmalen Schotterweg, der uns am Ufer des klaren Oybaches hinunter zur **Trettach** ⑨, 854 m, bringt. Dort wenden wir uns nach rechts und wandern gemütlich entlang des Flusses zum Ausgangspunkt zurück.

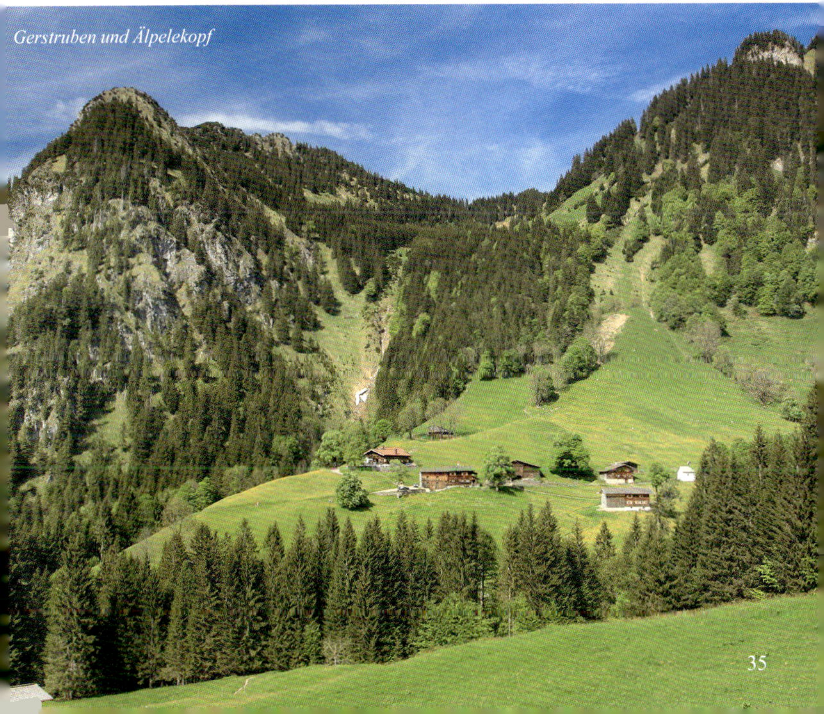
Gerstruben und Älpelekopf

8 Alpsiedlung Gerstruben und Dietersbachtal

6.45 Std. | 525 Hm | 17,6 km

Oberstdorf, Parkplatz bei der Talstation der Nebelhornbahn, 827 m *(**Navi**: 87561 Oberstdorf, Rossbichlstraße)*; vom Bahnhof ca. 20 Min. zu Fuß.

Im Trettachtal breite, leichte Wege mit leichten Anstiegen, eher Spaziergang-Charakter. Im Hölltobel steil und teils nass, im Dietersbachtal breite Schotterwege.

Gaststätte Riefenkopf; Mumme Stüble ②; Gasthof Gerstruben ③; Dietersbachalpe ⑤ u.a.

Variante: Zur Abkürzung dieser recht langen Tour kann man per Pendelbus (stündlich ab Oberstdorf Bhf. oder P Renksteg, Info: www.brutscher-reisen.de) bis zur Haltestelle »Christlessee« nahe der Mumme Stüble fahren *(Tour ab dort: 3.45 Std., 425 Hm, 9,3 km)*.

Herrliches Nebental des Trettachtales

Das Trettachtal beginnt gleich vor den Toren Oberstdorfs und führt südwärts in die Berge hinein. Auf halbem Weg führt links ein steiler Pfad durch den wilden Hölltobel hinauf zur historischen Alpsiedlung Gerstruben. Und jenseits der alten Alphütten wandern wir tiefer in das sich anschließende Dietersbachtal hinein bis zu seinem beeindruckenden Talschluss mit der gemütlichen Dietersbachalpe. Eine lange Tour voller schöner Eindrücke.

Wir beginnen die Wanderung in Oberstdorf an der **Trettachbrücke** ①, 827 m, südlich der Nebelhornbahn-Talstation, wählen die rechte, der Stadt zugewandte Seite des Flusses und folgen dem schönen Waldweg entlang der klaren Trettach durch ein enge Schlucht hindurch. Beim **Café Jägerstand** ②, 855 m, wechseln wir aufs linke Ufer und folgen dem breiten Fahrweg weiter taleinwärts, passieren den von links herbeiströmenden Oybach sowie eine hübsche Platanenallee und gelangen so zu einer Teerstraße. Nur wenige Meter weiter stehen wir am Beginn einer offenen Wiesenlandschaft, in der sich einige Bauernhäuser verteilen. Es geht weiter geradeaus durch diese sonnigen Wiesen bis fast zu deren südlichen Ende.

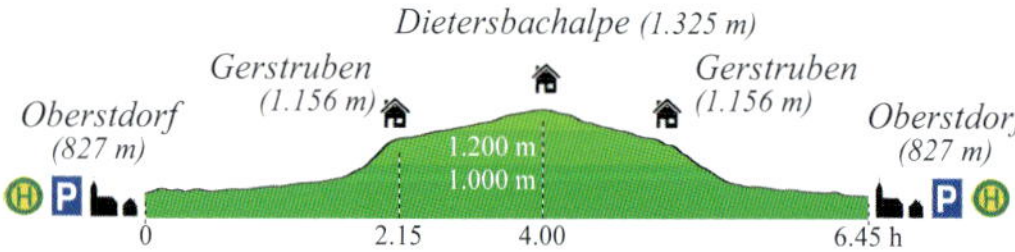

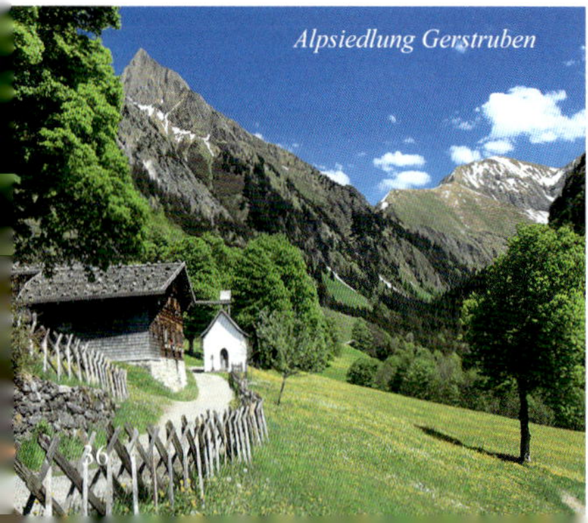
Alpsiedlung Gerstruben

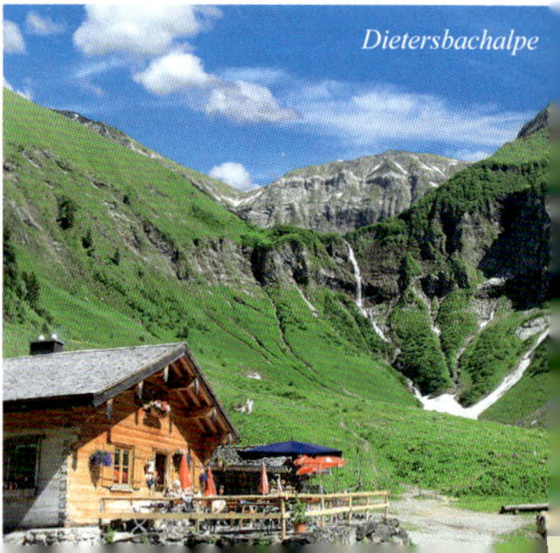
Dietersbachalpe

Beim **Mumme Stüble** ③, 925 m, verlassen wir den Hauptweg und folgen einem schmalen Pfad, der schnurgerade auf den nahen Wald hinüberleitet. Kaum im Wald angekommen, umfängt uns das wilde Rauschen des Dietersbaches, an dessen Ufer wir weiter bergan steigen. Der Weg durch diesen »Hölltobel« ist streckenweise etwas holprig, dafür gewinnen wir in den recht steilen Serpentinen schnell an Höhe und haben kurz darauf die alte **Alpsiedlung Gerstruben** ④, 1150 m, erreicht. Auf einem sonnigen, südseitigen Wiesenhang am Ausgang des Dietersbachtales verteilt sich hier eine Handvoll hübsch restaurierter, historischer Alphütten, dazu eine kleine Kapelle und einige alte Ahornbäume. Ein idyllisches Plätzchen mit vielen Details zum Entdecken und einer sehr entspannten Atmosphäre. Dann verlassen wir diesen schönen Ort wieder und wandern auf einem breiten Fahrweg durch eine hübsche Ahornallee ins Dietersbachtal hinein. Der Weg führt – immer leicht ansteigend – mal über Almwiesen, mal durch kleine Wäldchen, passiert unterwegs die uralte **Gerstrubner Alpe** ⑤, 1216 m, und erreicht schließlich nach etwa einer Stunde den beeindruckenden, wilden Talschluss mit der herausgeputzten **Dietersbachalpe** ⑥, 1325 m, inmitten einer weiten Weidefläche.

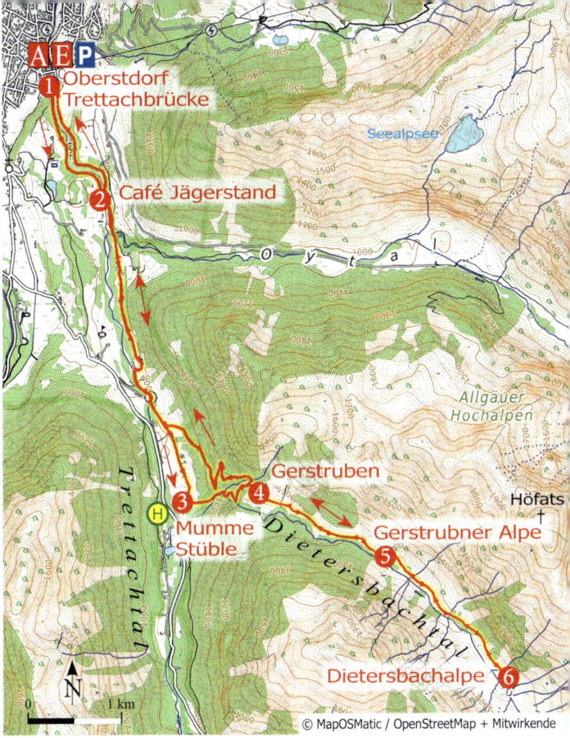

Zurück nach Gerstruben geht es auf demselben Weg, dann allerdings steigen wir nicht durch den Hölltobel ab, sondern bleiben auf dem Fahrweg, der uns in einigen weiten Kehren hinab ins Haupttal bringt, das wir nördlich der Wiesen von Dietersberg erreichen. Der Rückweg erfolgt nun wie der Hinweg durch die Platanenallee und zum Ende entlang der Trettach bis nach Oberstdorf.

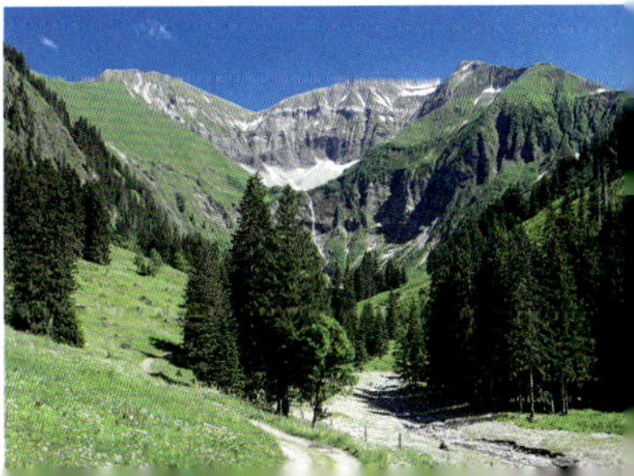

Dietersbachtal

9 Vom Fellhorn zur Kanzelwand

3 Std. | 375 / 575 | 7,1 km

Stillachtal, Fellhornbahn, 927 m. Von Oberstdorf 9 Kilometer ins Stillachtal (***Navi***: *87561 Oberstdorf, Faistenoy 10*); Bus Oberstdorf (Bhf.)–Fellhornbahn bzw. Birgsau ca. halbstündlich.

Fellhornbahn: Großkabinenbahn, Betriebszeiten ca. Ende Mai–Ende Oktober, 8.30–16.50 h, www.ok-bergbahnen.com, Talstation 927 m, Station Schlappoltsee 1785 m, Gipfelstation 1975 m.

Die Wege zwischen Kanzelwand und Fellhorn sind breit und einfach. Am Kanzelwand-Gipfel etwas schrofig.

Gipfelrestaurant ②; Panoramarestaurant Kanzelwand ④; Obere Bierenwangalpe ⑤

Gratwanderung hoch über dem Stillachtal

Das Fellhorn ist sicherlich einer der meistbesuchten Gipfel im gesamten Allgäu, was zum einen an den beiden Seilbahnen (Fellhorn und Kanzelwand) liegt, zum anderen natürlich an der großartigen Aussicht, die man dort oben auf einem der vielen schönen Wegen genießen kann. Auf dieser Tour wandern wir auf dem herrlichen Gratweg hinüber zur Kanzelwand, genießen freie Blicke ins Stillach- und Kleinwalsertal, gemütliche Alphütten und den malerischen Schlappoltsee sowie die kleinen Besonderheiten am Wegesrand.

Von der **Talstation** ①, 927 m, geht es hinauf bis zur **Fellhorn-Gipfelstation** ②, 1975 m, die oben auf dem Grat thront und gleich bei der Ankunft schönste Ausblicke sowohl ins Stillachtal als auch hinüber ins Kleinwalsertal bietet. Zum **Fellhorn-Gipfel** ③, 2039 m, mit seinem noch umfassenderen 360-Grad-Panorama sind es von hier nur wenige Minuten und gut 100 Höhenmeter auf einem breiten Weg. Angesichts der recht kurzen Tour

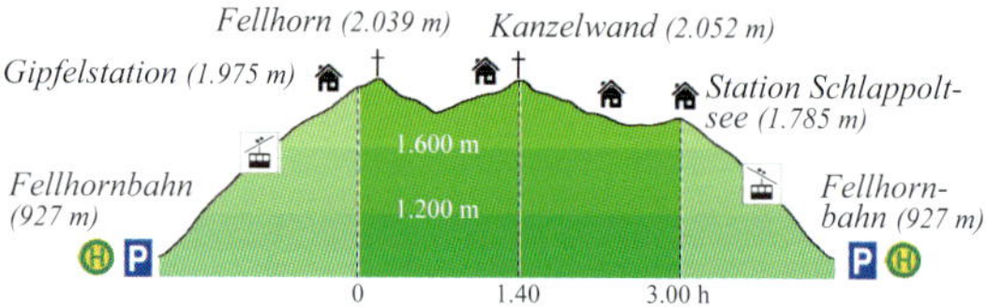

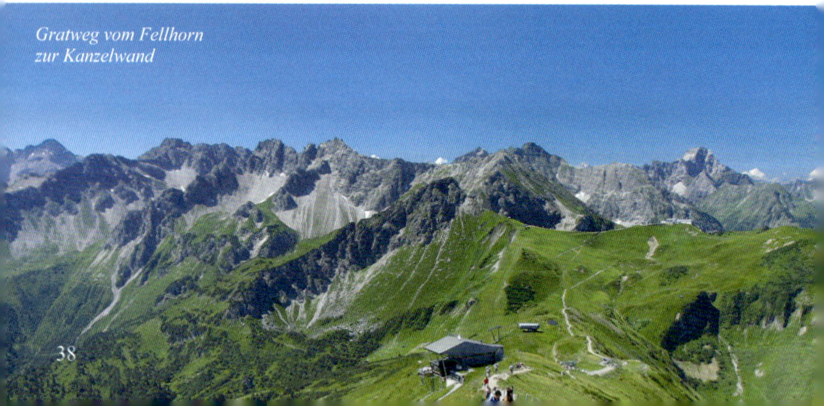

Gratweg vom Fellhorn zur Kanzelwand

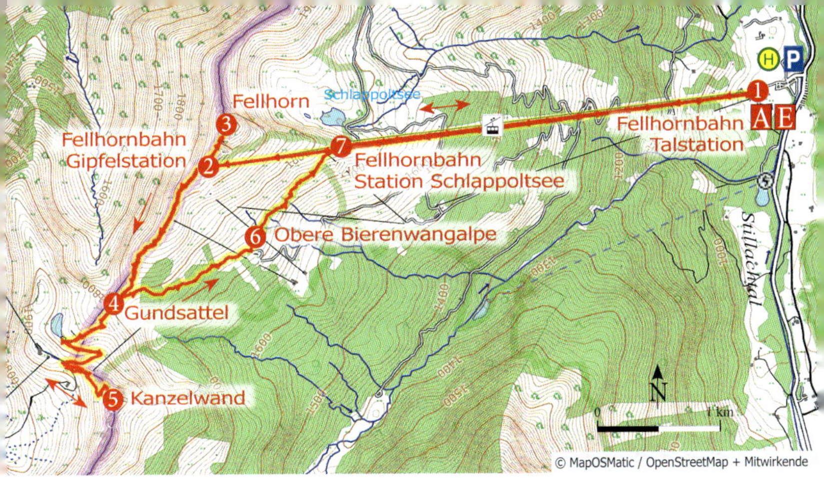

kann man also durchaus noch den zusätzlichen Gipfel mitnehmen. Die eigentliche Wanderung startet in die entgegengesetzte Richtung: vor uns liegt ein herrlicher, allerdings auch sehr gut besuchter Kammweg hinüber zur Kanzelwand-Bergstation. Begleitet von weiten Ausblicken nach links und rechts geht es gemütlich auf dem breiten Weg südwärts, wobei wir ganz allmählich an Höhe verlieren bis zum tiefsten Punkt des Grates, dem **Gundsattel** ④, 1800 m. Dahinter wandern wir – entlang eines hübsch gestalteten, kindgerechten Wasser-Erlebnispfades – in weiten Kehren hinauf zu einem breiten, quer verlaufenden Rücken mit der Seilbahn-Bergstation an einem Ende und dem Kanzelwand-Gipfel am anderen. Auf diesem Rücken halten wir uns links und steigen in einigen Kehren zu einer kleinen Scharte hinauf und weiter – durch etwas schrofiges Gelände – links zum nahen **Kanzelwand-Gipfel** ⑤, 2058 m, mit seinem eindrucksvollen Rundumblick.

Für den Rückweg folgen wir anfangs dem Hinweg: es geht zurück auf den breiten Rücken vor der Kanzelwandbahn-Bergstation, dann rechts hinab zum **Gundsattel** ④, wo wir den Gratweg verlassen. Auf dem anschließenden, schönen Höhenweg wandern wir durch alpine Matten hinüber zur **Oberen Bierenwangalpe** ⑥, 1735 m, und weiter zur **Seilbahnstation Schlappoltsee** ⑦, 1785 m, von wo wir uns bequem ins Tal befördern lassen. (Wer Zeit und Lust hat, kann noch zum knapp unterhalb der Station gelegenen, schönen Schlappoltsee hinabsteigen).

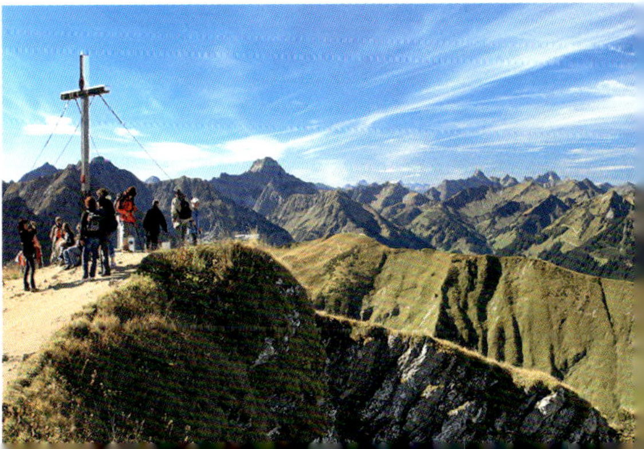

Fellhorn-Gipfel

10 Fellhorngrat und Schlappoltalpe

2 Std. | 200 / 390 | 4,4 km

Stillachtal, Fellhornbahn, 927 m. Von Oberstdorf 9 Kilometer ins Stillachtal (***Navi****: 87561 Oberstdorf, Faistenoy 10)*; Bus Oberstdorf (Bhf.)–Fellhornbahn bzw. Birgsau ca. halbstündlich.

Fellhornbahn: Großkabinenbahn, Betriebszeiten ca. Ende Mai–Ende Oktober, 8.30–16.50 h, www.ok-bergbahnen.com, Talstation 927 m, Station Schlappoltsee 1785 m, Gipfelstation 1975 m.

Hochalpines Gelände; der Gratweg zwischen Fellhorn und dem Abzweig zur Schlappoltalpe ist ausgesetzt, schmal und setzt unbedingt Trittsicherheit voraus. Besonders bei Nässe Vorsicht mit Kindern, denn es geht rechts und links sehr steil abwärts. Zwischen Schlappoltalpe und Seilbahn-Station Schlappoltsee Spazierweg-Charakter.

Gipfelrestaurant ②; Schlappoltalpe ④; Bergrestaurant Station Schlappoltsee ⑥

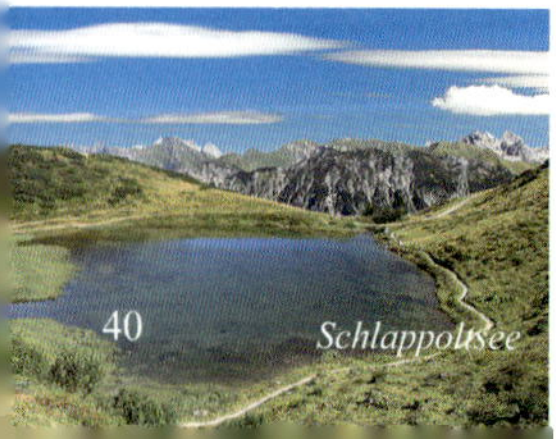
Schlappoltsee

Kammweg zwischen Stillach- und Kleinwalsertal

Das Fellhorn bietet einen bunten Mix an schönsten Wanderungen. Und es müssen nicht immer Ganztagestouren sein, um die herrliche Landschaft zu genießen. Auf dieser recht kurzen Tour wandern wir hinauf auf den nahen Fellhorn-Gipfel mit seinem unverstellten 360-Grad-Panorama, genießen die freien Ausblicke vom ausgesetzten Gratweg, steigen hinab zur Schlappoltalpe und beenden die Runde am schönen Schlappoltsee.

Nach der Fahrt von der **Talstation** ①, 927 m, hinauf zur **Fellhorn-Gipfelstation** ②, 1975 m, führt ein breiter, stufiger Weg über den Kamm in wenigen Minuten hinauf zum **Fellhorn-Gipfel** ③, 2038 m, der uns mit einem phantastischen Panorama begrüßt: Im Südwesten breitet sich das gesamte Kleinwalsertal vor uns aus mit der markanten Felsplatte des Hohen Ifen genau gegenüber, und im Osten reihen sich die Gipfel des Allgäuer Hauptkamms aneinander. Auf seiner Nordseite stürzt das kleine Fellhorn-Gipfelplateau jäh senkrecht in die Tiefe, dahinter zieht sich

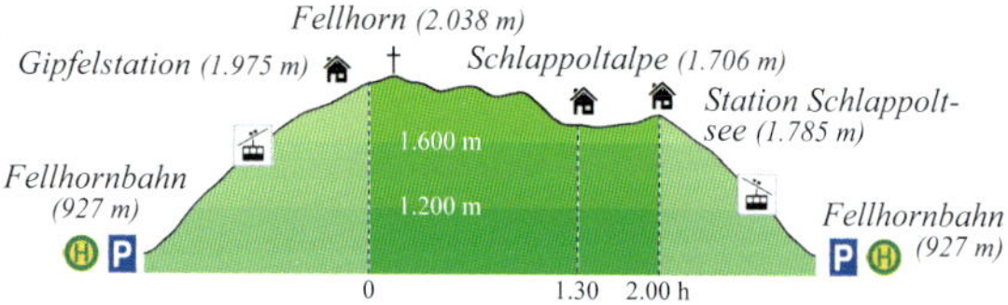

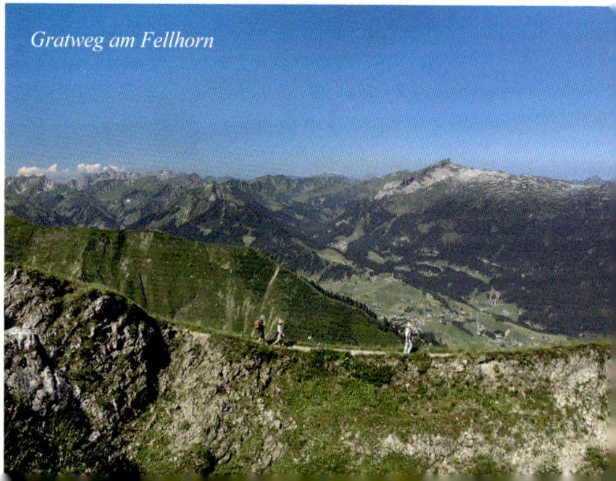
Gratweg am Fellhorn

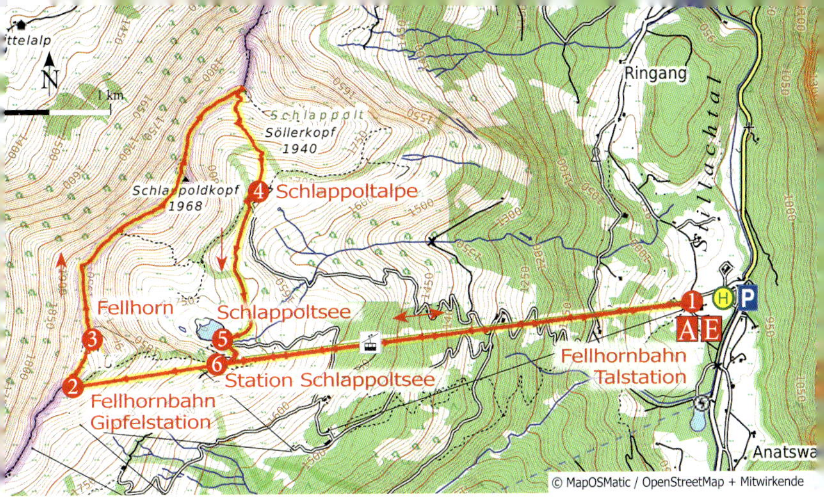

der schmale Wiesengrat in Richtung Söllereck. Nachdem wir einige steile Stufen mit Seilsicherung bewältigt haben, wandern wir auf diesem Grat nordwärts; der Weg ist schmal, aber recht angenehm, rechts und links geht es allerdings sehr steil abwärts. Wer mit Kindern unterwegs ist, sollte also besondere Vorsicht walten lassen. Schon bald kommt rechts in der Tiefe inmitten eines weiten Kessels der Schlappoltsee zum Vorschein, während unser Weg leicht bergab zu einer kleinen Senke führt, dann wieder etwas bergauf zum Schlappoltkopf (1968 m) und danach wieder durch eine leichte Senke zur nächsten Kuppe (1924 m). Etwa 300 Meter östlich dieses Punktes erhebt sich der Söllerkopf mit seinen extrem steilen Grasflanken.

Hier lassen wir den Gratweg hinter uns und steigen hinunter in den weiten Kessel der Schlappoltalpe. Der Abstieg entlang der Südhänge des Söllerkopfes ist steil und teils seilgesichert, aber schon bald haben wir die **Schlappoltalpe** ④, 1706 m, erreicht, Deutschlands größte und höchstgelegene Sennalpe. Für den Rückweg nehmen wir entweder den breiten Wirtschaftsweg oder einen weitgehend parallel verlaufenden, schmaleren Wanderweg und gelangen zum Ufer des **Schlappoltsees** ⑤, 1719 m. Der Charme des Bergsees hat durch die recht wuchtigen Betongebäude der Seilbahnstation im Hintergrund sicherlich etwas gelitten, dennoch lässt es sich an seinem schönen Ufer gut aushalten. Zum Abschluss wartet noch ein kurzer Anstieg hinauf zur **Seilbahnstation Schlappoltsee** ⑥, 1785 m, sowie die Abfahrt ins Tal.

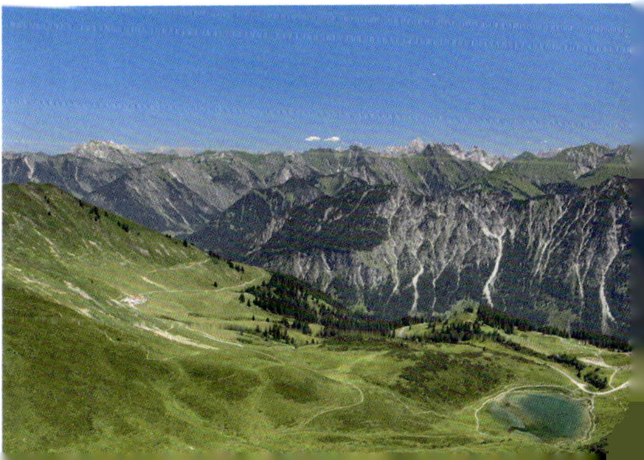

Schlappoltsee (re.) und -alpe (li.)

11 Gratweg vom Fellhorn zur Talstation

4.45 Std. | 100 / 1100 | 11,2 km

Stillachtal, Fellhornbahn, 927 m. Von Oberstdorf 9 Kilometer ins Stillachtal *(**Navi**: 87561 Oberstdorf, Faistenoy 10)*; Bus Oberstdorf (Bhf.)–Fellhornbahn bzw. Birgsau ca. halbstündlich.

Fellhornbahn: Großkabinenbahn, Betriebszeiten ca. Ende Mai–Ende Oktober, 8.30–16.50 h, www.ok-bergbahnen.com, Talstation 927 m, Station Schlappoltsee 1785 m, Gipfelstation 1975 m.

fast nur bergab; der Gratweg zwischen Fellhorn und Sölleralpe ist schmal und setzt unbedingt Trittsicherheit voraus, besonders bei Nässe. Vorsicht mit Kindern.

Gipfelrestaurant ②; Sölleralpe ④; Berggasthof Hochleite ⑤

Aussichtsreicher Wiesengrat für Genießer

Der Fellhorn-Gratweg hinunter Richtung Söllereck ist sicherlich einer der Allgäu-Klassiker – und meistens sehr gut besucht. Es geht fast nur bergab und die Aussicht über Kleinwalsertal und Stillachtal ist phantastisch. Nach dem – streckenweise recht ausgesetzten Kammweg – steigen wir hinab zur Sölleralpe und zum Gasthof Hochleite, um schließlich zum Ende auf gemütlichen Wegen durch die Wiesen des Stillachtals zurück zur Talstation zu wandern.

Nach der Fahrt mit der Fellhornbahn von der **Talstation** ①, 927 m, hinauf zur **Gipfelstation** ②, 1975 m, stehen wir gleich oben auf dem schmalen, kilometerlangen Kamm, der Stillach- und Kleinwalsertal voneinander trennt. Noch umfassender wird das Panorama, wenn wir die restlichen Höhenmeter hinauf zum **Fellhorn-Gipfel** ③, 2038 m, hinter uns gebracht haben. Die Rundsicht ist phantastisch: im Osten das Stillachtal mit den Dolomitgipfeln der Allgäuer Alpen und im Südwesten das Kleinwalsertal mit den markanten Gipfeln von Widderstein und Hohen Ifen. Vor uns schlängelt sich der immer schmaler werdende, grasbewachsene Grat nordwärts, um allmählich zum Söllereck

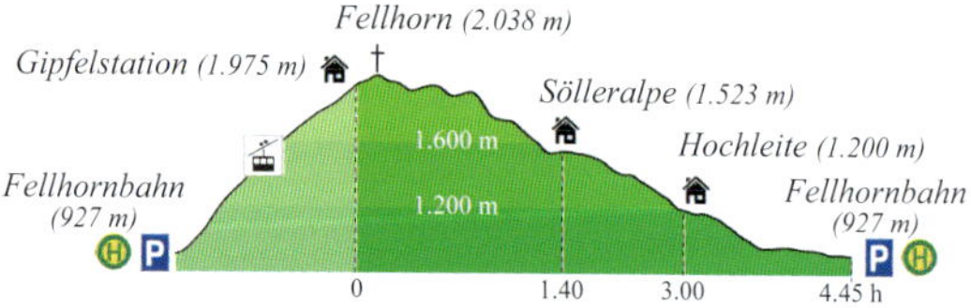

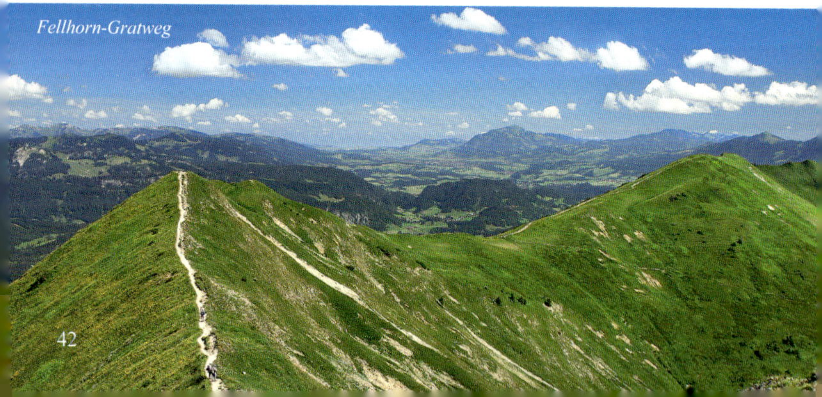

Fellhorn-Gratweg

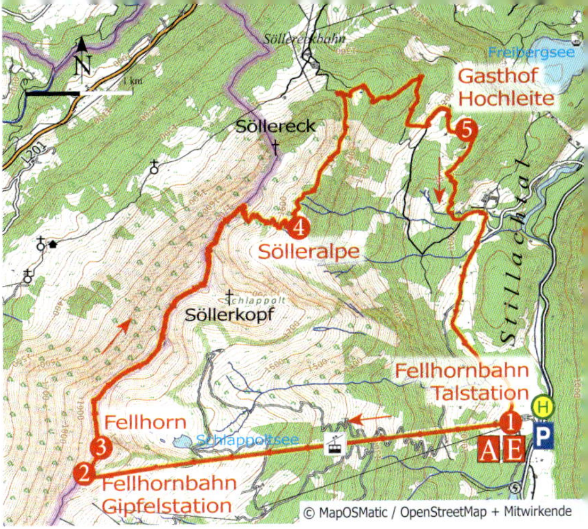

hin an Höhe zu verlieren. Hier haben wir auch den höchsten Punkt der heutigen Wanderung erreicht, ab jetzt geht es fast nur noch abwärts.
Wobei der vor uns liegende Gratweg streckenweise recht anspruchsvoll ist. Gleich hinter dem Fellhorn-Gipfel erwartet uns ein kurzer, steiler Abstieg (Seilsicherung), und auch im weiteren Verlauf geht es beidseitig des oft recht schmalen Pfades sehr steil bergab. Da die Hänge mit langem Gras überzogen sind, sollte man – insbesondere bei Nässe oder Nebel – nicht vom Weg abkommen und in Begleitung von Kindern besonders aufmerksam sein. Mit leichtem Auf und Ab wandern wir so hinüber zum Schlappoltkopf (1968 m), rechts unter uns rückt der Schlappoltsee ins Bild, und kurz darauf passieren wir einen Abzweig hinunter zur Schlappoltalpe. Sowie den Söllerkopf, der etwas abgesetzt zur Rechten liegt und wegen der extrem steilen Grasflanken nicht bestiegen werden sollte. Nun folgt ein etwas unangenehmer und streckenweise matschiger Abschnitt des Gratweges, wobei Seilsicherungen und Trittstufen das Fortkommen erleichtern. Schließlich gelangen wir zu einem Abzweig, 1725 m, halten uns rechts und steigen in vielen Serpentinen den steilen Hang hinab zur **Sölleralpe** ④, 1523 m. Hinter der Alphütte geht es quer am östlichen Wiesenhang des Söllerecks entlang gemächlich in Richtung Söllereckbahn. Kurz bevor wir die dortige Häuseransammlung rund um die Seilbahn-Bergstation erreichen, biegen wir rechts ab Richtung Ghf. Hochleite. Nach einem kurzen Zwischenanstieg queren wir ein kleines Hochmoor und wandern schließlich auf einem breiten Forstweg steil durch Wald bergab. Unterwegs weist uns ein Schild links den kurzen Abstecher zu dem schönen Aussichtspunkt »Kanzel«. Bald öffnet sich der Wald zu einer offenen Wiesenlandschaft, mittendrin der hübsch gelegene **Berggasthof Hochleite** ⑤, 1200 m, den wir in weit ausladenden Kehren erreichen. Von dort wandern wir über einen Waldweg bergab Richtung Landhaus Schwand, erreichen eine Teerstraße und halten uns rechts. Die Straße geht bald in einen breiten Schotterweg über, der für zwei Kilometer weiter taleinwärts führt, dabei eine ganz idyllische Landschaft aus Wiesen und Wäldchen durchzieht und uns schließlich zur Fellhornbahn-Talstation, 927 m, bringt.

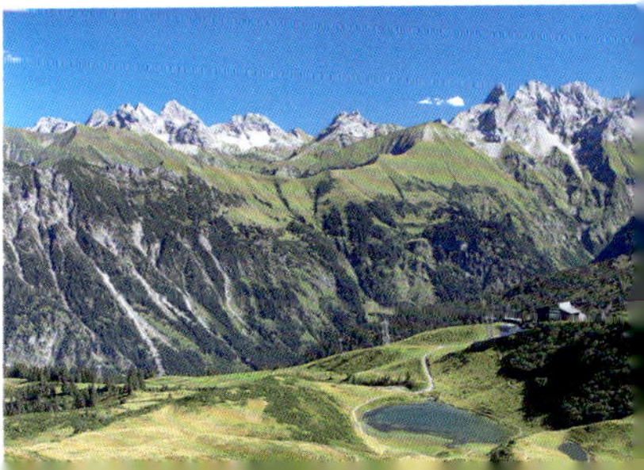

Schlappoltsee und Allgäuer Alpen

12 Zum malerischen Weiler Einödsbach

3 Std. | 220 Hm | 10,1 km

Stillachtal, Parkplatz »Faistenoy« an der Stillachbrücke bei der Talstation der Fellhornbahn, 900 m. Von Oberstdorf 9 Kilometer ins Stillachtal (**Navi**: *87561 Oberstdorf, Faistenoy 10)*; Bus Oberstdorf (Bhf.)–Fellhornbahn bzw. Birgsau ca. halbstündlich.

Meist breite, leichte Wege mit mäßigen Steigungen, teils Spaziergang-Charakter.

Birgsauer Hof ②; Eschbachalpe ②; Berggasthof Einödsbach ③; Buchenrainalpe ④

Gemütliche Tour mit herrlicher Szenerie

Neben Breitach und Trettach ist die Stillach der dritte Quellfluss der Iller, welche schließlich in Oberstdorf ihren Ursprung hat. Das Stillachtal beginnt gleich südlich vor den Toren Oberstdorfs und schiebt sich fast fjordartig weit in die Allgäuer Alpen hinein. Auf dieser schönen Wanderung erleben wir den mittleren Teil des Tal mit den weiten Wiesenebenen von Birgsau, und wandern von dort gemütlich hinauf zum Weiler Einödsbach, der sicher zu den meistfotografierten Plätzen im Oberallgäu gehört.

Nach der Anfahrt durch das recht enge Stillachtal weitet sich bei Faistenoy das Tal und gibt den Blick frei auf die hohen Dolomitgipfel von Trettachspitze und Co. genau vor uns im Süden. Weniger schön ist der riesige Parkplatz, der den Vordergrund bildet – und seine Dimensionen in erster Linie der Fellhornbahn schuldet, deren Talstation sich rechts von uns befindet. Für unsere Wanderung bleiben wir auf dem kleineren **Parkplatz links der Stillach** ①, 900 m. Von dort folgen wir einem schmalen Schotterweg, der am linken, hinteren Parkplatzende beginnt und sich durch die Ebene von Birgsau taleinwärts zieht. Wir passieren zahlreiche, vereinzelt auf den Wiesen stehende Bauernhäuser sowie eine kleine **Kapelle** ②, 960 m, und

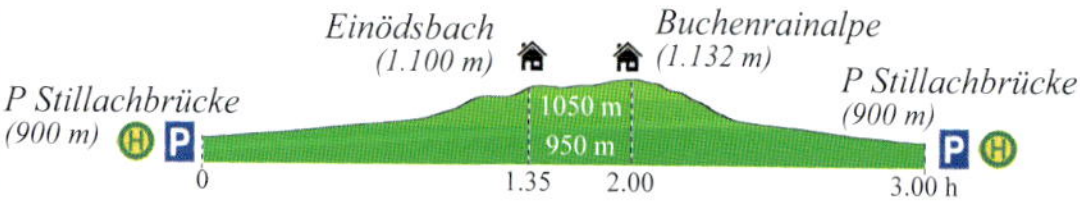

gelangen schließlich zum südlichen Ende der Wiesen, wo unser Aufstieg nach Einödsbach beginnt. An einer Weggabelung halten wir uns links und wandern den mäßig ansteigenden Wirtschaftsweg durch Mischwald aufwärts. Rechts, tief unter uns, hören wir den Fluss rauschen, von dem wir uns immer weiter entfernen. Nach knapp 30 Minuten haben wir unser Ziel erreicht: den Weiler **Einödsbach** ③, 1100 m. Die Bezeichnung Prädikat »südlichste Dauersiedlung Deutschlands« mag angesichts der gerade mal vier Häuser plus Kapelle etwas übertrieben klingen, aber die malerische Lage und das Panorama lassen wenig zu wünschen übrig. Auf

Bei Birgsau im Stillachtal

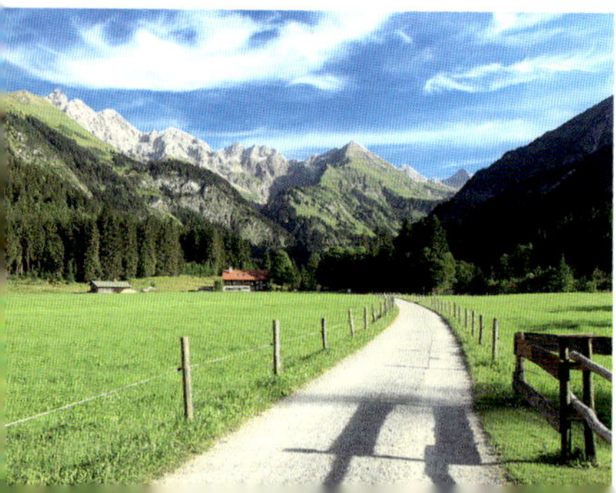

einem kleinen sonnigen Südhang am Ausgang des Bacherloch-Tales gelegen, bildet das Ensemble einen der schönsten Plätze im Allgäu. Ein hübsch herausgeputztes altes Bauernhaus, eine kleine Kapelle und hoch über allem die beeindruckende Gipfelparade mit Trettachspitze, Mädelegabel und Hochfrottspitze; letztere ist mit 2649 m immerhin der höchste Gipfel im deutschen Teil der Allgäuer Alpen.

Für den Rückweg wechseln wir auf die gegenüberliegende Talseite. Dazu folgen wir einem schmalen, etwas versteckt liegenden Pfad hinter dem Gasthof Einödsbach, der uns in wenigen Schritten hinunter zum Bacherlochbach bringt. Über einen kleinen Steg und auf einem Waldweg weiter taleinwärts gelangen wir zu einer Lichtung, wo ein Holzsteg über die Stillach führt – beziehungsweise über den Rappenalpbach, wie er hier im hinteren Talabschnitt heißt. Auf der anderen Bachseite treffen wir auf eine (autofreie) Teerstraße, auf der wir – rechts – in wenigen Minuten zur urigen **Buchenrainalpe** ④, 1132 m, hinaufsteigen. Auf der gegenüberliegenden Talseite können wir nun mit etwas größerem Abstand die eindrucksvollen Felsgipfel des Allgäuer Hauptkamms bestaunen.

Von der Buchenrainalpe wandern wir auf der Teerstraße durch dichten Mischwald in weiten Kehren abwärts Richtung Birgsau. Am Ende des Abstiegs haben wir die Ebene erreicht und bummeln auf dem Herweg zurück zur Stillachbrücke.

Wer sich den drei Kilometer langen Fußmarsch zum Parkplatz sparen möchte oder wer ohnehin »öffentlich« unterwegs ist und nach Oberstdorf zurück möchte, kann von hier auch mit dem Bus zurückfahren (Haltestelle »Eschbachalpe« ca. 200 m geradeaus; Busse halbstündlich, das verkürzt die Wanderzeit um ca. 45 min.).

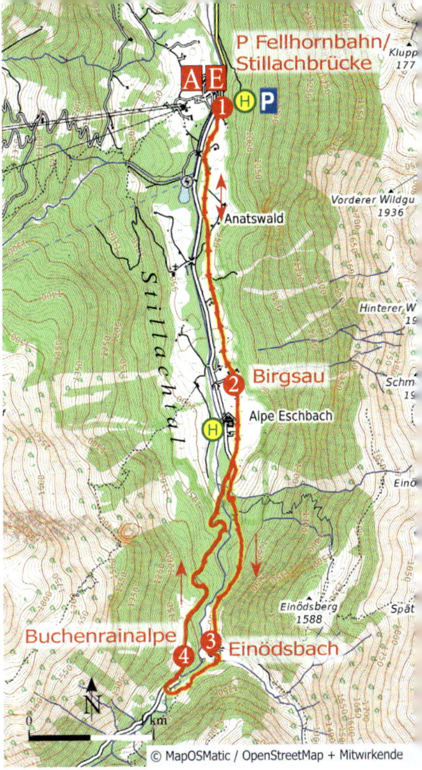

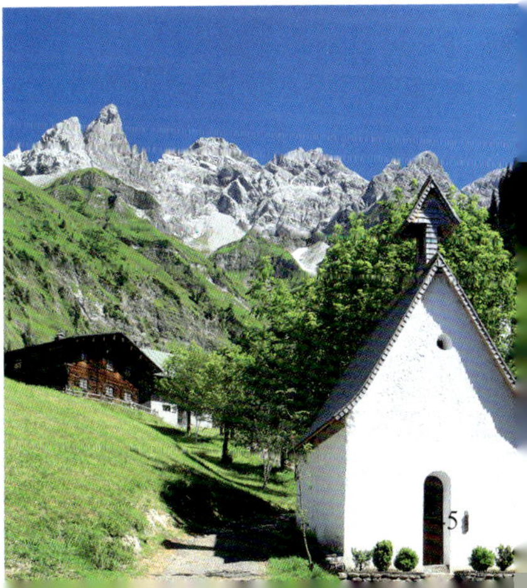

Einödsbach

13 Streckenwanderung hinein ins Stillachtal

3 Std. | 225 / 100 | 8 km

Stillachtal, Parkplatz »Renksteg« rechts der Straße, 826 m. Von Oberstdorf 4 km ins Stillachtal (**Navi**: *87561 Oberstdorf, Birgsauer Straße*); Bus Oberstdorf (Bhf.)–Fellhornbahn/Birgsau ca. halbstündlich mit Halt direkt am Parkplatz (alternativ etwa drei Kilometer ab Bahnhof zu Fuß durch den Ort und die sich südlich ausbreitenden Wiesen zum P).

Endpunkt: Birgsau im Stillachtal. Bushaltestelle »Eschbachalpe« (halbstündlich zurück zum Ausgangspunkt oder Oberstdorf).

Leichte Wanderung, angenehme, breite Wege (Wald, Wiese, Stillach-Uferweg).

dr' Schonzewiert ②; Gasthof Schwand ③; Gaststätte Faistenoy ④; Birgsauer Hof ⑤; Eschbachalpe ⑤

Gemütliche Ufer- und Wiesenwanderung

Wegen der Fellhornbahn-Talstation sowie der vereinzelten Bauernhäuser führt eine Buslinie von Oberstdorf bis weit in das langgestreckte Tal hinein. Was uns die Chance bietet, die Landschaft auf einer abwechslungsreichen Streckenwanderung zu durchstreifen, um gegen Ende mit dem Bus wieder zurückzukehren. Wir wandern auf stillen Wegen entlang der klaren Stillach, durchstreifen offene Wiesen und genießen die herrliche Bergszenerie ringsum.

Vom direkt an der Stillach gelegenen **Parkplatz Renksteg** ①, 826 m, wechseln wir auf einer überdachten Holzbrücke aufs gegenüberliegende Ufer, wenden uns dort nach links und wandern auf dem schönen, bewaldeten Uferweg flussaufwärts, während neben uns das kristallklare Wasser entlangströmt. Nach gut einem Kilometer geht der Wald in eine weite Wiese über mit einer hübschen Platanenallee, durch die wir zum Stadion der Skiflugschanze hinüberspazieren; rechts hoch oben auf dem Hang ragt die dazugehörige Absprungschanze in den Himmel. Parallel zum Flughang fährt ein Lift hinauf, der uns in wenigen Minuten zum **Skisprungturm** ②, 980 m, hinaufbefördert (die einzige Alternative zum recht teuren Lift ist die Teerstraße nach Schwand). Von der Aussichtsplatt-

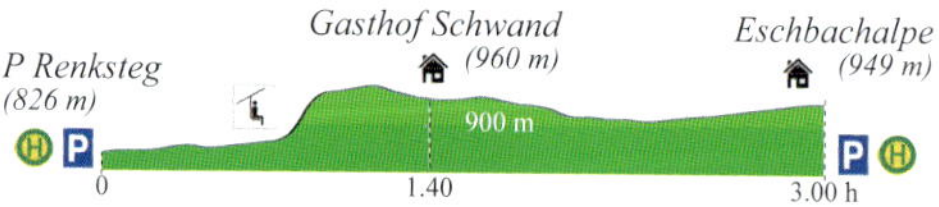

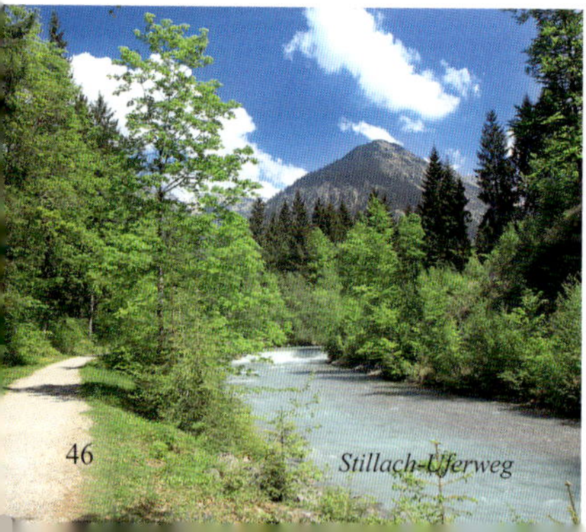
Stillach-Uferweg

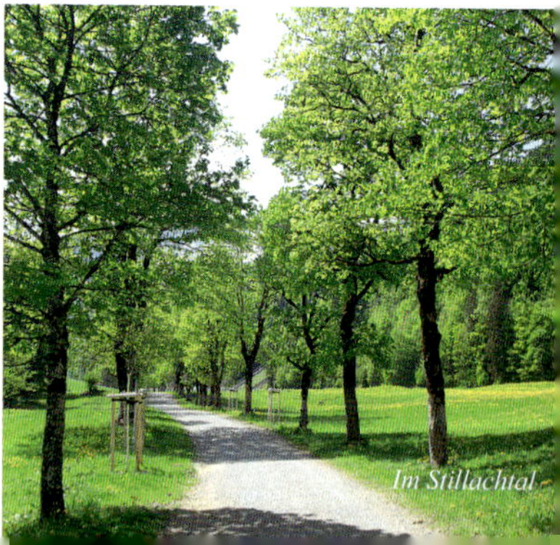
Im Stillachtal

form oben auf dem Turm (kostenpflichtig) genießt man einen schönen Überblick über das Stillachtal und den Freibergsee. Wir verlassen den Turm in südlicher Richtung und spazieren auf einem breiten Forststräßchen durch den Wald hinüber zu der Häuseransammlung von **Schwand** ③, 960 m (mit Gasthof). Vor uns breitet sich ein kleines, von bewaldeten Hängen eingerahmtes Wiesental aus. Auf einem breiten Schotterweg geht südwärts, bis sich nach etwa 1,5 Kilometern das Gelände öffnet und dieses Nebental wieder aufs Haupttal der Stillach trifft. Vor uns in der Ferne recken sich die hohen Felsgipfel von Trettachspitze und Mädelegabel in den Himmel. Über offene Wiesen gelangen wir zum gewaltigen Parkplatz der Fellhornbahn. Immer weitgehend geradeaus passieren wir das **Talstation-Gebäude** ④, 920 m, und gehen dann schräg links hinab zur Stillach, die wir – ebenso wie die Straße – überqueren. Wenige Schritte später erreichen wir einen Schotter-Wanderweg, halten uns rechts und steuern erneut auf den markanten Talschluss zu. Gelegentlich passieren wir einen einzelnen Bauernhof, dann gelangen wir zum Birgsauer Hof und etwas später zur **Eschbachalpe** ⑤, 949 m. Von dort führt ein kurzer Stichweg rechts zur Straße und zur Bushaltestelle.

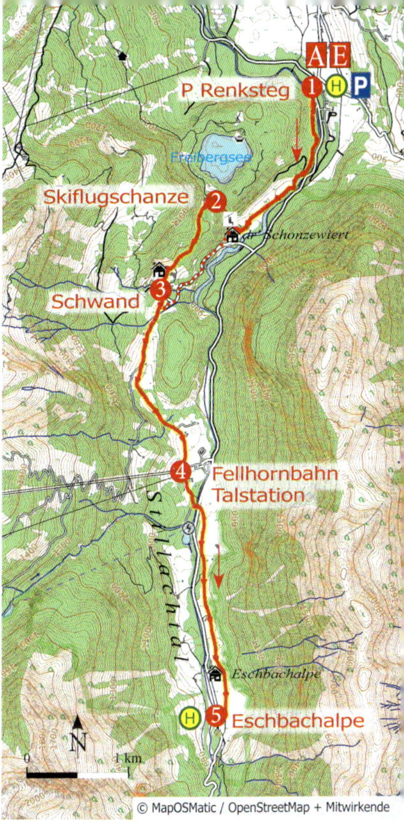

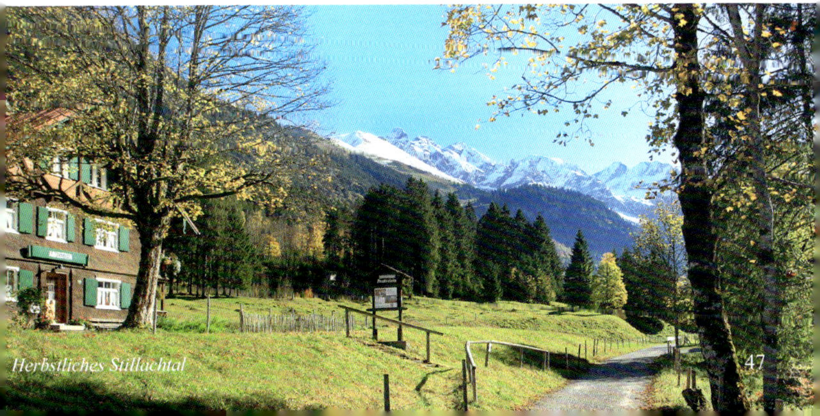

Herbstliches Stillachtal

14 Breitengehrenalpe und Petersalpe

4 Std. | 375 Hm | 10 km

Stillachtal, Parkplatz »Fellhornbahn/Brücke«. Von Oberstdorf 9 km ins Stillachtal (***Navi**: 87561 Oberstdorf, Faistenoy 10*); Von dort (oder gleich von Oberstdorf aus) mit halbstündlich verkehrendem Bus weiter ins Tal bis zur Endhaltestelle (»Birgsau/ Eschbachalpe«).

Überwiegend breite (autofreie) Fahrwege; Aufstieg zur Petersalpe schattig und teils matschig.

Eschbachalpe ①; Berggasthof Einödsbach ②, Petersalpe ③; Breitengehrenalpe ④; Buchenrainalpe ⑤

Hinein ins wilde Rappenalptal

Das Stillachtal bietet – oben wie unten – eine große Fülle an herrlichsten Wanderwegen. Auf dieser Tour durchwandern wir den mittleren Talabschnitt, spazieren durch die ebenen Wiesen von Birgsau, wandern hinauf zum malerischen Weiler Einödsbach unterhalb von Trettachspitze und Mädelegabel und erkunden die ersten Kilometer des sich anschließenden, wilderen Rappenalptales. Eine herrliche Tour mit schönen Gipfeln rechts und links sowie einer Handvoll gemütlicher Alphütten unterwegs.

Von der **Bushaltestelle »Eschbachalpe«** ①, 949 m, folgen wir der Teerstraße ca. 200 m taleinwärts, bis sich die Straße teilt: in einen geteerten Fahrweg rechts hinauf Richtung Buchenrainalpe (unser Rückweg) sowie einen Schotterweg links Richtung Einödsbach. Wir wählen letzteren und wandern – ganz allmählich ansteigend – durch einen lichten Wald südwärts, begleitet vom Rauschen des Rappenalpbachs rechts tief unter uns. Die Schotterstraße endet schließlich in **Einödsbach** ②, 1100 m, einem

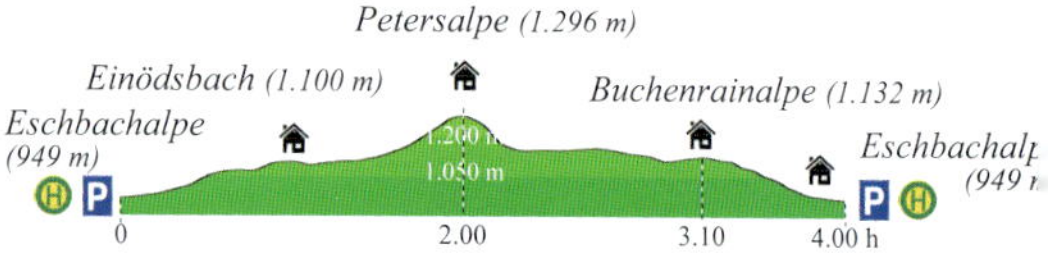

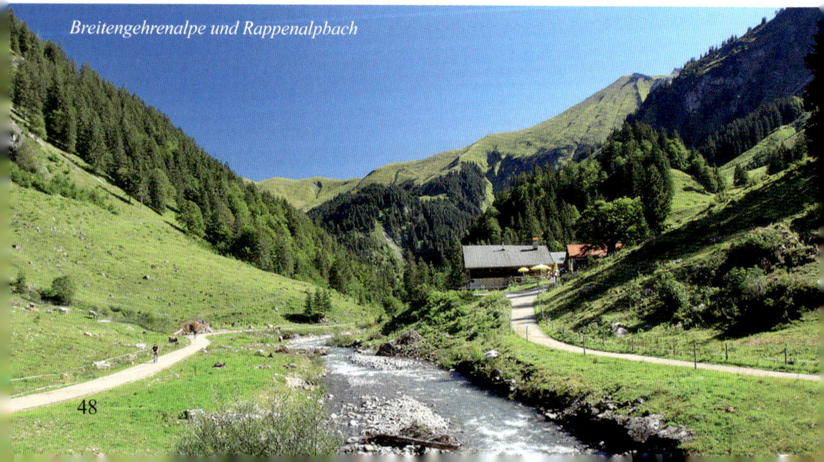

Breitengehrenalpe und Rappenalpbach

kleinen Ensemble bestehend aus Gasthof, Kapelle und einigen alten Hütten, die sich auf einer Wiese am Ausgang des engen Bacherlochtales verteilen. Um die direkt darüber aufragenden hellen Dolomitgipfel von Trettachspitze, Mädelegabel und Co. zu bestaunen, muss man den Kopf schon etwas in den Nacken legen. Etwas versteckt gleich hinter dem Gasthof folgen wir einem schmalen Pfad – mit einigen etwas rutschigen Metern – zum Bacherlochbach hinab und über diesen hinüber. Drüben gelangen wir durch den Wald zu einer kleinen Lichtung direkt am Rappenalpbach. Wir bleiben auf dieser Bachseite, wandern weiter durch Wald taleinwärts und schließlich steil einen oft schattigen und deshalb streckenweise recht feuchten Hang hinauf. Dann wird das Gelände wieder flacher, der Wald weicht Almwiese mit der gemütlichen **Petersalpe** ③, 1296 m, mittendrin. Der Abstieg von der Alphütte erfolgt auf einem Wirtschaftsweg, der sich weiter taleinwärts wieder hinab Richtung Rappenalpbach zieht, den wir bei der alten **Breitengehrenalpe** ④, 1151 m, erreichen. (Wer die Tour noch etwas ausdehnen mag: weiter taleinwärts auf der Teerstraße gelangt man in gut 45 Minuten zur Schwarzen Hütte; hin und zurück ca. 5 km, 75 Höhenmeter.) Ansonsten wenden wir uns hier nach rechts und spazieren am linken Flussufer auf dem – geteerten, autofreien Fahrweg – wieder talauswärts. Anfangs verläuft die Straße nah am Wasser, später weit oberhalb des Baches, der tief rechts unten durch eine enge Schlucht rauscht. Schließlich passieren wir die vom Hinweg bekannte Lichtung am Bach (mit Steg hinüber) und erreichen nach einem kurzen Gegenanstieg die schön gelegene **Buchenrainalpe** ⑤, 1132 m. Auf der gegenüberliegenden Talseite begleiten uns nun auch wieder die hohen Felsgipfel des Allgäuer Hauptkamms. Der letzte Abschnitt der Tour führt in weiten Kehren absteigend durch dichten Wald hinab zur Ebene von Birgsau in Sichtweite der Eschbachalpe (mit Bushaltestelle).

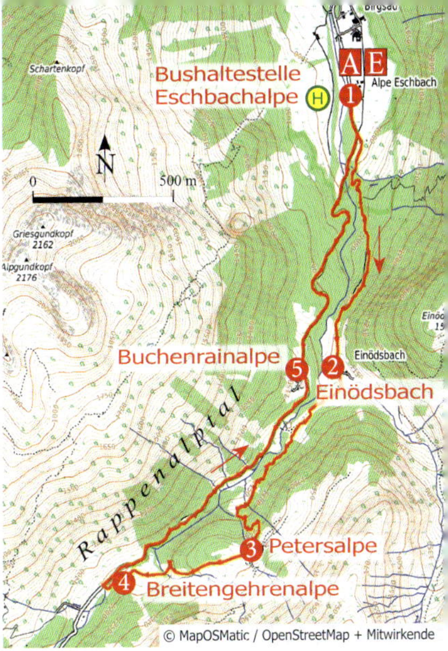

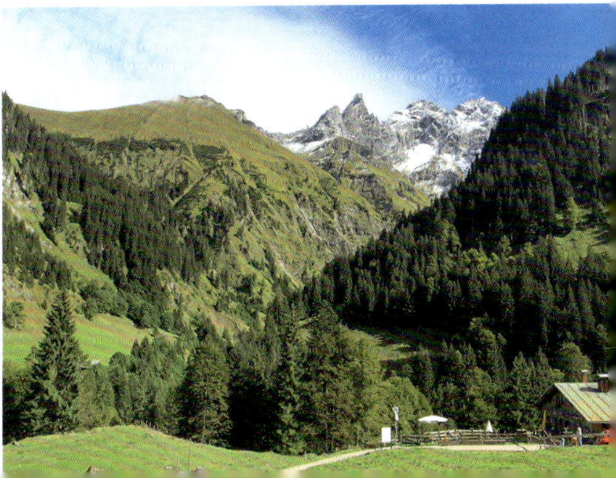

Buchenrainalpe u. Trettachspitze

15 Zwischen Stillach und Freibergsee

2.45 Std. | 200 Hm | 7 km

Stillachtal, Parkplatz »Renksteg« rechts der Straße, 826 m. Von Oberstdorf 4 km ins Stillachtal (***Navi**: 87561 Oberstdorf, Birgsauer Straße*); Bus Oberstdorf (Bhf.)–Fellhornbahn/Birgsau ca. halbstündlich mit Halt direkt am Parkplatz (alternativ etwa drei Kilometer ab Bahnhof Oberstdorf zu Fuß durch den Ort und die sich südlich ausbreitenden Wiesen bis zum Parkplatz Renksteg).

Leichte Wanderung, angenehme Waldwege oder direkt am Ufer der Stillach entlang; mäßige An- und Abstiege.

dr' Schonzewiert ②; Kiosk in der Skiflugschanze ②; Gasthof Freibergsee ③

Stiller See und rauschende Stillach

Gleich am Ausgang des Stillachtales wartet diese schöne Tour auf Entdecker. Wir wandern über weite Strecken entlang der rauschenden Stillach, kommen vorbei an der Skiflugschanze mit der Möglichkeit, vom Absprungturm einen herrlichen Rundblick zu genießen, durchstreifen hübsche Mischwälder und umrunden den stillen Freibergsee, der sich inmitten dieser Wälder versteckt. Eine schöne Tour, insbesondere im Frühling oder Herbst.

Der **Parkplatz Renksteg** ①, 826 m, liegt direkt an der Stillach, die wir auf einer überdachten Holzbrücke überqueren, um uns auf der anderen Seite nach links zu wenden. Die Stillach ist einer der drei Quellflüsse der Iller und kommt – wie die meisten Oberallgäuer Bergflüsse – meistens glasklar daher, so dass es eine wahre Freude ist, neben dem rauschenden Wasser entlangzuwandern. Der schöne Weg führt direkt am bewaldeten Ufer entlang und bringt uns nach etwa einem Kilometer zu einer offenen Wiese, die wir auf einer hübschen Platanenallee durchqueren; um schließlich zum unteren Stadionbereich der Skiflugschanze zu gelangen, deren Absprungschanze hoch oben auf dem Hang thront. Da der Wanderweg hinauf leider nicht mehr gepflegt wird/gesperrt ist, bleiben für die gut 100 Höhenmeter zwei Alternativen: bequem, aber recht

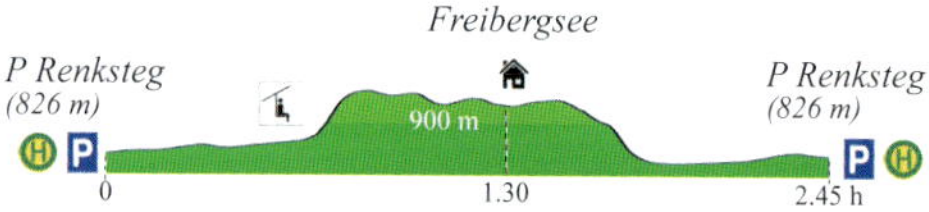

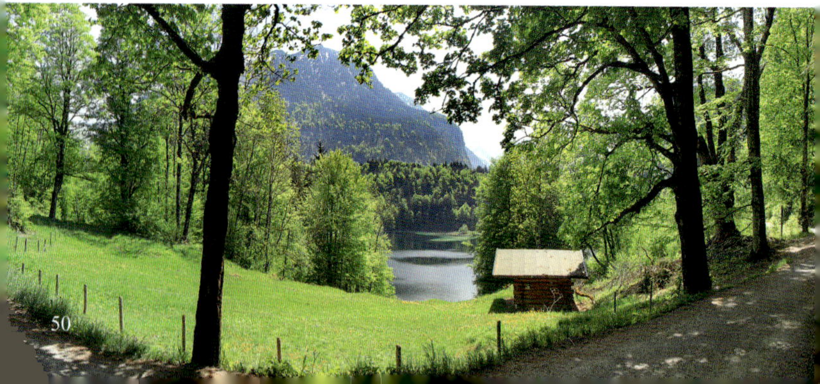

teuer für die kurze Strecke per Lift oder der etwas längere Umweg in südwestlicher Richtung über eine Teerstraße hinauf nach Schwand und von dort auf einem breiten Schotterweg durch Wald zum Turm (+ 2,5 km).

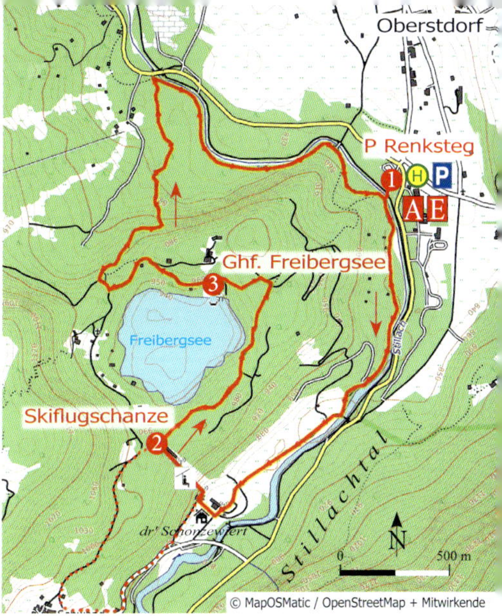

Oben angekommen am **Skisprungturm** ②, 980 m, bietet sich der Besuch der Aussichtsplattform der Schanze an (Eintritt) mit einem großartigen Blick sowohl über den Freibergsee tief unter uns als auch nach Süden weit ins Stillachtal hinein. Und wer einen Blick die Absprungschanze hinunterwirft, um weit unten die Landezone zu erkennen, kann vor dem Mut der Skispringer nur den Hut ziehen. Dann beginnen wir unsere halbe Umrundung des Freibergsees, wählen dazu den rechten Weg und wandern genüsslich auf dem schönen Waldweg entlang. Der Rundweg verläuft fast die gesamte Strecke hoch über dem See, dessen Wasserfläche manchmal links unter uns durch das Laub glitzert. An einer Kreuzung halten wir uns links und steigen dann zum **Gasthof Freibergsee** ③, 938 m, hinunter, der direkten Zugang zum Seeufer, Bademöglichkeit und Bootsverleih bietet. Dahinter geht es wieder leicht bergauf und noch gut 200 Meter weiter bis zu einem Abzweig etwa bei der Nordwestecke des Sees. Dort halten wir uns zwei Mal rechts und steigen dann auf breitem Weg den steilen, bewaldeten Nordhang abwärts. Am Ende des Abstiegs stoßen wir in der Nähe einer Straßenbrücke wieder auf die Stillach. Wir bleiben auf dem diesseitigen Ufer und wandern auf dem schönen Uferweg flussaufwärts. Nach etwa einem Kilometer treffen wir auf den Unteren Renksteg, eine weitere überdachte Holzbrücke. Von hier sind es – links oder rechts des Ufers – nur noch wenige Minuten zurück zum Parkplatz.

Am Freibergsee

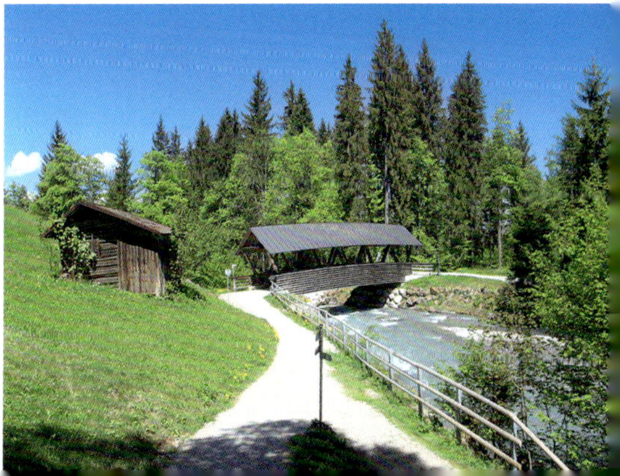

Stillach-Uferweg

16 Vom Söllereck zum Freibergsee

3.15 Std. | 180 / 525 | 7,4 km

Söllereckbahn, 990 m. Ab Oberstdorf ca. 4 km Richtung Kleinwalsertal *(**Navi**: 87561 Oberstdorf, Kornau Wanne 8)*; Walserbus Oberstdorf–Baad im 10- bis 20-Min.-Takt, Haltestelle »Söllereckbahn«.

Söllereckbahn: Kleinkabinenbahn, Betrieb ca. Anfang Mai–Anfang November, 9–17 Uhr, www.ok-bergbahnen.com, Talstation 990 m, Bergstation 1360 m.

Breite, angenehme Wege, überwiegend im Wald, auf einigen Teilstücken geht es recht steil bergab.

Diverse in Seilbahn-Bergstation-Nähe ②; Ghf. Hochleite ③; Kiosk in der Skiflugschanze ④; Gasthof Freibergsee ⑤; Gasthof Bergkristall ⑥

Zu einem ruhigen Waldsee im Stillachtal

Eine hübsche Wanderung erwartet uns unterhalb des Söllerecks am Ausgang von Kleinwalser- und Stillachtal: Es geht überwiegend bergab durch Mischwälder und Moore zu einer hübsch gelegenen Almhütte und zum wunderschönen Freibergsee. Ein nett gestalteter Erlebnispfad zum Mitmachen, herrliche Ausblicke ins Stillachtal und eine mögliche Besteigung der Skiflugschanze runden diese abwechslungsreiche Tour ab.

Von der **Söllereckbahn-Talstation** ①, 990 m, schweben wir gemütlich mit der Söllereckbahn bergauf. An der **Bergstation** ②, 1360 m, die am unteren Rand einer großen Wiese liegt, halten wir uns links und steigen ein kurzes, aber knackiges Steilstück hinauf zum Waldrand (ca. 1400 m). Dort beginnt ein Naturerlebnispfad, der uns auf den nächsten drei Kilometern begleitet, an zwölf Stationen zum Mitmachen animiert und Interessantes über die Allgäuer Natur offenbart. Auf breitem Weg geht es noch ein paar Schritte steil bergauf, wo wir eine schöne Aussicht Richtung Oberstdorf genießen können. Dann wandern wir gemütlich mit leichtem Auf und Ab auf einem hübschen

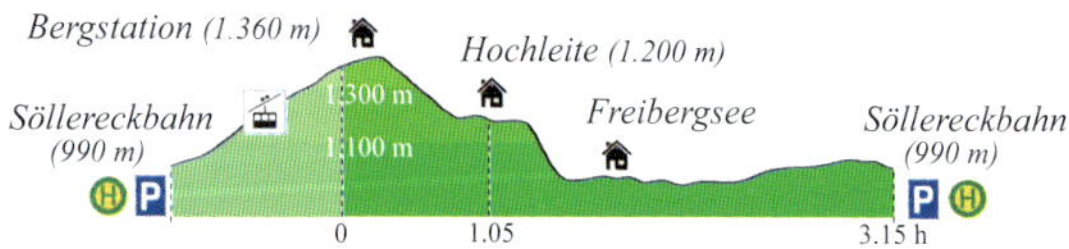

Waldweg zu einem kleinen Hochmoor, das wir auf einem Holzbohlenweg überqueren. Anschließend beginnt der mitunter recht steile Abstieg durch Wald hinunter Richtung Hochleite; auf halbem Weg erwartet uns links der schöne Aussichtspunkt »Kanzel« mit freiem Blick auf Oberstdorf und Umgebung. Hinter der nächsten Kehre öffnet sich dann der Blick auf das Stillachtal in seiner ganzen Länge mit der Ebene von Birgsau, im Hintergrund überragt von hohen Dolomitgipfeln

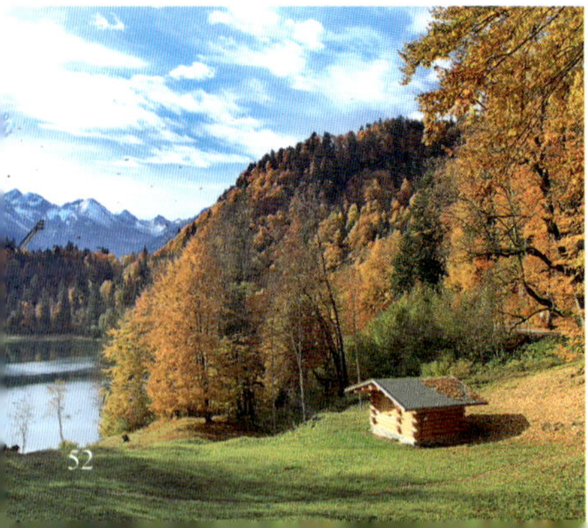

Herbstlicher Freibergsee

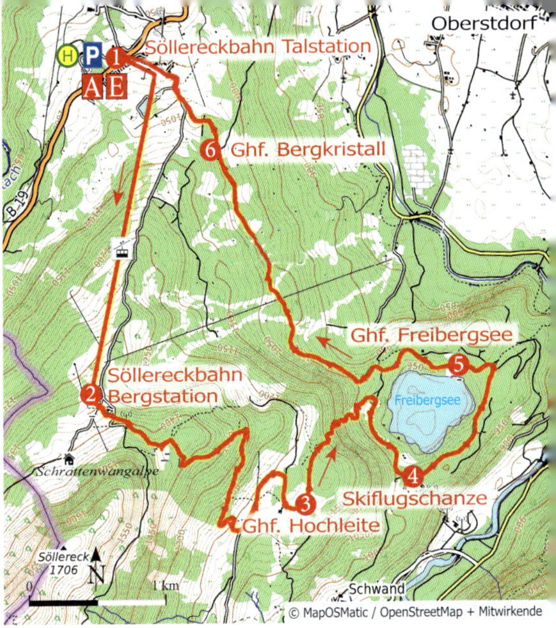

wie der Trettachspitze. Schließlich gelangen wir in weiten Kehren über offene Weideflächen zum schön gelegenen **Berggasthof Hochleite** ③, 1200 m. Gleich hinter der Hütte halten wir uns links (nicht über den Hauptweg nach Schwand), queren auf einem Trampelpfad eine Weide und steigen dann im Wald in steilen, engen Serpentinen bergab. Am Ende des Abstiegs (960 m) stoßen wir auf einen breiten Schotterweg, der etwas oberhalb des Freibergsees einmal um selbigen herumführt. Wir wenden uns nach rechts und erreichen nach etwa 15 Minuten die **Skiflugschanze** ④, 980 m, mit einer – kostenpflichtigen – Aussichtsplattform oben auf der Spitze. Von dort hat man einen wunderbaren Blick auf den See sowie – in der entgegengesetzten Richtung – über das Stillachtal. Entgegen dem Uhrzeigersinn wandern wir schließlich auf einem hübschen Waldweg gemütlich weiter um den See, gelangen an seiner Nordostecke zu einer Wegkreuzung, an der wir uns links halten und zum Seeufer mit dem **Gasthof Freibergsee** ⑤, 938 m, absteigen. Dahinter steigt der Weg wieder leicht an und erreicht eine weitere Wegkreuzung im Wald. Hier haben wir die Seerunde fast vollendet und biegen kurz vor der Stelle, an der wir vor einer Stunde absteigend das erste Mal auf den Schotterweg gestoßen sind, nach rechts und gleich wieder links auf den Edmund-Probst-Weg Richtung Söllereck-Talstation ein. Ein breiter, angenehm zu gehender Weg mit fast unmerklicher Steigung bringt uns durch Wald und schöne Wiesen vorbei am **Gasthof Bergkristall** ⑥, 1048 m, zurück zur Talstation, 990 m.

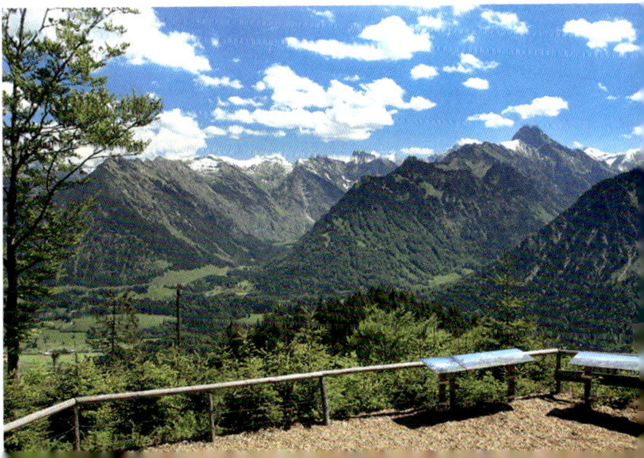

Aussichtspunkt »Kanzel«

17 Höhenweg vom Söllereck nach Riezlern

1.45 Std. | 40 / 320 | 5,1 km

Söllereckbahn, 990 m. Ab Oberstdorf ca. 4 km Richtung Kleinwalsertal *(**Navi**: 87561 Oberstdorf, Kornau Wanne 8)*; Walserbus Oberstdorf–Baad im 10- bis 20-Min.-Takt, Haltestelle »Söllereckbahn«.

Söllereckbahn: Kleinkabinenbahn, Betrieb ca. Anfang Mai–Anfang November, 9–17 Uhr, www.ok-bergbahnen.com, Talstation 990 m, Bergstation 1360 m.

Endpunkt: Riezlern, 1087 m; von dort Walserbus zurück zur Söllereckbahn im 10- bis 20-Min.-Takt.

Der breite, angenehme Weg hat teilweise Spazierwegcharakter. Am Ende der Tour teils sehr steil hinab nach Riezlern. Oft sehr überlaufen.

Diverse in Bergstation-Nähe ②; Schrattenwangalpe ③; Mittelalp ④; Berg-Stüble

Herrlicher Spazierweg mit perfektem Panorama

Das Söllereck lockt als beliebtes Familienziel mit einem umfangreichen Angebot mit Kletterwald, Spielplatz, Seilbahn und Sommerrodelbahn. Im Gegensatz zu seinen alpinen, auch per Seilbahn erreichbaren Nachbarn Fellhorn, Nebelhorn und Co. spielt sich hier alles ein Stockwerk tiefer ab. Wanderer finden hier jedoch einen der schönsten – und dabei einfachsten – Panoramawege der Region: Von der Bergstation geht es fast ausschließlich bergab über eine aussichtsreiche, von offenen Wiesen bedeckte Hochebene hinüber nach Riezlern. Eine Wanderung für Genießer – allerdings sehr gut besucht!

Von der **Talstation** ①, 990 m, schweben wir zunächst mit der Söllereckbahn nach oben. Die **Bergstation** ②, 1360 m, liegt am unteren Rand eines offenen und recht steilen Wiesenhangs, der uns den einzigen Anstieg der heutigen Tour abverlangt. Es geht kurz und steil hinauf zur **Schrattenwangalpe** ③, 1403 m, wo wir den höchsten Punkt der Wanderung erreichen. Der gemütliche Spaziergang nach Riezlern kann beginnen. Auf einem breiten, angenehm zu laufenden Schotterweg tauchen wir in einen kleinen Wald ein, der sich bald darauf – nachdem wir die Grenze nach Vorarlberg überschritten haben – wieder lichtet und einen wunderschönen Blick freigibt auf das vor

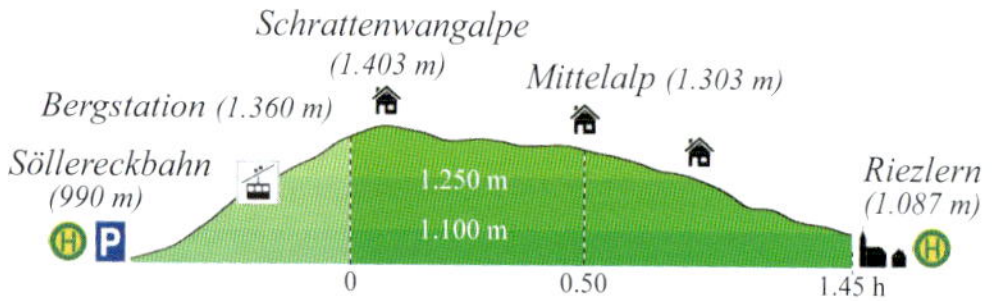

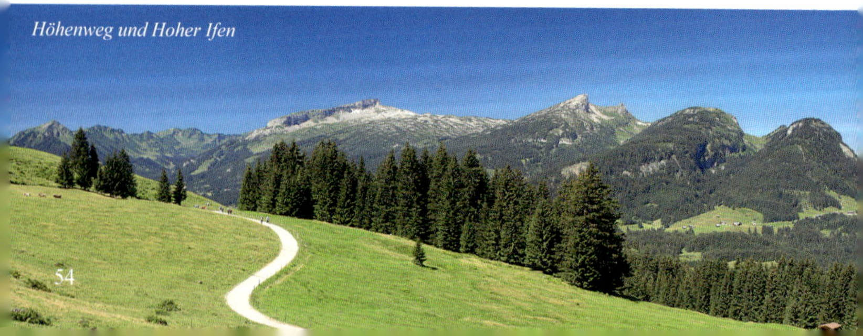

Höhenweg und Hoher Ifen

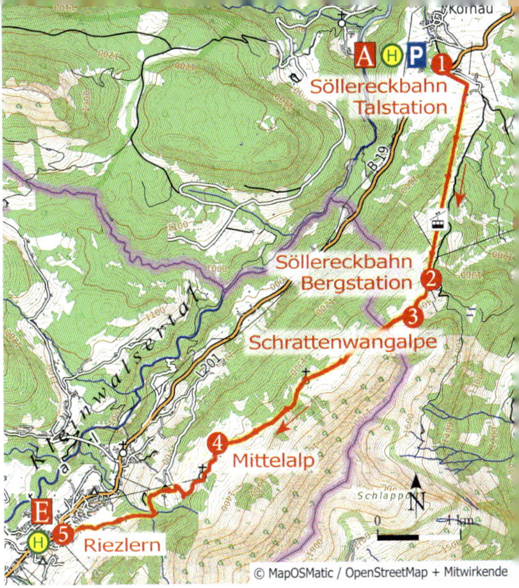

uns liegende Kleinwalsertal sowie weite, offene Wiesen, durch die sich der Weg hindurchschlängelt. Auf der gegenüberliegenden Talseite zieht der markante Hohe Ifen alle Blicke auf sich, flankiert vom spitzen Walmendinger Horn zur Linken sowie dem buckligen Gottesackerplateau und den hohen Gottesackerwänden zur Rechten. Vorbei an der unbewirtschafteten Amans-Alpe (mit kleiner Kapelle) bummeln wir auf dem leicht abfallenden Weg zur **Mittelalp** ④, 1303 m. Riezlern rückt immer mehr ins Blickfeld, und schließlich beginnt – mit dem prächtigen Panorama vor uns – der Abstieg ins Tal. In weiten Kehren, vorbei am Berg-Stüble, geht es abwärts, mitunter sehr steil und etwas kniebelastend. In einem engen und tief eingeschnittenen Tälchen verlassen wir an einer Spitzkehre den Hauptweg, halten uns links, überqueren einen kleinen Bach und wandern schließlich auf der anderen Seite durch schöne Wiesen hinunter nach **Riezlern** ⑤, 1087 m. Von dort verkehren alle 10 bis 20 Minuten Busse zurück zum Startpunkt.

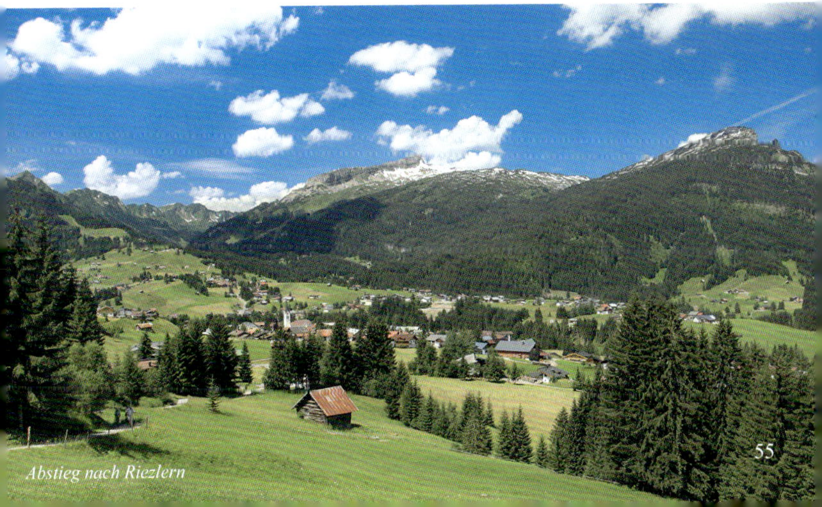

Abstieg nach Riezlern

18 Durch die Breitachklamm

3 Std. | 275 Hm | 7,6 km

Tiefenbach, Breitachklamm-Haupteingang, 830 m; vom B19-Kreisel nördlich von Oberstdorf (bei Mc Donald`s) ca. 5 Kilometer bis zum Klamm-Parkplatz *(**Navi**: 87561 Oberstdorf, Klammstraße 47)*; Bus ab Oberstdorf ca. halbstündlich.

In der Klamm enge, teils in den Fels gehauene Wege, teils sehr niedrig, streckenweise rutschig und nass durch Grus und Tropfwasser (auch bei trockenem Wetter). Gutes Schuhwerk erforderlich! Ansonsten leichte Wege.

Gasthof Breitachklamm ①; Müller`s Alpe ③; Alpe Hinter der Enge (kurzer Abstecher); Dornachalpe ④

(Be)rauschendes am Ausgang des Kleinwalsertals

Millionenfach bestaunt, ist die Breitachklamm eines der Naturwunder des Allgäus und des Kleinwalsertals. Es ist beeindruckend zu erleben, wie sich die Wassermassen wildschäumend ihren Weg durch die teilweise nur wenige Meter enge und von über 100 Meter hohen Felswänden überragte Schlucht bahnen. Eine spannende Tour, überraschend laut und – selbst an sonnigen Sommertagen – recht feucht. Der Rückweg erfolgt ein Stockwerk höher durch Wald und Wiesen.

Vom **Klamm-Eingangshäuschen** ①, 830 m, spazieren wir in wenigen Minuten hinüber zur Breitach, die hier noch recht gemütlich dahinrauscht. Der Weg verläuft am rechten Ufer flussaufwärts in einen bewaldeten Taleinschnitt hinein, allmählich werden Fluss und Tal wilder, die ersten Felsen tauchen auf. Dann erreichen wir die eigentliche Klamm, und mit einem Schlag recken sich die Felswände gen Himmel und rücken gleichzeitig eng zusammen. Es rauscht und tropft überall, der enge Pfad ist teilweise waghalsig in den Fels hineingeschlagen, an manchen Stellen ist die Klamm nur wenige Meter breit und der Himmel ist nur als schmaler Streifen weit oben zu erahnen. Mal auf der linken, mal auf der rechten Seite des wild tobenden

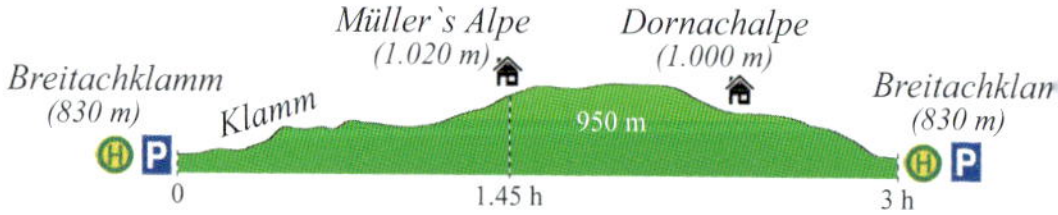

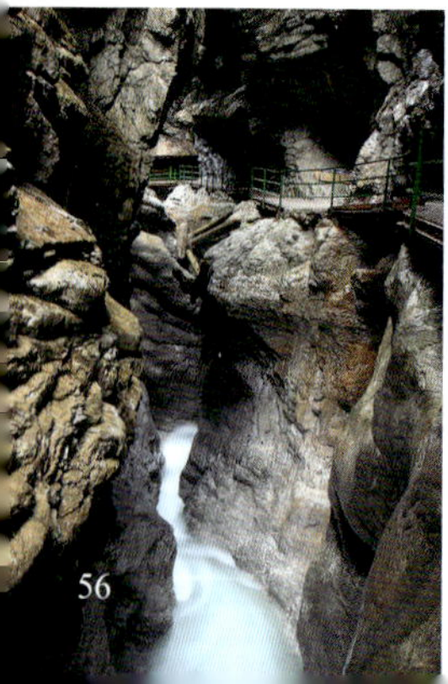

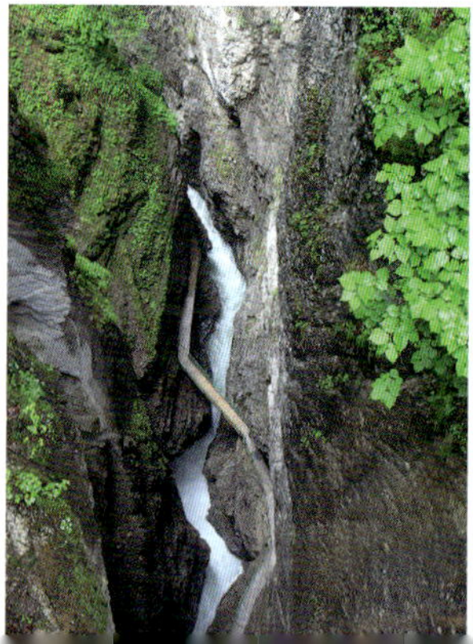

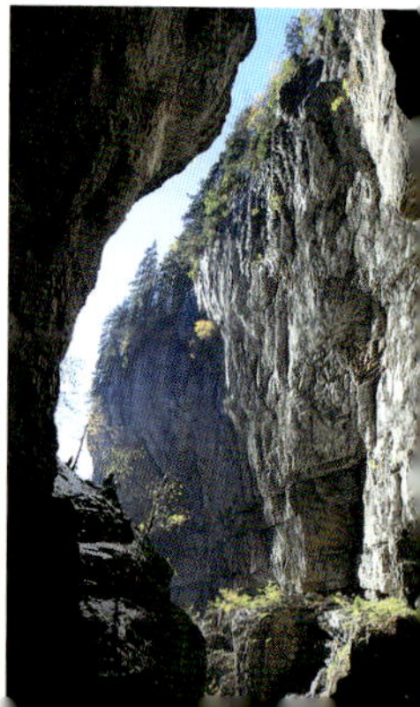

Wassers geht es stromaufwärts, streckenweise auch mal etwas steiler. Bis wir schließlich den oberen Ausgang der Klamm erreichen und es schlagartig leiser wird. Mit dem Ausgangshäuschen ist die Klamm »offiziell« zu Ende, allerdings liegt noch ein weiterer eindrucksvoller Abschnitt vor uns: Der Fluss wird wieder breiter, aber die Felswände bleiben steil, und der Weg ist spektakulär in den Fels gehauen. Dann endet auch diese wilde Passage, wir wechseln auf einem **Eisensteg** ②, 910 m, aufs gegenüberliegende Flussufer und wandern an der gemütlich dahinströmenden Breitach weiter flussaufwärts.

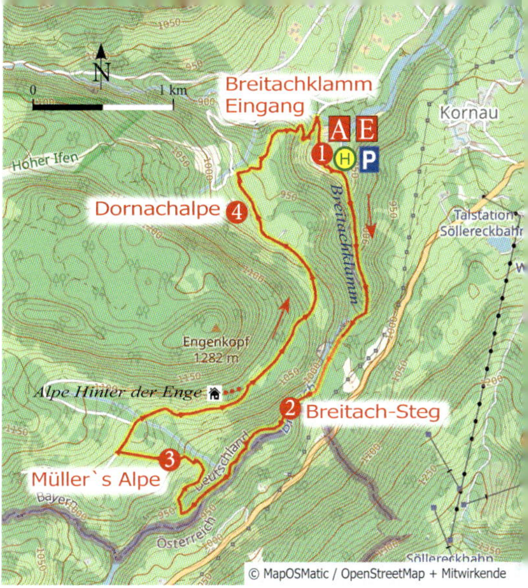

Nach gut einem Kilometer verlassen wir den Fluss und steigen rechts – anfangs durch Wald, dann über Wiesen – zur **Müller's Alpe** ③, 1020 m, hinauf. Oberhalb folgt noch ein kurzer Stichweg eine hübsche Wiese hinauf, von wo wir einen schönen Blick in Richtung Kleinwalsertal mit dem Widderstein in der Ferne genießen können. Wir erreichen einen quer verlaufenden, breiten Schotterweg, wenden uns nach rechts und wandern talauswärts. Im weiten, gemächlichen Linksbogen queren wir dabei die steil links von uns aufragenden, bewaldeten Hänge des Engenkopfs. Gegen Ende passieren wir noch die **Dornachalpe** ④, 1000 m, dann führt rechts ein breiter Weg hinab ins Tal und zum Parkplatz am unteren Klammeingang.

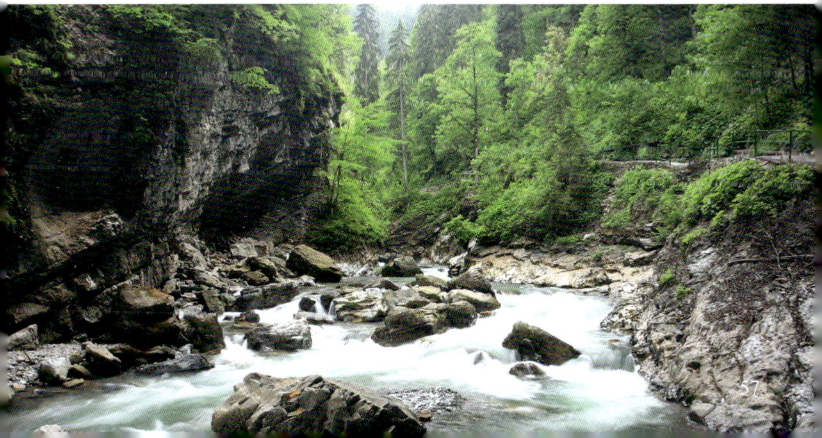

19 Entlang der Breitach zur Müller`s Alpe

3.30 Std. | 250 Hm | 8,9 km

Riezlern, Ortsteil Schwende auf der westlichen Talseite, 1070 m. Ab Oberstdorf ca. 10 km ins Kleinwalsertal hinein, kurz vor Riezlern rechts nach Schwende; ca. 500 m hinter der hohen Breitachbrücke wenige Parkplätze bei der kleinen Kirche (***Navi***: *A-6991 Mittelberg, Innerschwende 6)*; Walserbus Oberstdorf–Baad im 10- bis 20-Min.-Takt bis Haltestelle »Riezlern Post«, von dort entweder zu Fuß zur Alten Schwendebrücke ② (Beschreibung s. Tour 21) oder umsteigen in Linie 2 Richtung Schwende bis Haltestelle »Schwende« (halbstündlich).

Gute Wege ohne Schwierigkeiten.

Waldhaus ③; Müller`s Alpe ④

Stille Pfade im vorderen Kleinwalsertal

Die Breitach ist der größte Fluss des Kleinwalsertals und den meisten Wanderern wegen der Breitachklamm am Talausgang ein Begriff. Aber auch abseits der Klamm ist eine Uferwanderung ein schönes Erlebnis. In der Nähe von Riezlern hat sich der Fluss fast 100 Meter tief in die Landschaft eingeschnitten, wir steigen also auf dieser Tour ein paar Stockwerke hinab und lassen den Trubel des Tales weitgehend hinter uns. Wir folgen dem Wasser auf schönen Uferwegen talauswärts und kehren schließlich über die stillen, aussichtsreichen Wiesen auf der Westseite des Kleinwalsertals zum Ausgangspunkt zurück.

Vom **Parkplatz** ①, 1070 m, folgen wir gut 100 Meter der Hauptstraße zurück Richtung Brücke, biegen direkt vor der Brücke rechts ab in den 'Schwarzwasserbachweg' und steigen auf diesem hinab ins Tal. Am Talboden angekommen biegen wir kurz vor der **Alten Schwendebrücke** ②, 1000 m, links in einen Fußweg ein, auf dem wir am linken Ufer an der Breitach entlang flussabwärts wandern. Wir unterqueren die gewaltige, über uns aufragende, neue Autobrücke und durchwandern eine kleine Klamm aus festem Kalkgestein, den die Breitach durchfräst hat. Dahinter wird das Tal etwas zahmer, und ein breiter,

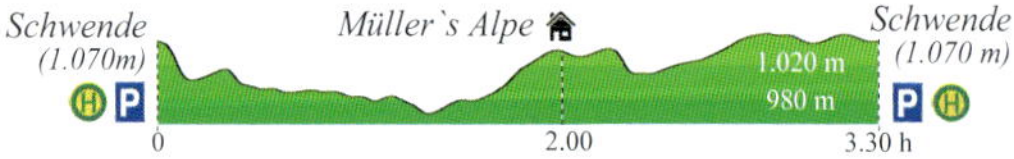

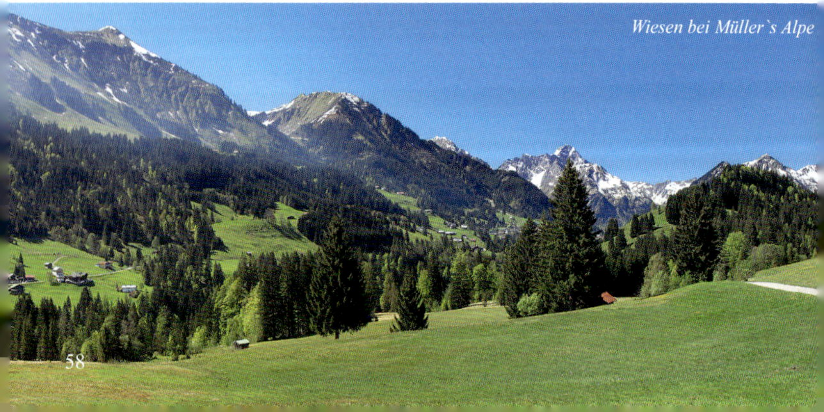

Wiesen bei Müller`s Alpe

direkt am Ufer entlang führender Schotterweg bringt uns ganz gemütlich flussabwärts. Der gesamte, tiefe, bewaldete Einschnitt, den die Breitach hier geschaffen hat, wirkt erstaunlich abgeschieden, man nimmt im Grunde nur den Fluss und dessen Geräuschkulisse wahr, während das oben liegende Tal mit seinen Straßen, zahllosen Gehöften und Bauernhäusern gefühlt sehr weit entfernt ist. Bald passieren wir das direkt am Fluss gelegene **Waldhaus** ③, 958 m, wandern weiter talauswärts, bis sich der Weg etwas vom Ufer entfernt. Beim nächsten Abzweig verlassen wir den Taleinschnitt endgültig und steigen hinauf zur **Müller`s Alpe** ④, 1017 m, die auf der westlichen Talschulter inmitten einer Wiese liegt. Kurz darauf stoßen wir auf einen breiten Wirtschaftsweg, an dem wir uns links halten und – mit Blick auf den fernen Widderstein – über hübsche, blumenübersäte Feuchtwiesen den Rückweg antreten. Der Wirtschaftsweg endet kurz darauf, wir folgen links einem schmalen Weg, der uns hinunter in den bewaldeten Einschnitt des Hörnlebaches bringt. Auf der anderen Bachseite stoßen wir kurz darauf auf eine breite Schotterstraße (Fuchsloch, 1020 m), der wir Richtung Straußberg folgen. Nach einem kurzen Anstieg geht die Schotterstraße in eine Teerstraße über, auf der wir – vorbei an vereinzelten Gehöften inmitten eines offenen Wiesenhanges, von dem wir erneut einen freien Blick Richtung Widderstein genießen – zurück zu unserem Ausgangspunkt gelangen.

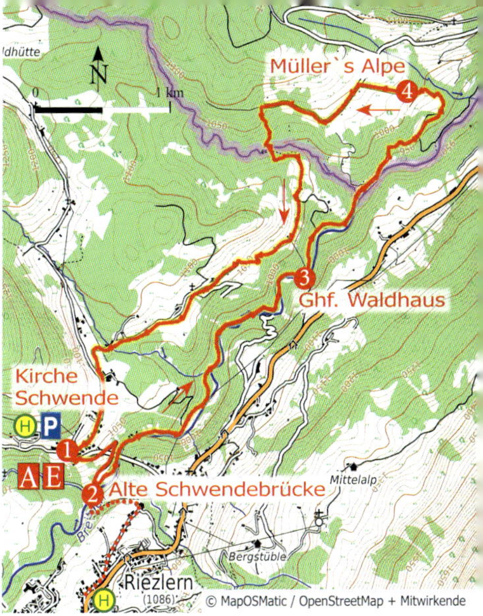

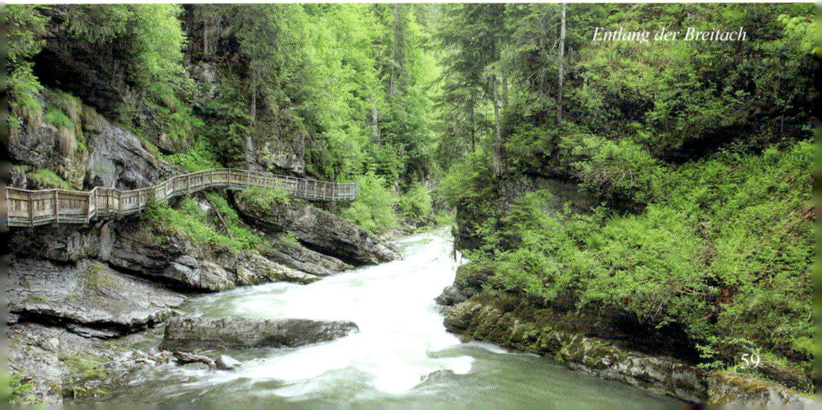
Entlang der Breitach

20 Zur Osterbergalpe

4 Std. | 300 Hm | 11,2 km

Riezlern, Ortsteil Schwende, Gasthof Bergblick, 1080 m. Ab Oberstdorf etwa 10 km ins Kleinwalsertal; vor Riezlern rechts über die hohe Breitachbrücke nach Außerschwende, Parkplätze bei der Kirche; von dort ca. 500 Meter zum Startpunkt *(**Navi**: A-6991 Mittelberg, Außerschwende 36)*; Walserbus Baad–Oberstdorf im 10- bis 20-Min.-Takt bis Haltestelle »Riezlern Post«, dort Anschluss Richtung Schwende bis zum Gasthof Bergblick (halbstündlich).

Leichte Wanderung mit mäßigen Steigungen; überwiegend Teerstraße (Anliegerverkehr), sonst breite Schotterwege.

Gasthof Bergblick ①; Gasthof Hörnlepass ②; Osterbergalpe ③; Müller`s Alpe ④

Stille Almwanderung am nördlichen Talausgang

Diese Wanderung am Ausgang des Kleinwalsertal ist ein echtes Kontrastprogramm zur Tour 17 auf der gegenüberliegenden Talseite. Während auf dem dortigen – zugegebenermaßen herrlichen Höhenweg – an manchen Tagen wahre Völkerscharen unterwegs sind, erwartet uns auf dieser gemütlichen Wanderung ein sehr stiller Mix aus weiten, offenen Wiesen und Wäldern mit schönen Ausblicken über das langgestreckte Tal sowie unterwegs eine hübsche Alphütte mit aussichtsreicher Sonnenterrasse.

Ab dem **Gasthof Bergblick** ①, 1080 m, ist die Straße für den öffentlichen Verkehr gesperrt. Wir halten uns nordwärts und wandern die Straße gemächlich bergauf, vorbei an vereinzelten Häusern und offenen Wiesen mit einem weiten Blick ins Tal bis hinüber zum Nebelhorn und Fellhorn. Nach knapp 2 Kilometern erreichen wir den **Gasthof Hörnlepass** ②, 1168 m, wo die Teerstraße in einen Schotterweg übergeht. Ein ebener Weg erwartet uns; links erheben sich die bewaldeten Ausläufer des Gottesackerplateaus, rechts von uns macht sich in einem kleinen Tal allmählich das leise Rauschen des Hörnlebaches bemerkbar. In einer Spitzkehre überqueren wir den Bach (1160 m) und biegen scharf nach rechts (geradeaus zieht der Weg

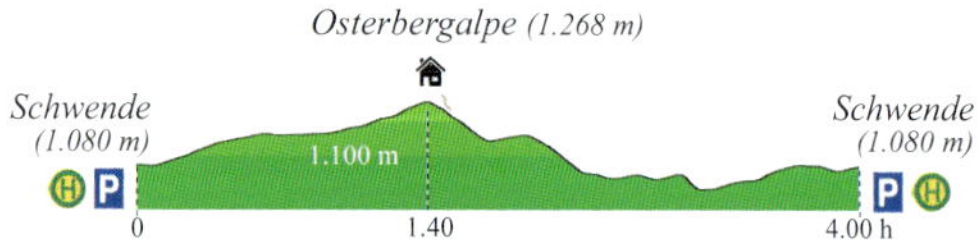

Die Osterbergalpe

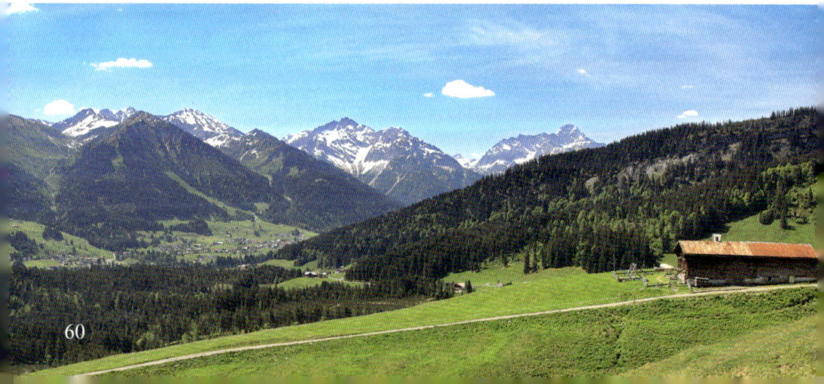

zum Hörnlepass hinauf). Vor uns liegt eine hübsche, blumenübersäte Hochebene, den fernen Hintergrund bilden Hochvogel und Schneck. Bald durchqueren wir einen kleinen, bewaldeten Taleinschnitt mit Bach und erreichen die Almwiesen der **Osterbergalpe** ③, 1268 m. Die urige Hütte mit schöner Sonnenterrasse liegt aussichtsreich auf einer Kuppe – nicht direkt am Weg, aber der etwa 10-minütige Aufstieg lohnt alleine aufgrund der prächtigen Aussicht: Der Blick reicht vom Widderstein am südlichen Ende des Kleinwalsertals über Fellhorn und Höfats bis zum Nebelhorn im Osten.

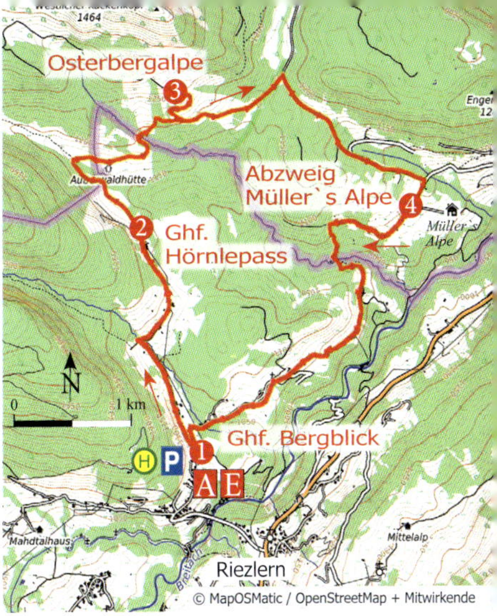

Der weitere Weg verläuft über offene Wiesen leicht bergab, tritt dann in einen Wald ein und trifft auf einen breiten (autofreien) Teerweg. Wir wenden uns nach rechts (»Schwende«) und folgen der Straße bergab bis zu einer weiteren Kreuzung (1060 m), wo wir uns erneut rechts halten. Ein wunderschöner Abschnitt liegt vor uns: hübsche, blumenübersäte Feuchtwiesen mit Widderstein, Fellhorn und Co. als Hintergrundkulisse; links führt ein Abstecher zur etwa 300 Meter entfernt liegenden **Müller`s Alpe** ④, 1020 m. Am Ende des Teerweges biegen wir links in einen schmalen Weg ein, der uns durch hübschen Mischwald hinunter in den Taleinschnitt des Hörnlebaches führt, den wir weiter oben schon einmal gequert haben. Auf der anderen Bachseite stoßen wir wenig später auf eine breite Schotterstraße (Fuchsloch, 1020 m), der wir Richtung Straußberg folgen. Die Schotterstraße geht nach einem kurzen Anstieg in eine Teerstraße über, auf der wir – vorbei an vereinzelten Gehöften inmitten eines offenen Wiesenhanges, von dem wir einen freien Blick Richtung Widderstein genießen – zurück zum Gasthof Bergblick gelangen.

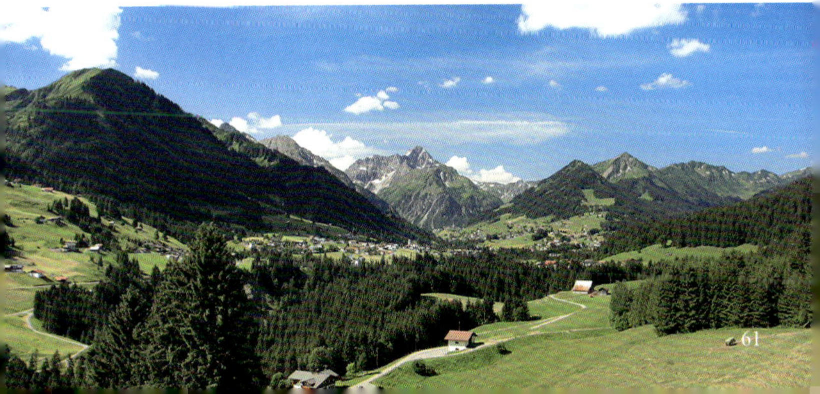

21 Am Schwarzwasserbach entlang

2.30 Std. | 260 / 110 | 6 km

Riezlern, 1087 m. Ab Oberstdorf etwa 11 km ins Kleinwalsertal; div. Parkplätze im Ort *(**Navi**: A-6991 Riezlern, Alte Schwendestraße)*; Walserbus Oberstdorf–Baad im 10- bis 20-Min.-Takt bis Haltestelle »Riezlern Post«.

Endpunkt: Bushaltestelle »Schröflesäge« im Schwarzwassertal; halbstündlich mit Linie 5 zurück Richtung Riezlern (dort Anschluss an die Linie 1 Baad–Oberstdorf).

Überwiegend einfache, breite, geschotterte Wege. Uferweg mit nur leichten Steigungen, zwischendurch aber auch kurze, knackige Anstiege, wenn Wasserfälle umgangen werden müssen.

keine unterwegs

Rauschender Gebirgsbach und wilde Wasserfälle

Der Schwarzwasserbach ist der größte Nebenfluss der Breitach, entspringt im gleichnamigen Tal und mündet bei Riezlern in die Breitach. Auf dieser Wanderung erleben wir seinen unteren Abschnitt: sechs abwechslungsreiche Kilometer, auf denen der Fluss durch tief eingeschnittene Talabschnitte fließt, durch felsige Schluchten, offene Wiesen und schöne Wälder – und auf seinem Weg immer wieder beeindruckende Wasserfälle bildet. Eine wunderschöne Tour, fast immer direkt am Wasser entlang und mit nur wenigen, kurzen Anstiegen.

Die Tour beginnt am zentralen Busbahnhof in **Riezlern** ①, 1087 m, von wo wir der Hauptstraße talauswärts folgen und dann kurz vor der Tankstelle links in die 'Leo-Müller-Straße' einbiegen, die nach etwa 200 Metern in den 'Fellhornweg' mündet. Dieser geht schließlich in einen schmalen Schotterweg über, der recht steil durch Wald hinunter ins tief eingeschnittene Tal führt. Direkt bei der Einmündung des Schwarzwasserbaches in die Breitach überqueren wir diese auf der **Alten Schwendebrücke** ②, 1000 m; die gewaltige neue Brücke überspannt rechts über uns das enge Tal. Der breite, angenehm zu gehende Weg beginnt gleich hinter der Brücke links und führt

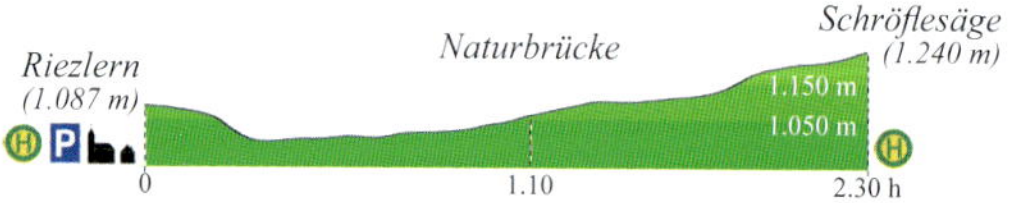

Schwarzwasserbach

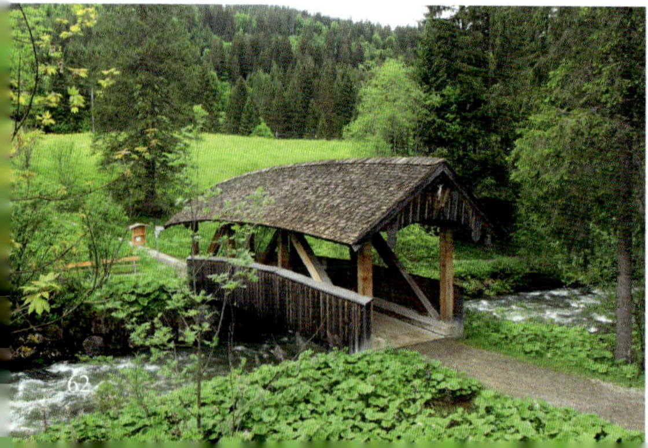

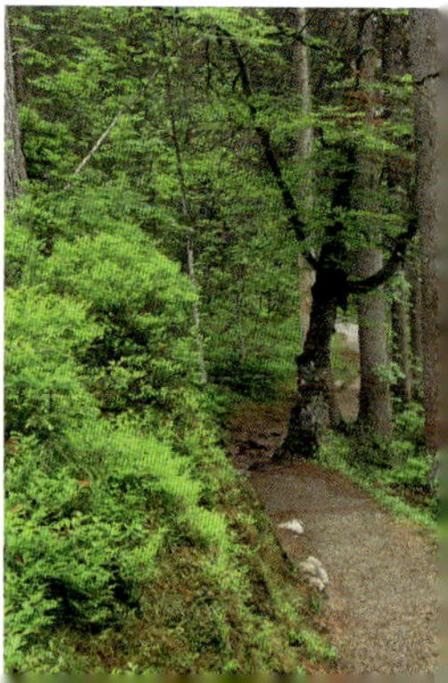

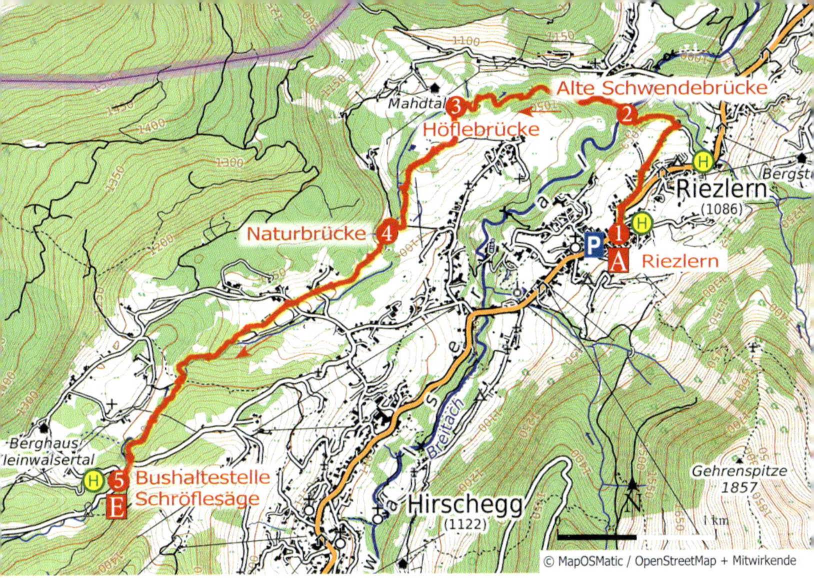

direkt am Ufer entlang flussaufwärts. Der Fluss schlängelt sich in weiten Kehren durch das bewaldete Tal, bis vor uns etwas überraschend der erste Wasserfall auftaucht – und uns einen schönen Vorgeschmack auf das gibt, was uns heute erwartet. Hinter dem Wasserfall öffnet sich das Tal etwas, wir gelangen zur kleinen **Höflebrücke** ③, 1024 m und wechseln auf die andere Flussseite. Der Weg entfernt sich etwas vom Bach, das Rauschen des Wassers bleibt uns aber erhalten, und schon bald darauf haben wir den Schwarzwasserbach wieder erreicht sowie einen weiteren Wasserfall. Kurz dahinter stoßen wir auf eine breitere Straße, überqueren den Fluss und halten uns direkt hinter der Brücke wieder links. Nach ca. 100 Metern – gleich hinter einer weiteren Bücke über einen kleinen Bach – biegt links ein

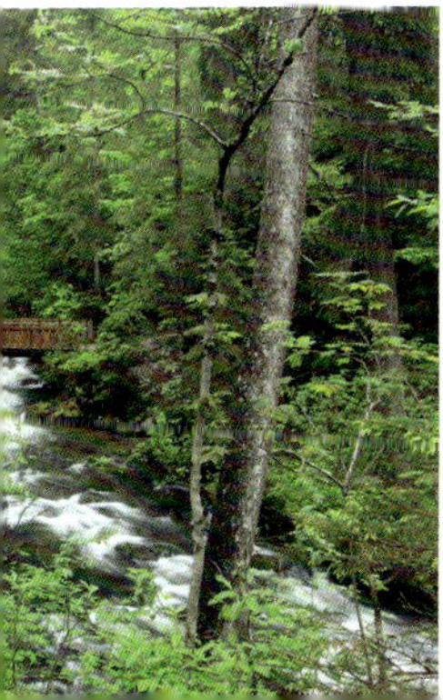

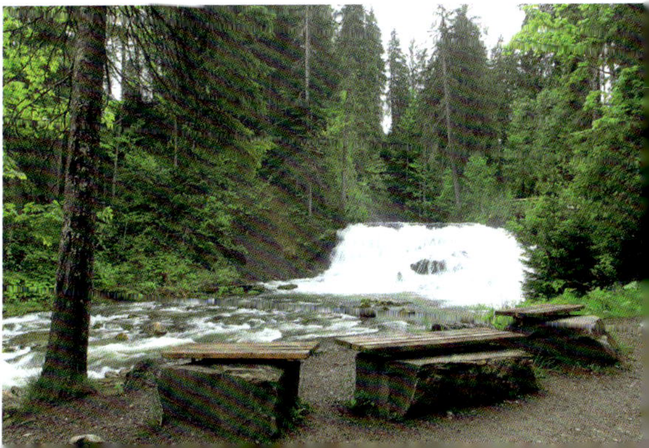

schmaler Pfad ab, auf dem wir nach wenigen Schritten die **Naturbrücke** ④, 1080 m, erreichen: Der Schwarzwasserbach durchschneidet hier eine kleine Klamm und hat – neben einem hübschen Wasserfall – eine kleine Felsbrücke erschaffen, inmitten eines schönen Mixes aus hübschem Bergwald, moosüberzogenem Waldboden, steilen Felswänden und rauschendem Wasser. Zurück auf dem Hauptweg wandern wir gemütlich durch weite Wiesen hindurch zu den verstreut liegenden Häusern von Weiler. Die offene Umgebung bietet uns einen schönen Blick auf den Hohen Ifen und das Walmendinger Horn vor uns. Wir queren die Autostraße, wandern geradeaus – oberhalb eines Sportplatzes – weiter und tauchen kurz darauf in einen hübschen Wald ein. Das Gelände wird wieder wilder, links unter uns rauscht der Schwarzwasserbach zwischen Felsen hindurch, und plötzlich haben wir durch die Bäume hindurch einen herrlichen Blick auf einen hohen, beeindruckenden Wasserfall. Oberhalb des Wasserfalls treffen wir auf eine Wegkreuzung, wo wir uns geradeaus halten und dem direkt am Ufer verlaufenden Weg folgen.

Der Schwarzwasserbach ähnelt inzwischen mehr einem idyllischen Bächlein als einem ernstzunehmenden Fluss, fließt ganz gemächlich am Rand einer Wiese entlang und der schöne Weg verläuft weiterhin direkt am Wasser. Dann stehen wir – etwas überraschend angesichts des friedlich dahinplätschernden Baches – vor einem weiteren Wasserfall. Direkt davor befindet sich ein schöner Picknickplatz mit Spielmöglichkeit am seichten Wasser. Dieser Wasserfall, so beeindruckend er ist, ist nur der erste einer ganzen Kaskaden-Reihe. Der Schwarzwasserbach hat sich hier durch einen festen Felsriegel geschnitten und verliert in mehreren Stufen gewaltig an Höhe. Die Wegebauer kannten keine Gnade, sodass wir diesen Höhenunterschied auf einem extrem steilen Weg parallel zum Fluss überwinden müssen. Von einem Steg über den Fluss haben wir einen letzten Blick in diese wild rauschende Klamm. Und ebenso plötzlich, wie der Spuk begann, ist er auch schon vorbei! Denn nur wenige Schritte oberhalb des letzten Wasserfalles stehen wir auf einer Autostraße. Etwa 50 m rechts von uns befindet sich die **Bushaltestelle »Schröflesäge«** ⑤, 1240 m.

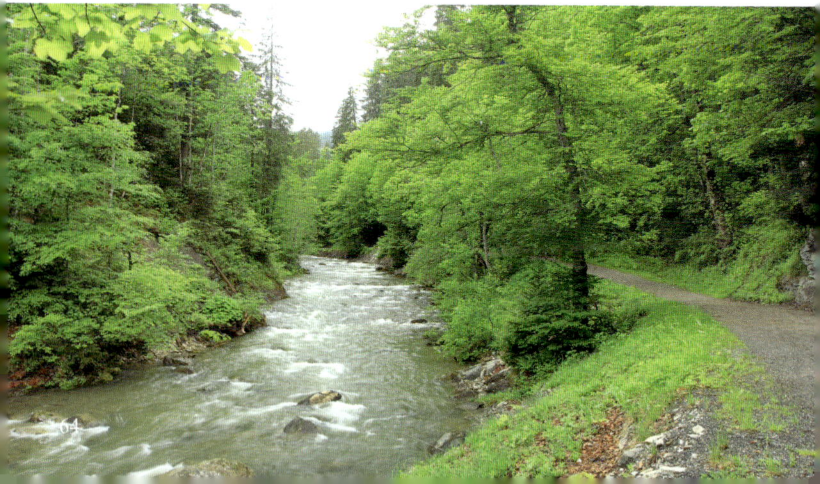

Auf den Hohen Ifen 22

Std. | 680 / 980 | 13,4 km

Ifenbahn, 1279 m. Ab Oberstdorf etwa 12 km ins Kleinwalsertal, hinter Riezlern rechts und weitere 4 km bis zur Ifenbahn (*Navi*: *A-6992 Hirschegg, Auenalpe 4)*; Walserbus Oberstdorf–Baad im 10- bis 20-Min.-Takt bis Haltestelle »Riezlern Breitachbrücke«, dort umsteigen Richtung Ifen (halbstündlich).

Ifenbahn: Kleinkabinenbahn, Betrieb ca. Mitte Juni–Ende Oktober, 8.15–16.30 Uhr, www.ok-bergbahnen.com, Talstation 1279 m, Bergstation 1582 m.

Eine lange, sehr lohnende Tour mit einigen steilen Passagen. Der Aufstieg auf die Ifenplatte erfolgt teils durch groben Kalkschutt, zum Ende etwas leichte Kraxelei (seilgesichert). Beim südseitigen Abstieg vom Ifenplateau ins Schwarzwassertal wartet ein kurzer, sehr unangenehmer, schräger Felsabschnitt, teils seilgesichert, manchmal nass und rutschig.

Ifenhütte ②; Ifersguntalpe ④; Schwarzwasserhütte ⑤; Melköde ⑥

64: Schwarzwasserbach

Markanter Gipfel mit herrlicher Aussicht

Diese Wanderung auf den Hohen Ifen gehört sicherlich zu den Höhepunkten im Kleinwalsertal. Kaum ein Gipfel ist so unverkennbar wie der Hohe Ifen mit seiner gewaltigen, wie ein Schiffsbug schräg in den Himmel ragenden Kalkplatte. Und während dieser Koloss von unten so unbezwingbar wirkt, so überraschend ist die weite, offene Wiese, die sein Gipfelplateau bedeckt. Eine unvergleichliche Aussicht sowie ein wunderschöner, abschließender Rückweg durch das Schwarzwassertal mit der gleichnamigen Hütte runden diese abwechslungsreiche Tour ab.

Nachdem wir die ersten 300 Höhenmeter ab der **Auenhütte** ①, 1279 m, gemütlich per Ifenbahn hinter uns gebracht haben, geht es gleich stramm bergan. Oberhalb der **Bergstation** ②, 1582 m, beginnt ein steiler Wiesenhang, über den sich der schmale Weg in zahllosen Serpentinen hinaufwindet. Wie eine schier unüberwindliche Mauer erhebt sich schräg über uns die steile Nordwand des felsigen Ifen-Plateaus und begleitet uns während unseres weiteren Aufstiegs. Nach gut 30 Minuten zweigt links ein Weg ab: Geradeaus geht es weiter hinauf Richtung Hahnenköpfle, wir halten uns links. Schließlich wenden wir uns der Fels-

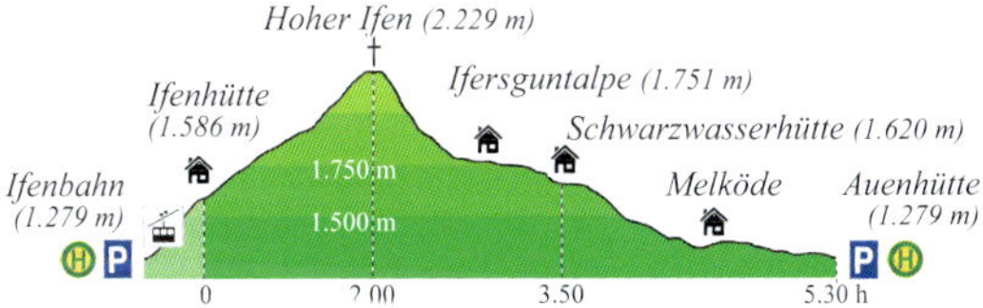

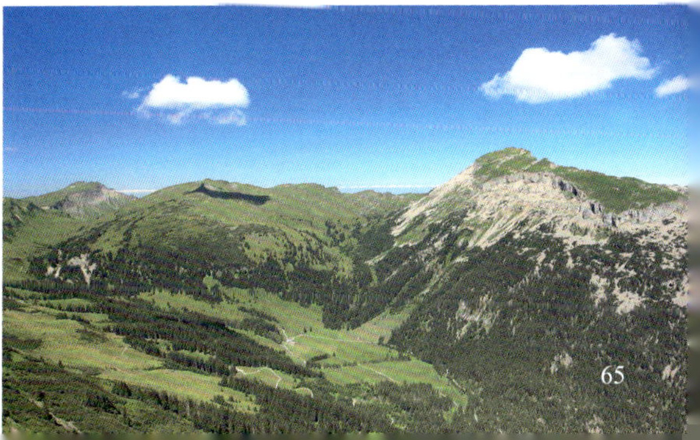

Schwarzwassertal und Hoher Ifen

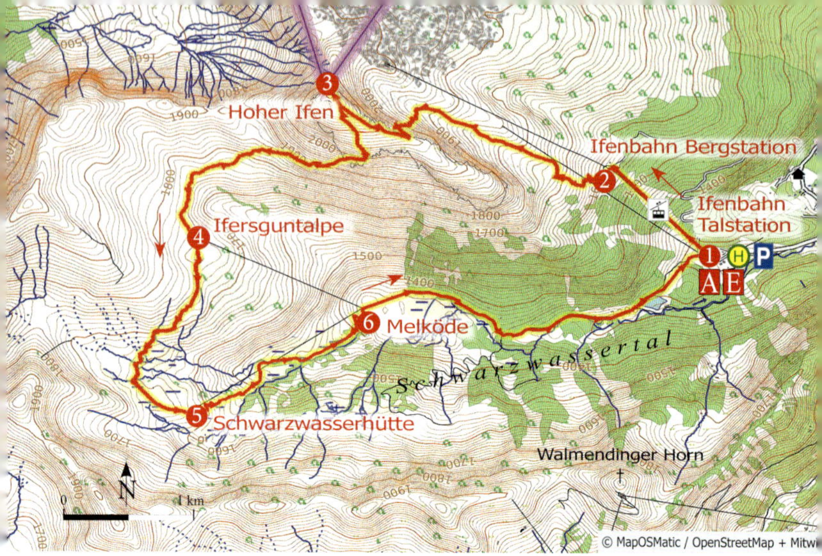

wand zu, die kaum den Eindruck erweckt, als würde tatsächlich ein normaler Weg hindurchführen. Durch die Ifenmulde, ein ausgedehntes Geröllfeld, steigen wir steil bergan bis direkt zum Fuß einer senkrechten Felswand, wo uns ein wenig leichte Kletterei erwartet, die aber mithilfe von Seilsicherungen problemlos zu bewältigen ist und uns hinauf zum Grat bringt. Der Kontrast zwischen der oft schattigen Nordwand und der sonnendurchfluteten Hochfläche könnte kaum größer sein: Wir stehen oben auf der schräg nach Süden geneigten, etwa 300 x 1500 Meter großen, grasbedeckten Felsplatte und können ein herrliches, freies Panorama bestaunen. Bis zum höchsten Punkt des Plateaus erwartet uns noch ein recht steiler Anstieg über die schöne Wiese, streckenweise direkt an der Abbruchkante entlang, die steil zum Gottesackerplateau abfällt. Schließlich erreichen wir den **Hohen Ifen** ③, 2229 m, und können auf den ausgedehnten, südseitigen Logenplätzen die Aussicht genießen: Direkt hinter dem

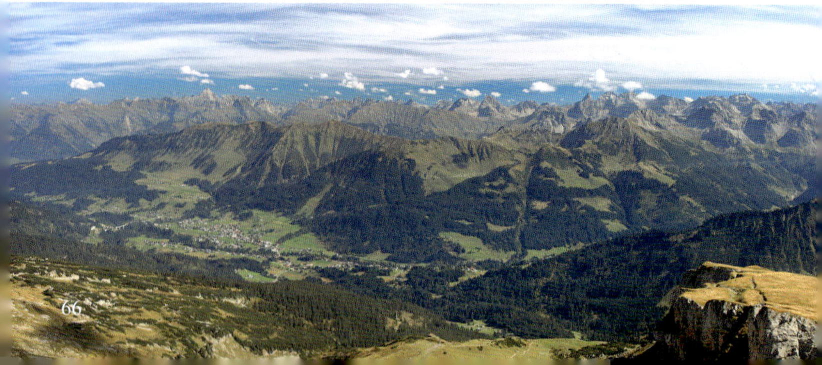

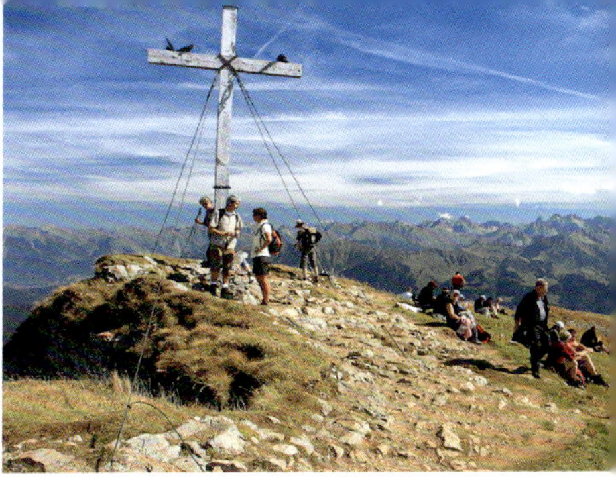

Gipfelkreuz stürzen im Westen die Felswände schwindelerregend fast 700 Höhenmeter in die Tiefe ab; im Norden breitet sich das karge Gottesackerplateau aus, und den südlichen und östlichen Horizont füllen unzählige Alpengipfel. Fantastisch!

Nach ausgiebiger Gipfelrast wandern wir wieder für ein paar Schritte auf dem Hinweg zurück, um uns dann am nächsten Abzweig Richtung »Schwarzwasserhütte« zu orientieren. Es geht recht steil über die Wiese bergab, und auch die Neigung der Kalkplatte nimmt immer weiter zu. Bald haben wir die südliche Kante der Platte erreicht, deren Vergänglichkeit durch die gewaltigen Gesteinstrümmer unterstrichen wird, die den Hang darunter säumen. Direkt vor uns liegt die wohl einzige Stelle, an der die steile Felswand etwas zerbröselt ist und damit auch normalen Bergwanderern eine Abstiegsmöglichkeit bietet. Trotzdem erwartet uns hier das unangenehmste Stück der Wanderung. Besonders bei Nässe ist der Abstieg über die schrägstehenden, glatten Felspartien für manchen Wanderer eine echte Herausforderung. Seile und hilfreiche Eisentritte erleichtern das Weiterkommen, dennoch kommt es hier bei größerem Verkehrsaufkommen wegen fehlender Überholspuren oft zu längeren Staus.

Schließlich ist der Fuß der Felswand erreicht, und der Rest der Tour hat den Charakter eines gemütlichen Auslaufens. In weitem Bogen geht es zunächst über offene Wiesen durch das hintere Schwarzwassertal, vorbei an der **Ifersguntalpe** ④, 1751 m, bis zur schön gelegenen **Schwarzwasserhütte** ⑤, 1620 m. Fast das gesamte Tal wird von hohen, grasbewachsenen Flyschgipfeln – wie den Ochsenhofer Köpfen, dem Grünhorn und Steinmandl – geprägt, während sich als Kontrastprogramm dazu in unserem Rücken der gewaltige Hohe Ifen in den Himmel reckt.

Der weitere Abstieg von der Schwarzwasserhütte erfolgt auf breitem Weg durch hübsche Hochmoore und Wälder hinab zur **Melköde** ⑥, 1350 m. Hier zeigt sich das Schwarzwassertal als tischebene Aue, die aus einem längst verlandeten See hervorgegangen ist. Ein Wirtschaftsweg bringt uns talauswärts. Auf halbem Weg zur Auenhütte durchqueren wir eine wunderbar wilde Tallandschaft: Mächtige Felsbrocken, von dichtem Moos und uralten Fichten bedeckt, bilden ein wildes, urtümliches Durcheinander, durch das sich der Weg hindurchschlängelt. Es handelt sich um Überreste eines gewaltigen Bergsturzes, der in prähistorischen Zeiten vom Hohen Ifen herabgedonnert ist. Kurz darauf haben wir auch unseren Ausgangspunkt an der Auenhütte, 1279 m, erreicht.

Panorama vom Hohen Ifen

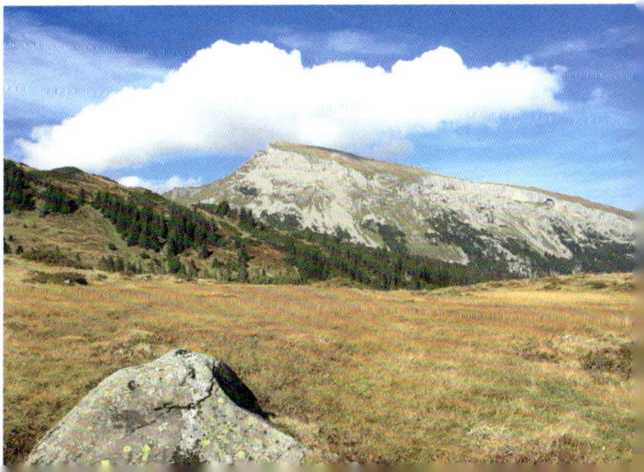

Hoher Ifen

23 Zur Schwarzwasserhütte

3.30 Std. | 340 Hm | 9,1 km

Ifenbahn-Talstation, 1279 m. Ab Oberstdorf etwa 12 km ins Kleinwalsertal, hinter Riezlern rechts und 4 km bis zur Ifenbahn *(**Navi**: A-6992 Hirschegg, Auenalpe 4)*; Walserbus Oberstdorf–Baad im 10- bis 20-Min.-Takt bis Haltestelle »Riezlern Breitachbrücke«, dort umsteigen Richtung Ifen, (halbstündlich).

Bis zur Melköde breiter Wirtschaftsweg ohne nennenswerte Steigung, dann mäßig steiler Anstieg auf guten Bergwegen zur Schwarzwasserhütte.

Auenhütte ①; Melköde ②; Schwarzwasserhütte DAV ③

Schöne Talwanderung unterhalb des Hohen Ifen

Das größte Nebental des Kleinwalsertals ist das Schwarzwassertal, das sich zwischen dem lang gezogenen Kamm der Ochsenhofer Köpfe und dem Hohen Ifen Richtung Westen erstreckt: nur einen Katzensprung vom dicht besiedelten Haupttal entfernt, aber doch sehr viel wilder und ursprünglicher. Hoch über dem Tal thront der mächtige Klotz des Hohen Ifen mit seinen beeindruckenden Felswänden, von denen einige Teile allerdings auch schon den Weg ins Tal gefunden haben, wie wir beim Durchwandern eines gewaltigen Bergsturzgebiets hautnah erleben können. Oben bei der Schwarzwasserhütte erwartet den Wanderer eine wunderschöne Hochfläche.

Das Schwarzwassertal wird von zwei völlig unterschiedlichen Bergtypen eingerahmt. Im Süden erhebt sich der lang gestreckte, schmale Kamm mit den Ochsenhofer Köpfen und dem Walmendinger Horn – grüne, grasbewachsene Flyschberge, von tiefen Erosionsrinnen durchzogen. Auf der Nordseite ragt hoch die markante Kalkplatte des Hohen Ifen auf, die sich uns erst im weiteren Verlauf der Tour in ihrer ganzen Dimension präsentieren wird. Vom

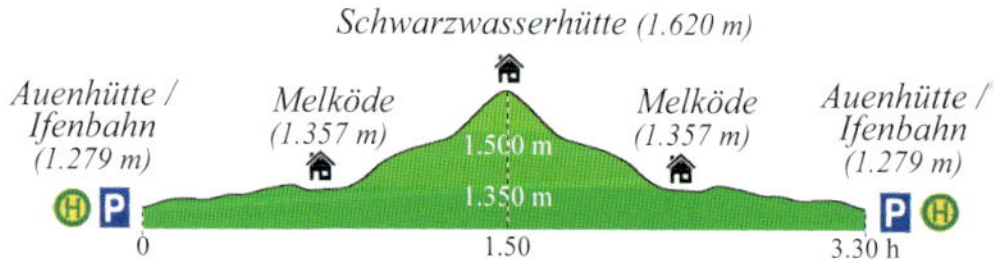

Schwarzwassertal, -hütte und Hoher Ifen

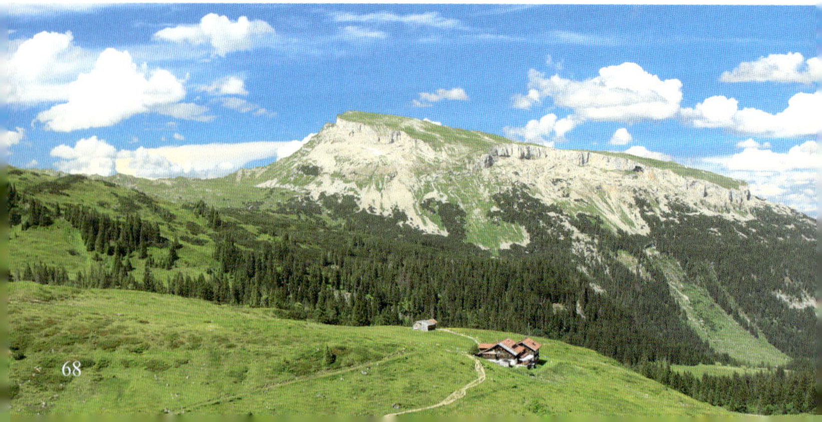

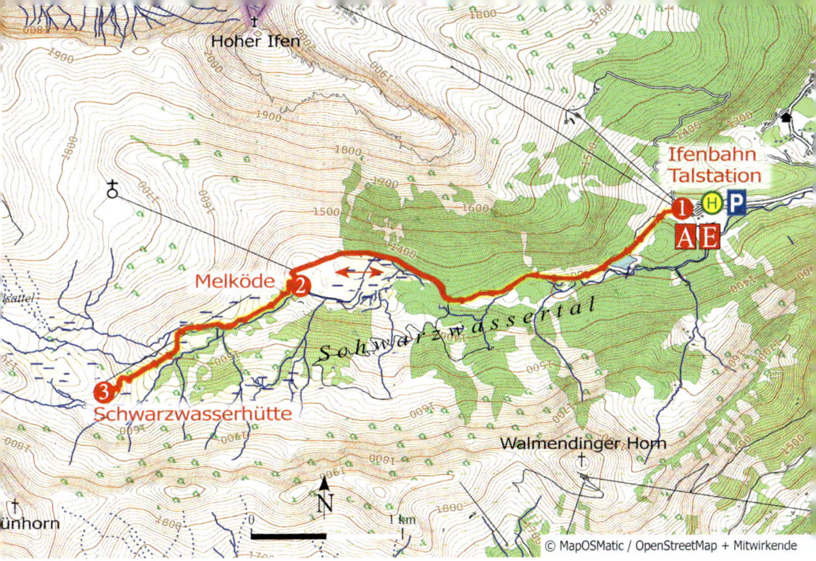

Parkplatz an der **Auenhütte** ①, 1279 m, folgen wir dem breiten Weg über eine kleine Erhebung und vorbei an einem Beschneiungsteich ins Schwarzwassertal hinein. Entlang des Weges verraten uns immer wieder kleine Infotafeln Wissenswertes über die Umgebung. Plötzlich ändert sich das »aufgeräumte« Bild des Talbodens, und wir tauchen in eine wilde Tallandschaft ein: mächtige Felsbrocken, von dichtem Moos und uralten Fichten bedeckt. Das urtümliche Durcheinander, durch das sich der Weg hindurchschlängelt, ist der Überrest eines gewaltigen, prähistorischen Bergsturzes, der einen Teil des Hohen Ifen ins Tal befördert hat. Kurz danach erreichen wir eine tischebene Aue, die aus einem längst verlandeten See hervorgegangen ist; dieser hatte sich damals vermutlich hinter dem Bergsturz-Material aufgestaut. Ein Wirtschaftsweg entlang dieser Ebene führt uns schließlich zur Alphütte der **Melköde** ②, 1357 m, wo unser Aufstieg zur Schwarzwasserhütte beginnt.

Wenige Minuten oberhalb der Melköde liegt – etwas versteckt direkt neben dem Weg – ein hübscher Wasserfall, dahinter verläuft der Weg entlang des Schwarzwasserbaches durch offene Wiesen, kleine Hochmoore und Baumgruppen hindurch, ehe uns einige letzte Serpentinen hinauf zur **Schwarzwasserhütte** ③, 1620 m, bringen. Die Hütte liegt am unteren Rand einer wunderschönen Hochebene, die im Süden und Westen von den grasüberzogenen Gipfeln von Grünhorn und Steinmandl eingerahmt wird. Und im Norden zeigt sich nun auch der Hohe Ifen in seiner ganzen Pracht. Ein herrliches Plätzchen!

Wer seinen Aufenthalt noch etwas ausdehnen möchte, kann in etwa 40 Minuten durch die schönen Wiesen, die die Umgebung der Hütte prägen, hinauf zum Gerachsattel, 1752 m, steigen, der als weich geschwungener Einschnitt zwischen Steinmandl und Hählekopf zu erkennen ist: eine schöne, gemütliche Runde, die uns zudem mit einem freien Blick hinüber zum Diedamskopf belohnt.

Der Rückweg zur Auenhütte erfolgt auf demselben Weg.

24 Höhenweg von Hirschegg nach Baad

2.30 Std. | 140 / 300 | 5,9 km

Hirschegg, Heuberglift, 1149 m. Ab Oberstdorf etwa 13 km ins Kleinwalsertal hinein, Parkplatz und Lift hinter dem Walserhaus (Tourist-Info, großes Veranstaltungszentrum) *(**Navi**: A-6992 Hirschegg, Walserstraße 262);* Walserbus Oberstdorf–Baad im 10- bis 20-Min.-Takt Haltestelle »Hirschegg Walserhaus«.

Heuberglift: Sessellift, Betrieb ca. Mitte Juni–Ende Oktober, 9–16.30 Uhr, www.ok-bergbahnen.com, Talstation 1149 m, Bergstation 1380 m.

Endpunkt: Baad, 1224 m; von dort Walserbus im 10- bis 20-Min.-Takt zurück nach Hirschegg.

Der Höhenweg zwischen Heuberg-Bergstation und Bühlalpe verläuft fast steigungslos auf einem breiten, geschotterten Wirtschaftsweg, die zweite Hälfte nach Baad ist meist geteert, teilweise geht es sehr steil bergab.

Sonna Alp ③; Berggasthof Bühlalpe ④; Gasthof Café Alpenwald ⑤

Blick vom Höhenweg ins Wildental (s. 71)

Aussichtsreiche Wege im hinteren Kleinwalsertal

Da der Heuberg-(Ski)lift auch im Sommer in Betrieb ist, können wir ohne größere Anstrengung auf einem schönen Panoramaweg hinüber zum kleinen Ort Baad ganz am südwestlichen Ende des Kleinwalsertals wandern. Ein breiter Weg, der uns auf etwa 1400 m Höhe mit ständig wechselnden Ausblicken auf die sich gegenüber präsentierenden Gipfel von Schafalpenköpfen, Zwölferkopf und Widderstein bis zum beeindruckenden Talschluss bringt.

Dank des Sessellifts ab **Hirschegg** ①, 1149 m, haben wir auf der heutigen Tour kaum größere Steigungen zu bewältigen und können ganz entspannt die schönen Ausblicke genießen. Gleich bei der **Bergstation** ②, 1380 m, beginnt der breite Wirtschaftsweg, der weitgehend steigungsfrei entlang der 1400-m-Höhenlinie am locker bewaldeten Hang südwärts führt. An einer Weggabelung nach 400 m halten wir uns leicht links und wandern in etwa 30 min. hinüber zur **Sonna Alp** an der **Bergstation des Zaferna-Liftes** ③, 1420 m, die sich am oberen Rand eines steilen Wiesenhanges befindet und uns ein herrliches Panorama beschert: Unten im Tal breitet sich der Ort Mittelberg aus, und genau gegenüber schiebt sich das Wildental in die hohen Berge hinein, überragt von der Walser Hammerspitze und den markanten Dolomitgipfeln der Schafalpenköpfe,

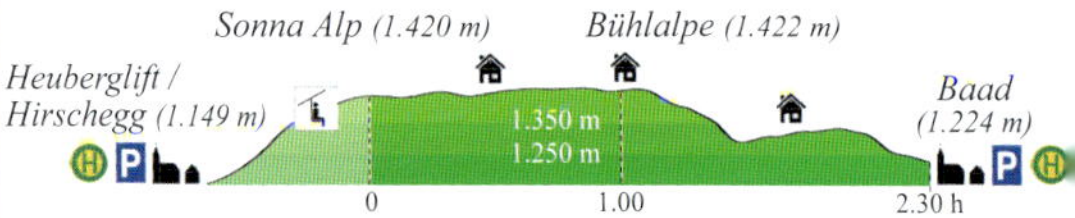

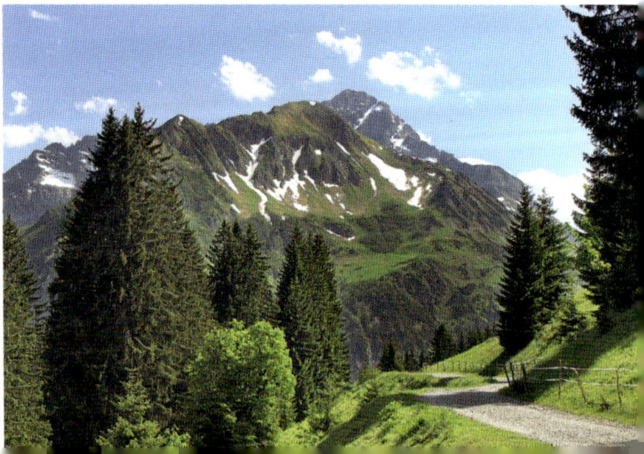

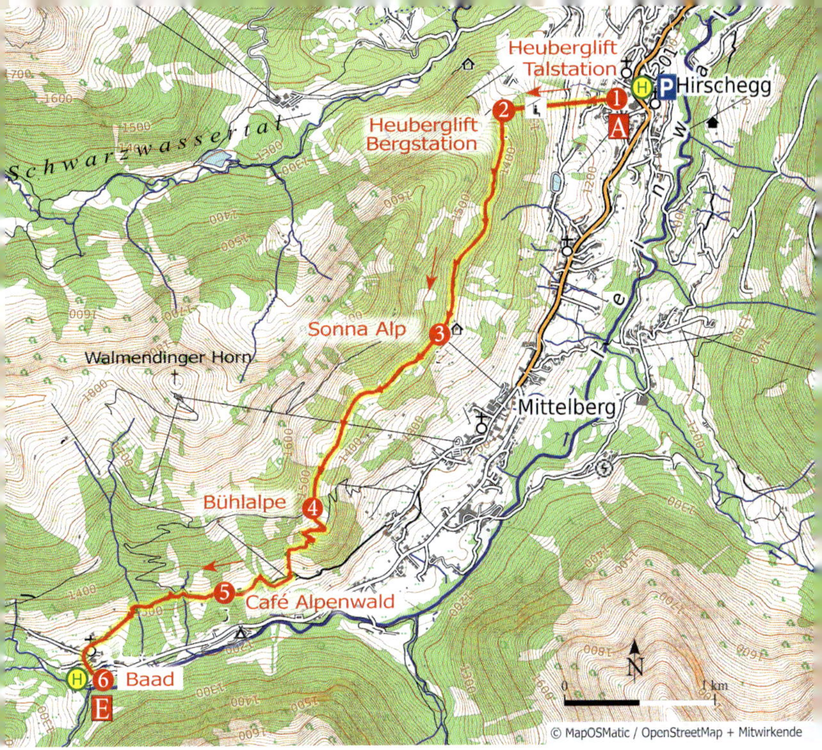
Heuberglift
Talstation
Hirschegg
Heuberglift
Bergstation
Schwarzwassertal
Sonna Alp
Walmendinger Horn
Mittelberg
Bühlalpe
Café Alpenwald
Baad
© MapOSMatic / OpenStreetMap + Mitwirkende

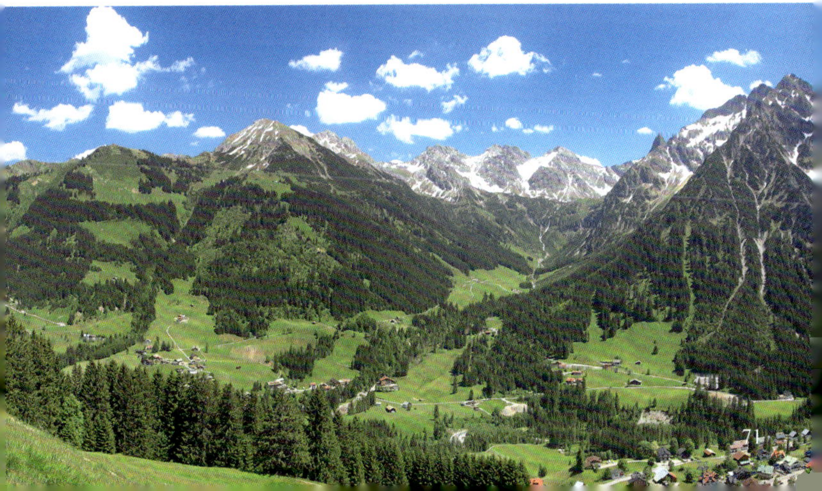

über deren Grate der Mindelheimer Klettersteig verläuft. Der weitere Weg bleibt breit und angenehm, führt weitgehend eben am steilen Hang entlang und gewährt uns immer wieder schöne Ausblicke ins hintere Kleinwalsertal. Bald haben wir die **Bühlalpe** ④, 1422 m, erreicht. Das Kleinwalsertal biegt hier allmählich nach Westen, sodass sich unser Blickfeld um Bärenköpfe, Zwölferkopf, Gemsteltal und Widderstein auf der gegenüberliegenden Talseite erweitert. Direkt an der Hütte beginnt der Abstieg hinunter Richtung Erlenboden. Der Weg verläuft teilweise sehr steil durch Wald und Wiesen den Hang hinab, bis wir bei einem Bauernhof (1272 m) einen breiten Fahrweg erreichen, auf dem wir uns nach rechts wenden. Auf dem sonnigen Höhenweg wandern wir leicht ansteigend Richtung Baad und passieren das **Café Alpenwald** ⑤, 1295 m. Es geht durch ein kleines Waldstück hindurch, plötzlich öffnet sich die Landschaft, und wir stehen am oberen Rand eines weiten Wiesenhanges oberhalb der lockeren Ansammlung von gut zwei Dutzend Bauernhäusern, die den kleinen Ort Baad bilden. Dahinter breitet sich wie in einem gewaltigen Amphitheater der imposante Talschluss des Kleinwalsertals mit den steilen, grasüberzogenen Flyschgipfeln von Unspitz, Güntlespitze und Co. aus. Vorbei an der schmucken Kirche St. Martin erreichen wir auf der steilen Hauptstraße die Bushaltestelle am unteren Ortsende von **Baad** ⑥, 1224 m.

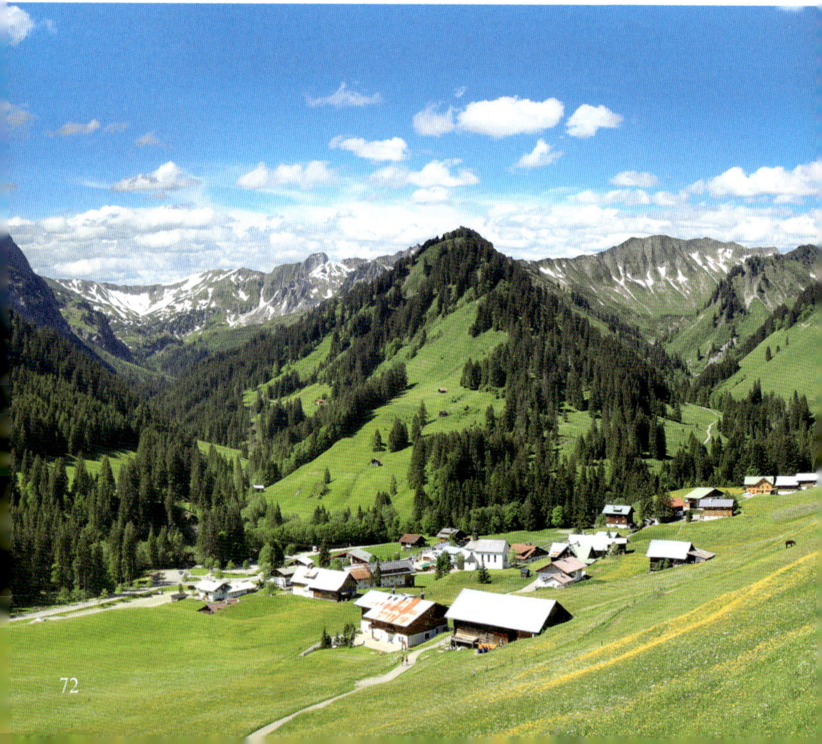

Zu Fuß aufs Walmendinger Horn 25

Std. | 725 / 950 | 13 km

Hirschegg, Heuberglift, 1149 m. Ab Oberstdorf etwa 13 km ins Kleinwalsertal hinein, Parkplatz und Lift hinter dem 'Walserhaus' (Tourist-Info, großes Veranstaltungszentrum) *(**Navi**: A-6992 Hirschegg, Walserstraße 262);* Walserbus Oberstdorf–Baad im 10- bis 20-Min.-Takt, Haltestelle »Hirschegg Walserhaus«.

Heuberglift: Sessellift, Betrieb ca. Mitte Juni–Ende Oktober, 9–16.30 Uhr, www.ok-bergbahnen.com, Talstation 1149 m, Bergstation 1380 m.

Der Aufstieg erfolgt auf teilweise schmalen Pfaden, auf denen es bei Nässe etwas matschig ist. Der Rückweg verläuft überwiegend auf breiten, leichten Wegen. Teilweise steile An- und Abstiege.

Berggasthof Schöntalhof ③; Obere Walmendinger Alpe ⑤; Gipfelstuba ⑥; Stutzalpe ⑦; Berggasthof Bühlalpe ⑧; Sonna Alp ⑨

Abstieg nach Baad

Einsame Pfade auf einen schönen Aussichtsgipfel

Das Walmendinger Horn oberhalb von Mittelberg ist ein wunderschöner Aussichtsberg und wird üblicherweise mithilfe der Seilbahn »bezwungen«. Auf dieser Tour wählen wir einen anderen Weg und steigen auf sehr stillen Pfaden über seine Nordseite hinauf zum Gipfel. Auf dem Abstieg genießen wir die sonnigen Südosthänge mit freiem Blick über das Kleinwalsertal und wandern gemütlich auf schönen Höhenwegen zurück nach Hirschegg. Eine anstrengende, aber sehr lohnende Runde.

Nachdem wir gemütlich mit dem Heuberglift von **Hirschegg** ①, 1149 m, zur **Bergstation** ②, 1380 m, geschwebt sind, halten wir uns oben rechts, um gleich wieder ca. 60 Höhenmeter abzusteigen bis zum **Berggasthof Schöntalhof** ③, 1322 m. Dort verlassen wir die Straße und steuern direkt den im Hintergrund aufragenden Hohen Ifen an. Bald tauchen wir in einen Wald ein, verlieren erneut etwas an Höhe und gelangen zu einer Wegkreuzung. Dort halten wir uns links und wandern auf einem breiten Waldweg stetig weiter an. Ein für Kleinwalsertaler Verhältnisse sehr stiller Weg liegt vor uns, anfangs meist durch Wald, bis wir schließlich die **Untere Walmendinger Alpe** ④, 1456 m, erreichen, in-

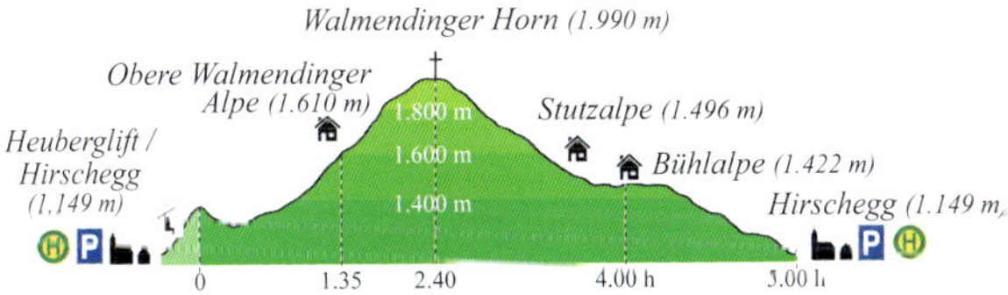

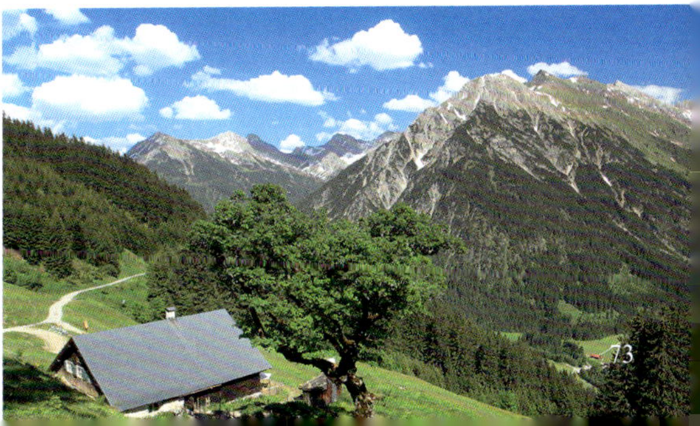

Stutzalpe

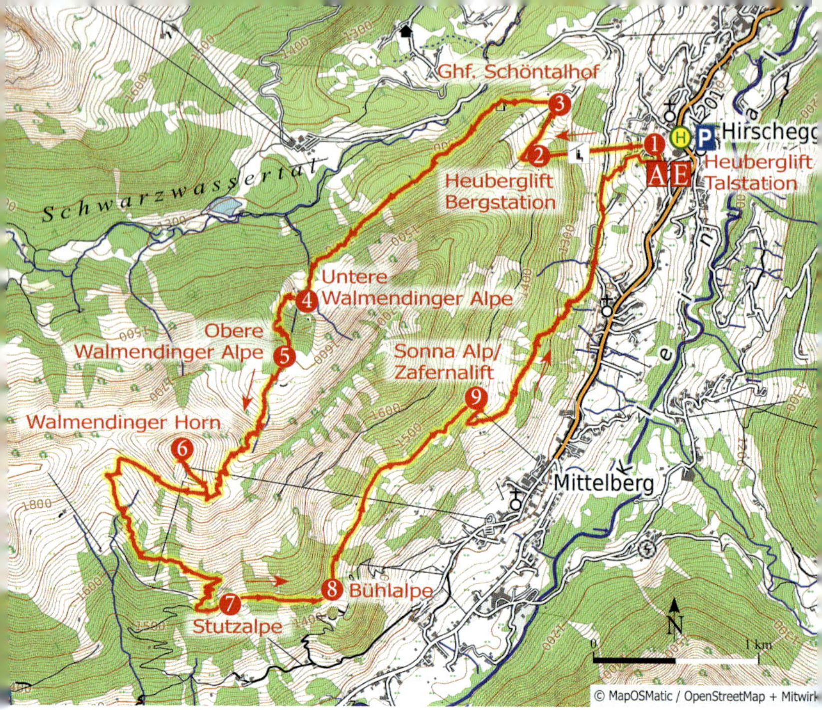

mitten eines offenen Wiesenkessel gelegen, durch den ein kleines Bächlein plätschert. Den Hintergrund des Kessels bildet der steile, grasbewachsene Hang des Heuberg-Grates, der sich hinauf zum Walmendinger Horn zieht. Anschließend geht es steil eine bewaldete Geländestufe hinauf, dann stehen wir vor der **Oberen Walmendinger Alpe** ⑤, 1610 m, einer über 300 Jahre alten Alphütte inmitten eines weiteren Kessels, mit dem wir auch die Baumgrenze erreicht haben. Anfangs entlang eines kleinen, durch das Wiesenplateau mäandrierenden Baches wandern wir schließlich in zahlreichen Kehren gipfelwärts. Kurz nachdem wir die Seilbahntrasse unterquert haben, stoßen wir auf einen breiten Fahrweg, der uns in wenigen Minuten hinauf zur Bergstation und zum dortigen Trubel bringt. Von hier sind es nur noch wenige Minuten hinauf zum Gipfel des **Walmendinger Horns** ⑥, 1990 m, wo uns ein phantastisches Panorama erwartet: das Schwarzwassertal mit dem markanten Hohen Ifen, im Osten die schroffen Felsgipfel der Schafalpenköpfe im Talschluss des Wildentales und im Süden der wuchtige Widderstein.
Der Abstieg erfolgt auf dem breiten Fahrweg, der sich steil und in weitem Bogen den Südhang des Walmendinger Horns herabzieht. Nach einem knappen Kilometer verlassen wir den Hauptweg und biegen links ab. Bereits nach 100 m teilt sich der Weg: Geradeaus führt ein breiter Wirtschaftsweg zur Stutzalpe, die linke Variante zieht sich

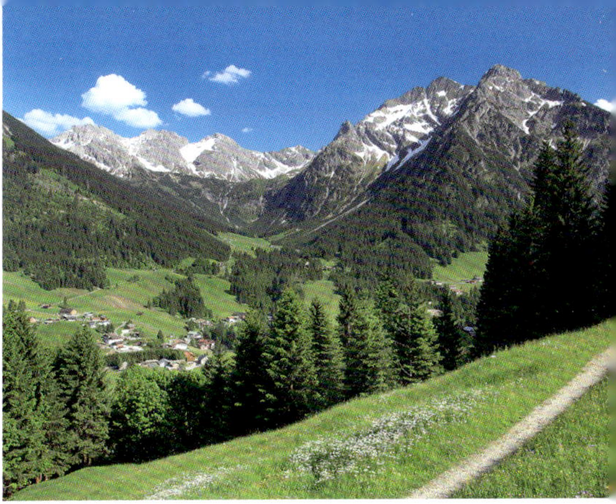

als etwas schmalerer Pfad den steilen Südhang hinab. Von dort, wo beide Wege wieder aufeinander treffen, ist es nur noch ein Katzensprung zur schön gelegenen **Stutzalpe** ⑦, 1496 m. Der weitere Rückweg ist nun nur noch ein lockeres, knieschonendes Auslaufen mit schönem Panorama. Auf breitem Wirtschaftsweg geht es gemütlich hinunter zur **Bühlalpe** ⑧, 1422 m, und weiter auf dem »Oberen Höhenweg« zur **Sonna Alp** ⑨, 1420 m (am Zaferna-Lift). Hier verlassen wir den Höhenweg, steigen Richtung Mittelberg ab, biegen aber bereits nach der zweiten Kehre – direkt unterhalb der Sessellift-Trasse – in einen schmalen Pfad ein (»Höhenweg Hirschegg«), auf dem wir allmählich durch Wiesen und kleine Waldgruppen hindurch absteigen. Schließlich trifft der Weg auf die ersten Wohnhäuser und wird zur Teerstraße ('Rohrweg'). Auf dieser geht es vorbei an einem kleinen Speichersee und – knapp 200 Meter vor der Heuberglift-Trasse – rechts auf anfangs schmalem Weg den steilen Hang hinab zur Heuberglift-Talstation in Hirschegg.

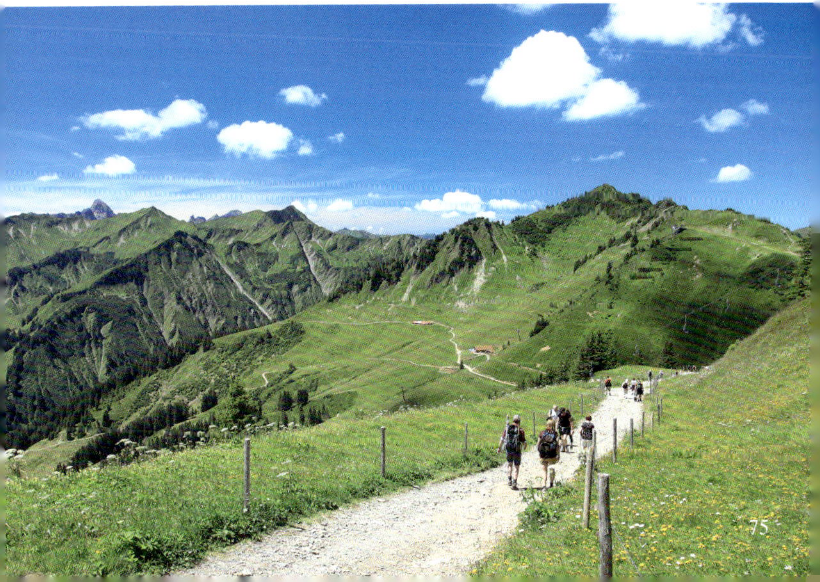

26 Walmendinger Horn und Schwarzwassertal

4.15 Std. | 220 / 880 | 11,1 km

Mittelberg, Walmendingerhornbahn, 1207 m. Ab Oberstdorf etwa 16 km ins Kleinwalsertal, Parkplatz direkt neben der Talstation mitten im Ort *(**Navi**: A-6993 Mittelberg, Moosstraße 4)*; Walserbus Oberstdorf–Baad im 10- bis 20-Min.-Takt, Haltestelle »Mittelberg«.

Walmendingerhornbahn: Großkabinenbahn, Betriebszeiten ca. Anfang Mai–Anfang November, 8.30–16.45 h, www.ok-bergbahnen.com, Talstation 1207 m, Berg-station 1948 m.

Endpunkt: Talstation der Ifenbahn im Schwarzwassertal, 1279 m. Walserbus halbstündlich Richtung Riezlern.

Überwiegend leichte, breite Wege; streckenweise steile Abstiege.

Gipfelstuba ②; Obere Lüchlealpe ④; Schwarzwasserhütte ⑥; Melköde ⑦; Auenhütte ⑧

Höhenwanderung zwischen Widderstein und Ifen

Eine abwechslungsreiche Tour auf breiten Wegen und ohne größere Anstiege. Wir können uns ganz auf die großartige Szenerie konzentrieren: Gleich zu Beginn das aussichts- und blumenreiche Walmendinger Horn; danach ein leichter Höhenweg mit freiem Blick auf den Widderstein und die scharfen, grasbewachsenen Flyschgrate von Güntlespitze und Unspitze; und nach Überschreitung der Ochsenhofer Scharte der genussvolle Abstieg durch das hübsche, vom Hohen Ifen überragte Schwarzwassertal.

Nachdem uns die Seilbahn entspannt von **Mittelberg** ①, 1207 m, hinauf zur **Bergstation** ②, 1948 m, gebracht hat, gönnen wir uns vor der eigentlichen Wanderung den kleinen Abstecher auf den Gipfel des **Walmendinger Horns** ③, 1990 m, wo wir einen schönen Überblick über den Verlauf unserer Wanderung haben. In Richtung Südwesten erheben sich der wuchtige Widderstein sowie die steilen Grasberge, die das hintere Kleinwalsertal prägen. Im Nordwesten öffnet sich unter uns das weite Schwarzwassertal, durch das unser Rückweg erfolgen wird, überragt vom Hohen Ifen mit seiner markanten Felsplatte.
Wieder zurück an der Bergstation folgen wir einem breiten Schotterfahrweg, der sich – etwas un-

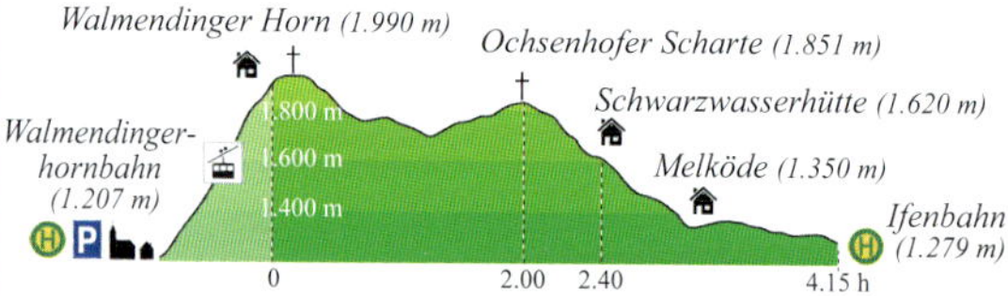

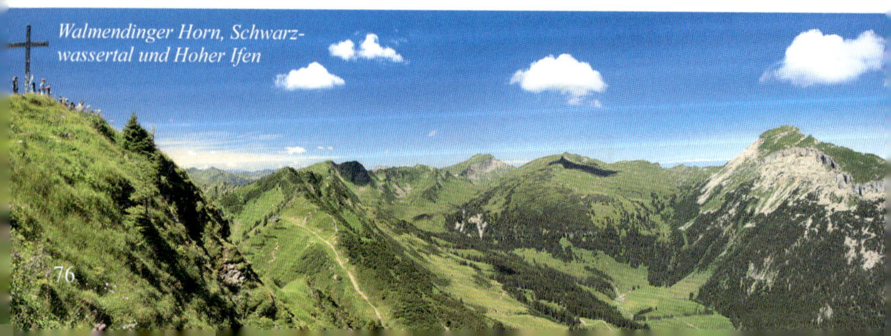

Walmendinger Horn, Schwarzwassertal und Hoher Ifen

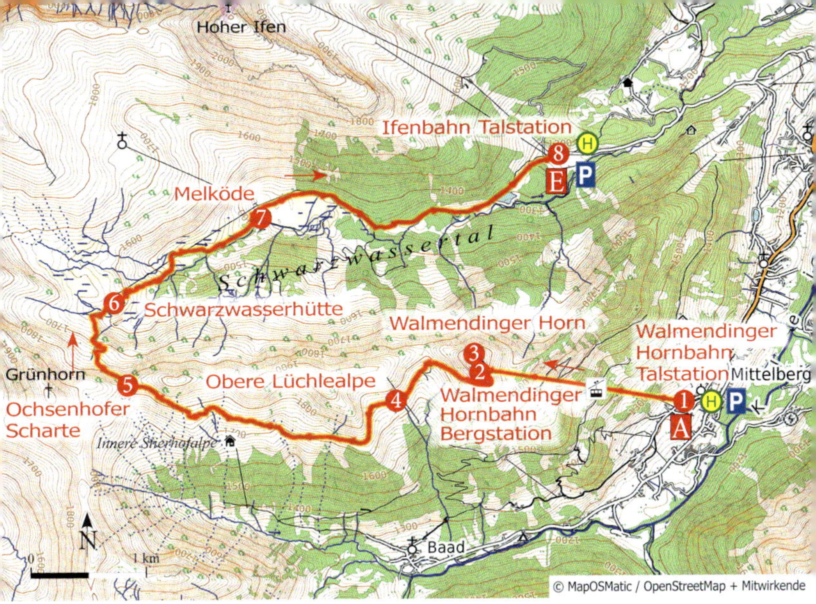

angenehm steil – im weiten Bogen die Südflanke des Walmendinger Horns hinabzieht. Gut 150 Höhenmeter tiefer erreichen wir eine kleine Scharte, hinter der der Grat wieder an Höhe gewinnt. Wir halten uns allerdings an den breiten Hauptweg und passieren nach wenigen Minuten die **Obere Lüchlealpe** ④, 1730 m. Das Gelände – und entsprechend auch der Weg – machen bald darauf einen scharfen Rechtsknick, sodass sich uns nun auch der Blick ins hintere Kleinwalsertal öffnet. Der vor uns liegende Höhenweg quert mit nur geringem Auf und Ab die steilen Südhänge des Muttelbergkopfes, durchgehend oberhalb der Baumgrenze und mit weiten Ausblicken. Vorbei an den Resten der Äußeren Stierhofalpe gelangen wir zu einem Abzweig (1700 m), an dem der gemächliche Anstieg hinauf zur Ochsenhofer Scharte beginnt (auf dem linken Weg ist in etwa 400 Metern eine Einkehrmöglichkeit in Gestalt der Inneren Stierhofalpe, 1680 m, zu erreichen). Über offene, mit Alpenrosen durch-

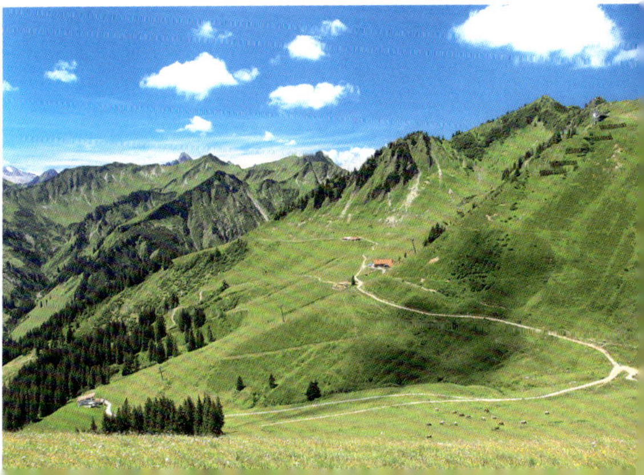

Obere Lüchlealpe

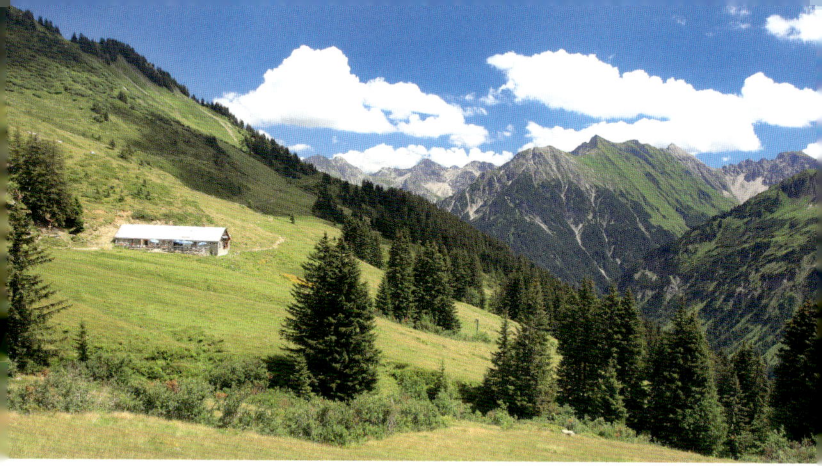

setzte Wiesen erreichen wir schließlich die **Ochsenhofer Scharte** ⑤, 1851 m, welche den Übergang zum Schwarzwassertal bildet.
Noch ein letzter Blick zurück auf den Widderstein, dann konzentrieren wir uns auf das Schwarzwassertal vor uns sowie die hohe Felsplatte des Hohen Ifen in dessen Hintergrund. Inmitten weiter Wiesen können wir bereits die **Schwarzwasserhütte** ⑥, 1620 m, erkennen, zu der wir durch Erlenbestände hindurch absteigen. Hinter der Hütte führt der Weg mit gemächlichem Gefälle mal durch Wald, mal entlang eines hübschen Hochmoores und entlang des Schwarzwasserbaches hinunter zur **Melköde** ⑦, 1350 m. Ab dort hat die Tour reinen Spaziergang-Charakter. Es geht auf breitem Weg entlang des tischebenen Talbodens, später durch einen schönen, wilden Wald voller gewaltiger Felsbrocken und uriger Baumriesen – Zeugnis eines mächtigen Bergsturzes – und schließlich haben wir unser Ziel erreicht: die **Auenhütte** ⑧, 1279 m, am Fuß der Ifenbahn.

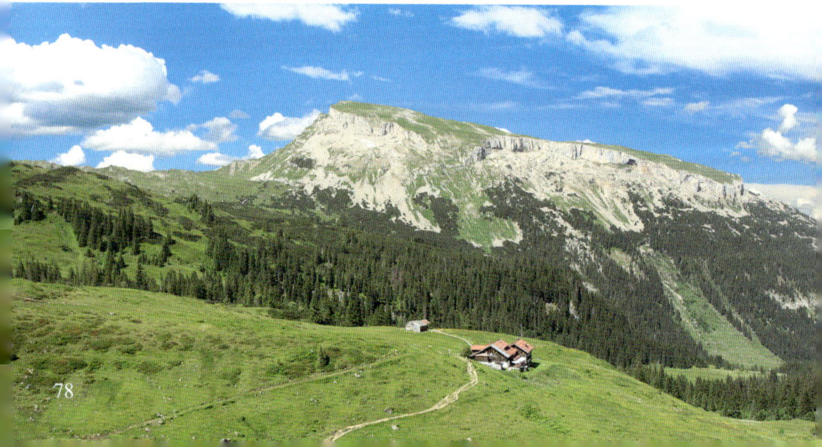

Walmendinger Horn und Ochsenhofer Köpfe 27

Std. | 250 / 1050 | 8,6 km

Mittelberg, Walmendingerhornbahn, 1207 m. Ab Oberstdorf etwa 16 km ins Kleinwalsertal, Parkplatz bei der Talstation *(**Navi**: A-6993 Mittelberg, Moosstraße 4)*; Walserbus Oberstdorf–Baad im 10- bis 20-Min.-Takt, Haltestelle »Mittelberg«.

Walmendingerhornbahn: Großkabinenbahn, Betriebszeiten ca. Anfang Mai–Anfang November, 8.30–16.45 h, www.ok-bergbahnen.com, Talstation 1207 m, Berg-station 1948 m.

Endpunkt: Baad, 1224 m; von dort Walserbus zurück nach Mittelberg im 10- bis 20-Min.-Takt.

Die Gratwanderung ist schmal und ausgesetzt und nur für geübte Wanderer! Ansonsten unschwierig

Variante: alternativ zum schweren Kammweg kann man auch den südlich verlaufenden Höhenweg bis zur Starzelalpe wählen *(s. Tour 26)*.

Gipfelstuba ②

. 78 o: Innere Stierhofalpe

. 78 u: Schwarzwasserhütte nd Hoher Ifen

Gratwanderung im hinteren Kleinwalsertal

Ziemlich genau in der Mitte zwischen den beiden markantesten Gipfeln des Kleinwalsertals, dem Hohen Ifen und dem Widderstein, verläuft ein vier Kilometer langer, schmaler, grasbewachsener Kamm von Ost nach West. Dessen östliches Ende bildet das hoch über Mittelberg gelegene und mit einem prächtigen Panorama gesegnete Walmendinger Horn. Über diesen Grat verläuft unsere Tour, die sehr gute Trittsicherheit verlangt und uns dafür Länge mit schönen Ausblicken belohnt, ehe wir durch das Tal des Turabaches nach Baad absteigen.

Nach der Fahrt mit der Seilbahn von **Mittelberg** ①, 1207 m, sollten wir an der **Bergstation** ②, 1948 m, nicht versäumen, kurz zum aussichtsreichen Gipfel des **Walmendinger Horns** ③, 1990 m, hinaufzusteigen: Im Westen sehen wir den schmalen, grasbewachsenen Grat der Ochsenhofer Köpfe (unsere heutige Tour), rechts davon das weite, vom Hohen Ifen überragte Schwarzwassertal und links das hintere Kleinwalsertal mit seinen typischen, steilen Grasbergen und dem mächtigen Widderstein.
Nach diesem Abstecher beginnt unsere eigentliche Wanderung mit einem längeren Abstieg: In einem weiten Bogen

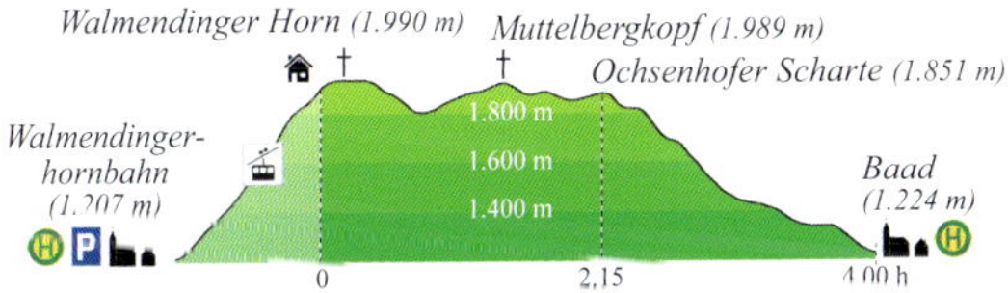

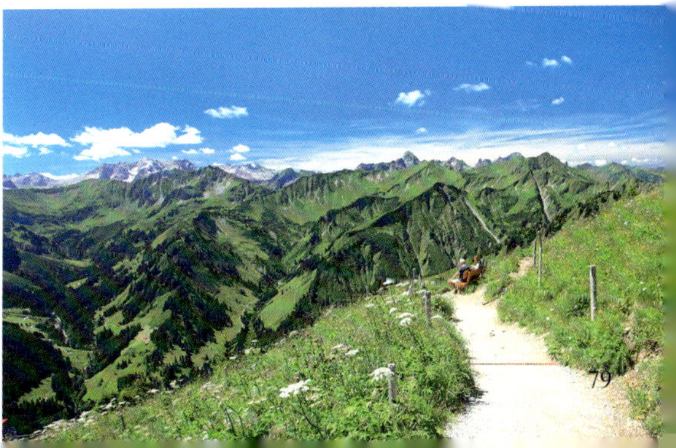

Am Walmendinger Horn

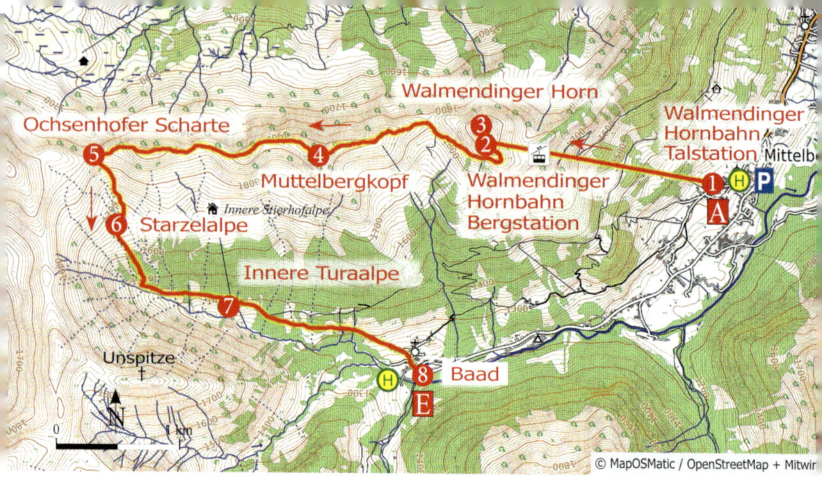

steigen wir auf einem breiten Schotterweg gut 150 Höhenmeter ab. An einem kleinen Sattel (1800 m) verlassen wir den breiten Hauptweg und nehmen den Gegenanstieg in Angriff, der auf anfangs recht breitem Weg steil hinaufführt. Etwa 100 Meter vor einem Skilift-Gebäude zweigt rechts ein schmaler Pfad ab (weiß-blau-weiß markiert), der sich direkt auf dem Kamm hinauf zum **Muttelbergkopf** ④, 1989 m, zieht. Der Pfad verläuft mitunter sehr ausgesetzt direkt an der Abbruchkante hinunter ins Schwarzwassertal entlang und ist teils recht steinig. Trittsicherheit und Schwindelfreiheit sind also unbedingt erforderlich! In gemäßigtem Auf und Ab verläuft der Weg über den herrlich aussichtsreichen Grat hinüber bis zur **Ochsenhofer Scharte** ⑤, 1851 m, einem kleinen Pass zwischen Schwarzwassertal (rechts) und hinterem Kleinwalsertal (links). Hier haben wir den schwierigen Teil der Tour hinter uns.

Ein letzter Blick hinüber ins Schwarzwassertal mit der gleichnamigen Hütte direkt

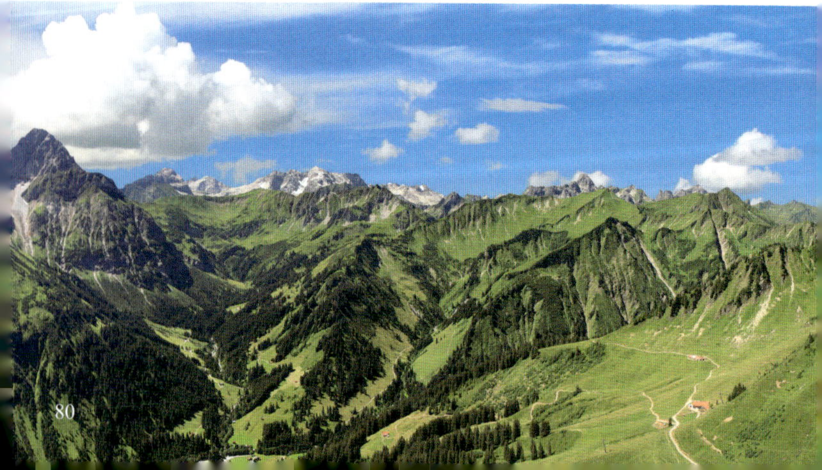

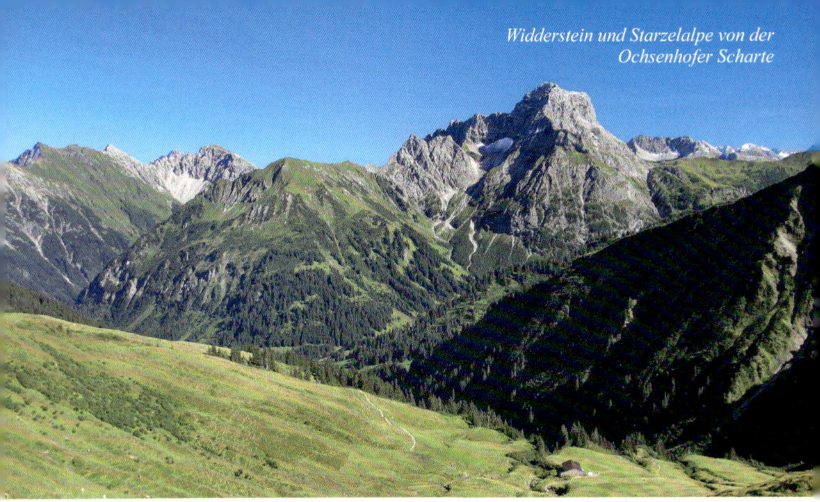

Widderstein und Starzelalpe von der Ochsenhofer Scharte

unterhalb des Passes sowie dem markanten Hohen Ifen im Hintergrund, dann beginnen wir unseren Abstieg hinunter Richtung Baad. Mit dem Widderstein genau vor uns steigen wir den steilen Wiesenhang hinab zur **Starzelalpe** ⑥, 1678 m. (Wer gerne »hier oben« noch einkehren möchte: etwa 500 Meter in östlicher Richtung erreicht man die Innere Stierhofalpe). Hinter der Starzelalpe verläuft der Weg noch kurz über Weideflächen und taucht dann in einen lichten Fichtenwald ein, in dem es in steilen Serpentinen hinabgeht zum Turabach (1445 m). Dort biegt der Weg nach links ab, geht bald in eine Forststraße über und leitet hinüber zur **Inneren Turaalpe** ⑦, 1386 m. Mit leichtem Gefälle geht es talauswärts, dann weitet sich das Gelände und vor uns breiten sich offene Wiesen aus. Ein letztes Steilstück, dann haben wir unser Ziel **Baad** ⑧, 1224 m, erreicht.

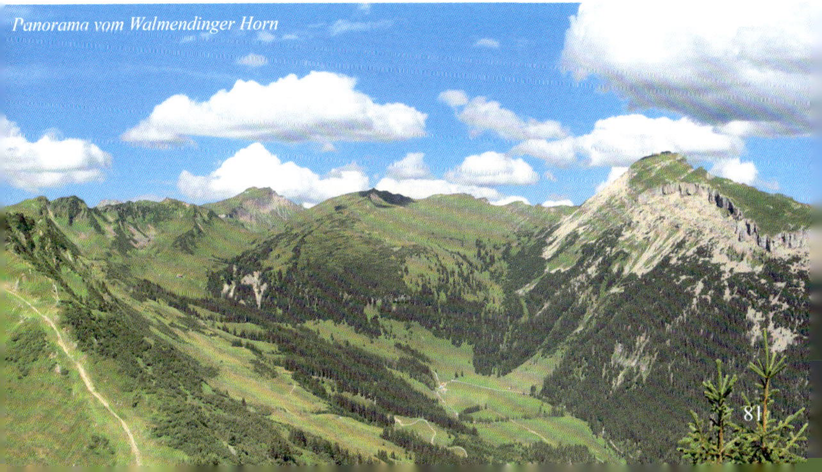

Panorama vom Walmendinger Horn

28 Ins Bärgunttal

2 Std. | 180 Hm | 4,7 km

Baad, 1224 m, ganz am Ende des Kleinwalsertals. Ab Oberstdorf etwa 19 km ins Kleinwalsertal (***Navi**: A-6993 Mittelberg, Baad*);
Walserbus Oberstdorf–Baad im 10- bis 20-Min.-Takt.

Gute, breite Wege, kürzere steilere Anstiege, insgesamt eher leicht.

Innere Widdersteinalpe ③; Bärgunthütte ④

Stilles Nebental am Südende des Kleinwalsertals

Ganz am Ende des Kleinwalsertals liegt das kleine Dorf Baad, umgeben von hoch aufragenden, steilen Grasbergen und dem mächtigen Widderstein. Drei weitere Nebentäler führen von hier in die Bergwelt hinein: die beiden sehr engen Täler des Tura- bzw. des Derrenbaches sowie das Bärgunttal, das wir auf dieser Tour kennen lernen. Verglichen mit dem Gemsteltal auf der Ostseite des Widdersteins (s. Tour 29) ist es sehr viel enger und wirkt dadurch auch etwas wilder und urtümlicher. Dominiert wird es vom drohend aufragenden Felsklotz des Widdersteins, den steilen grünen Berggipfeln der umgebenden Flyschberge und dem wilden Bärguntbach, der auf dieser Wanderung unser ständiger Begleiter ist.

Bushaltestelle und Parkplatz in **Baad** ①, 1224 m, befinden sich direkt am Beginn des Bärgunttals. Wir queren die Breitach und wandern am Ufer des Bärguntbaches taleinwärts. Der breite Weg steigt stetig an und führt anfangs durch Wald, ehe sich das Gelände etwas weitet und wir einen ersten Blick auf die hoch aufragenden Westabstürze des Widdersteins genießen können. Hier teilt sich der

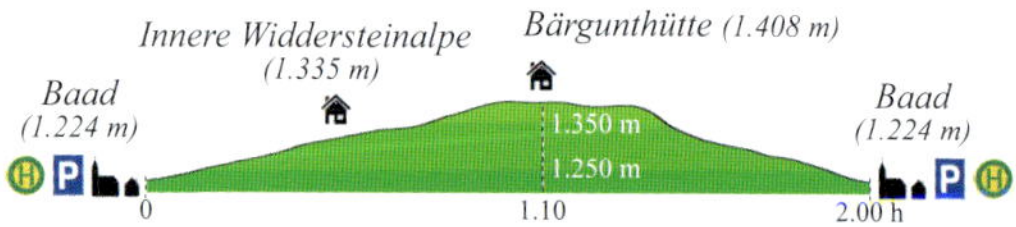

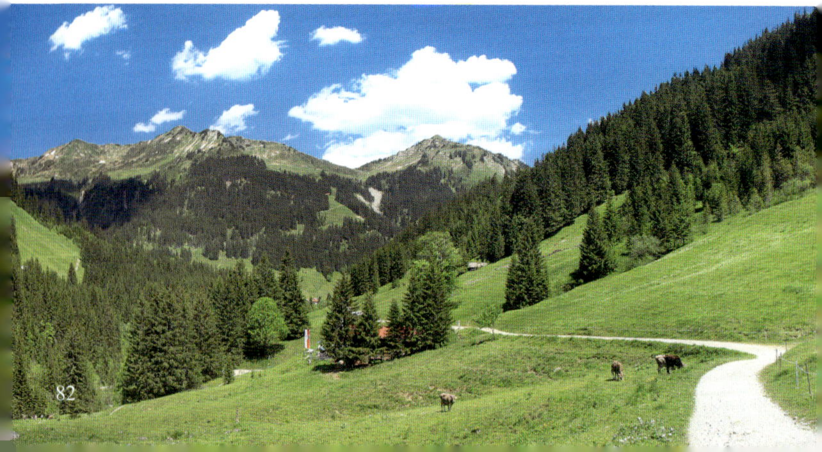

Weg: Geradeaus führt der »Talweg« zur Bärgunthütte (unser Rückweg), wir wählen jedoch den linken »Panoramaweg«, der uns gleich einen kurzen, steilen Anstieg vorbei an der **Äußeren Widdersteinalpe** ②, 1290 m, abverlangt. Dafür bietet der Weg einen herrlichen, freien Blick auf die umliegenden Berggipfel. Auf dem angenehmen Weg, begleitet vom Rauschen des Baches tief unter uns und überragt vom Widderstein, erreichen wir nach wenigen Minuten die schön gelegene **Innere Widdersteinalpe** ③, 1335 m. Hinter der Alpe gewinnt der Weg erneut an Höhe, durchquert ein kleines Waldstück und hat schließlich den höchsten Punkt der Wanderung mit einem schönen Blick in den Talschluss erreicht. Wir wandern allmählich wieder abwärts, überqueren den Bärguntbach und gelangen kurz darauf zur **Bärgunthütte** ④, 1408 m, mit ihrer einladenden Sonnenterrasse. Auf dem Rückweg geht es nun nur noch bergab. Der »Talweg« führt am linken Bachufer talauswärts, der Weg ist breit und angenehm zu gehen, das Tal selbst teilweise sehr eng. Anders als im benachbarten Gemsteltal fehlen hier die weiten, ebenen Almweiden. Auf halbem (Abstiegs-)Weg besteht noch einmal die Möglichkeit, den Bach zu überqueren und in wenigen Minuten zur Widdersteinalpe hinaufzusteigen. Wer mit Kindern unterwegs ist, kann an dieser Stelle am Bach auf einer kleinen Felseninsel zwischen zwei Brücken noch einen Spiel-Stopp einlegen. Danach geht es weiter am Bach entlang, bis wir unseren Ausgangspunkt in Baad erreicht haben.

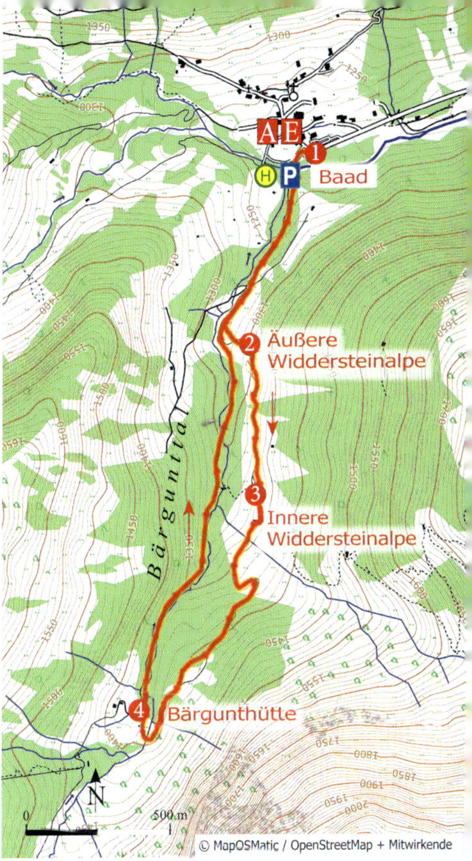

Im Bärgunttal

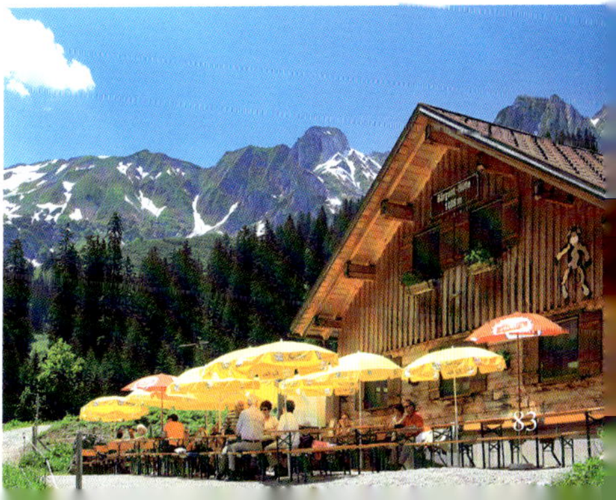

Bärgunthütte

29 Ins schöne Gemsteltal

2.45 Std. | 175 / 250 | 5,4 km

Baad, 1224 m, ganz am Ende des Kleinwalsertals. Ab Oberstdorf etwa 19 km ins Kleinwalsertal (*Navi: A-6993 Mittelberg, Baad*); Walserbus Oberstdorf–Baad im 10- bis 20-Min.-Takt

Endpunkt: Mittelberg, Bushaltestelle »Bödmen«; von dort Walserbus zurück nach Baad im 10- bis 20-Min.-Takt.

Überwiegend breite, angenehm zu gehende Schotterwege; ins Gemsteltal mäßig steiler Aufstieg.

Gemstel-Schönesbodenalpe; Hintere Gemstelalpe ③; Bernhards Gemstelalpe ④

Herrliches Tal im Schatten des Widdersteins

Vom Haupttal des Kleinwalsertals, das durch die recht dichte Besiedlung und die unzähligen verstreut liegenden Gehöfte sehr gezähmt wirkt, zweigen einige Nebentäler ab, die tief in die beeindruckende Bergwelt hineinführen und in weiten Teilen einen recht ursprünglichen Charakter aufweisen. Eines davon ist das wunderschöne Gemsteltal, das sich südlich von Mittelberg zwischen die hoch aufragenden Gipfel von Widderstein und Geißhorn schiebt. Gemütliche Almhütten, offene Almwiesen, rauschende Bäche, spektakuläre Felswände und eine leicht hochalpine Note warten auf den Besucher dieses Tales.

Wir starten ganz am Ende des Kleinwalsertals im kleinen Ort **Baad** ①, 1224 m. Vom Parkplatz (Bushaltestelle) gehen wir wenige Schritte entlang der Straße talauswärts und biegen dann rechts auf den Breitach-Uferweg ein. Ein leichter, angenehmer Weg leitet uns entlang des rauschenden Flusses unmerklich bergab. Bald öffnet sich das Tal ein wenig, und die ersten Häuser von Mittelberg tauchen inmitten weiter Wiesen und Weiden auf. Hier queren wir die Breitach und biegen nach Süden ins Gemsteltal ein. Bald zweigt links ein Weg ab (»Schönesbodenalpe«), der

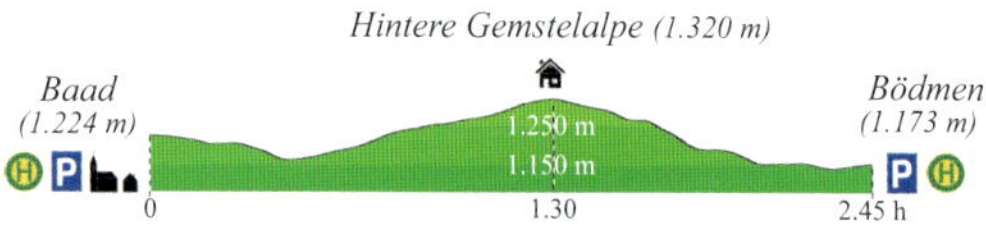

Im Gemsteltal

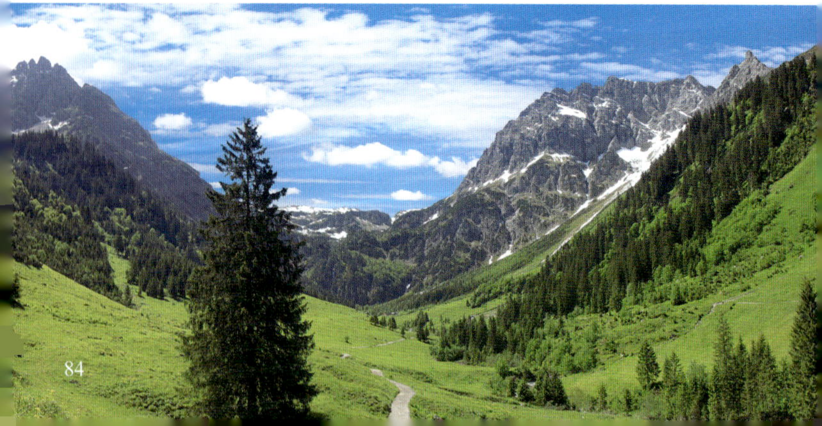

über den Gemstelbach führt und sich an dessen linker Seite weiter taleinwärts zieht. Auf ihm geht es durch dichten Wald allmählich aufwärts, bis sich bei der unbewirtschafteten **Tonisgemstelalpe** ②, 1244 m, das Tal weitet und den Blick auf eine herrliche Almlandschaft freigibt: offene Wiesen, ein paar Almhütten, im Talschluss eine senkrechte Felswand und rechts darüber die schroffen Dolomitwände des Widdersteins – eine wunderschöne Landschaft, durch die wir weiter taleinwärts wandern. Nach etwa 15 Minuten kommen wir an der Gemstel-Schönesbodenalpe vorbei (1298 m, etwas links oberhalb des Weges), dann überqueren wir erneut den Gemstelbach und wandern auf der anderen Seite in wenigen Minuten zur **Hinteren Gemstelalpe** ③, 1320 m. Hier verabschieden sich die Gipfelaspiranten von uns Talwanderern, denn direkt hinter der Hütte wird das Gelände steiler und alpiner, und der Weg zieht sich hinauf Richtung Gemstelpass und Widdersteinhütte.

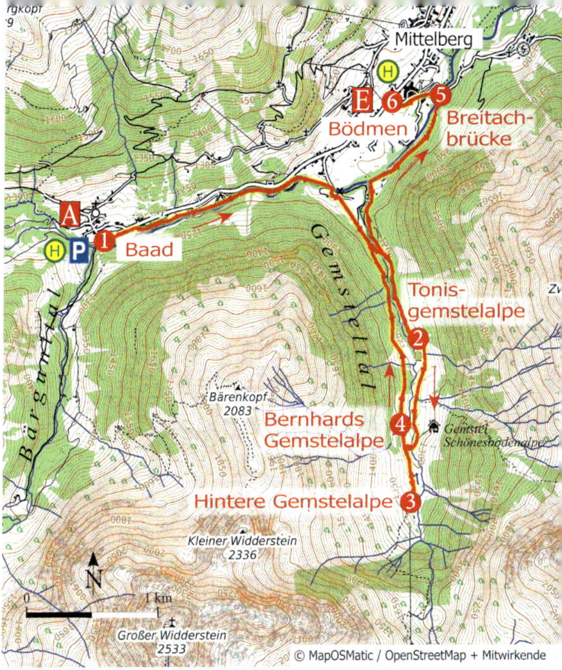

Wir genießen die schöne Szenerie von der Sonnenterrasse, ehe wir den Rückweg antreten. Talauswärts bleiben wir auf der linken, westlichen Bachseite, passieren die **Bernhards Gemstelalpe** ④, 1298 m, und tauchen am Ende der Almwiesen-Ebene wieder in den Wald ein. Nach etwa 10 Minuten, kurz bevor sich das Tal öffnet, überqueren wir – auf der vom Hinweg bekannten Brücke – wieder den Bach und laufen an seinem rechten Ufer weiter, bis wir nach rund 500 Metern auf die Breitach stoßen. Auf einem schönen Waldweg direkt am klaren Wasser entlang wandern wir flussabwärts, bis wir zu einer größeren **Brücke** ⑤, 1140 m, gelangen. Dort links über den Fluss und in wenigen Minuten an der Straße entlang hinauf zur Hauptstraße und **Bushaltestelle Bödmen** ⑥, 1173 m.

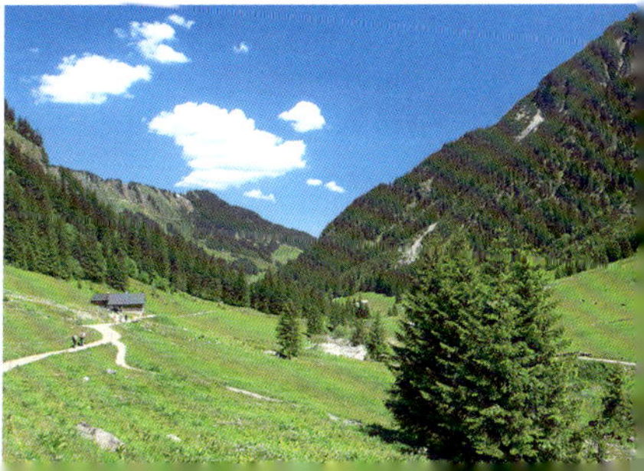

Gemsteltal mit Bernhards Gemstelalpe

30 Auf (oder rund um) den Widderstein

8 Std. | 1400 Hm | 16,2 km

Mittelberg, Ortsteil Bödmen, 1173 m. Ab Oberstdorf etwa 17 km ins Kleinwalsertal (ca. 2 km hinter Mittelberg), Parkplätze an der Straße *(**Navi**: A-6993 Mittelberg, Bödmerstraße 89);* Walserbus Oberstdorf–Baad im 10- bis 20-Min.-Takt, Haltestelle »Weiher«.

Endpunkt: Baad, 1224 m; von dort Bus zurück nach Bödmen alle 10–20 Min.

Eine lange Tour, die (auch ohne Gipfel) gute Kondition voraussetzt. Am Beginn und am Ende jeweils einfache Wege durch schöne Täler, ansonsten alpines Gelände. Beim Anstieg im oberen Gemsteltal kurze seilgesicherte Passagen in einer Klamm, der Abstieg hinunter ins Bärgunttal ist steil und teilweise rutschig. Gipfelanstieg zum Widderstein: fast 400 Hm durch einen Felsabschnitt; technisch mäßig schwer, steil und grusig; Helm keine Pflicht, aber ratsam; am Gipfelgrat sehr ausgesetzt.

(**Variante**: Ohne Widderstein-Gipfelbesteigung 1000 Hm / 6.30 Std.)

Gemstel-Schönesbodenalpe; Hintere Gemstelalpe ②; Obergemstelalpe ③; Widdersteinhütte ④; Bärgunthütte ⑥

Traumtour über dem Hochtannbergpass

Die Besteigung des Widdersteins ist sicherlich eine der Königstouren im Kleinwalsertal. Aber auch wer den eigentlichen Gipfel auslässt und »nur« einmal um ihn herumwandert, wird von dieser Tour begeistert sein: Zwei schöne Täler am Anfang und Ende der Wanderung, und im Mittelteil – jeweils durch steile An- bzw. Abstiege getrennt – die wunderschönen, freien Wiesenschultern auf der Südabdachung des Widdersteins. Dazu fantastische Ausblicke auf die hohen Gipfel der Lechtaler Alpen und des Bregenzerwaldes sowie die weiten Hochflächen des Hochtannbergpasses – eine Traumtour!

Vom Ausgangspunkt **Parkplatz/Bushaltestelle Bödmen** ①, 1173 m, steuern wir geradewegs den tiefen Einschnitt des Gemsteltales an, der sich vor uns im Süden öffnet. Nach ca. 500 Metern gelangen wir zu einer Weggabelung, an der wir die Wahl haben zwischen zwei etwa gleich langen Wegen hinein ins Gemsteltal. Wir halten uns links (»Schönesbodenalpe«) und steigen auf der gegenüberliegenden Seite des Gemstelbaches allmählich durch lichten Wald an. Dieser öffnet sich bald und gibt den Blick frei auf die vor uns liegenden offenen Almwiesen. Im Hintergrund

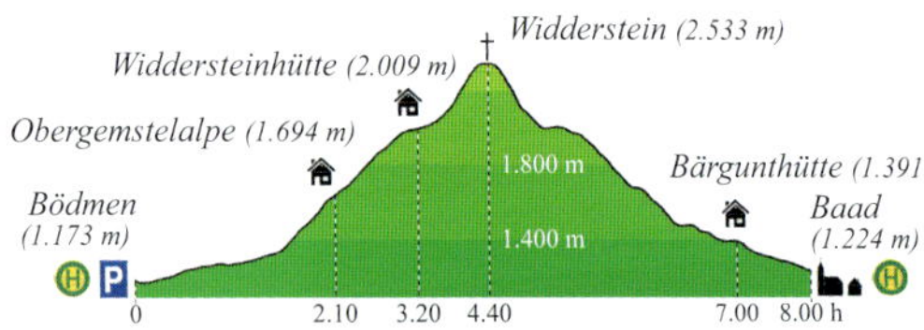

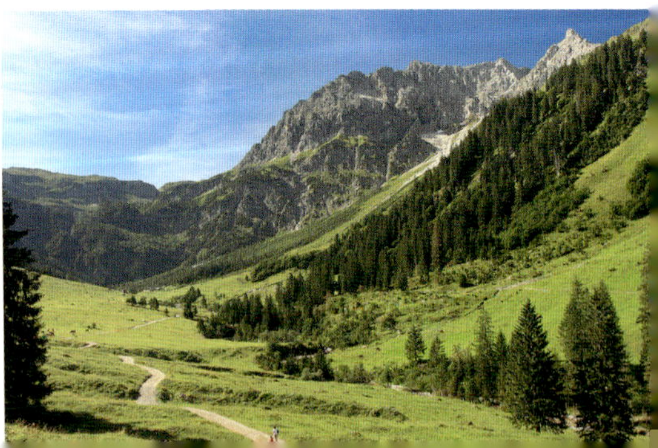

Im Gemsteltal

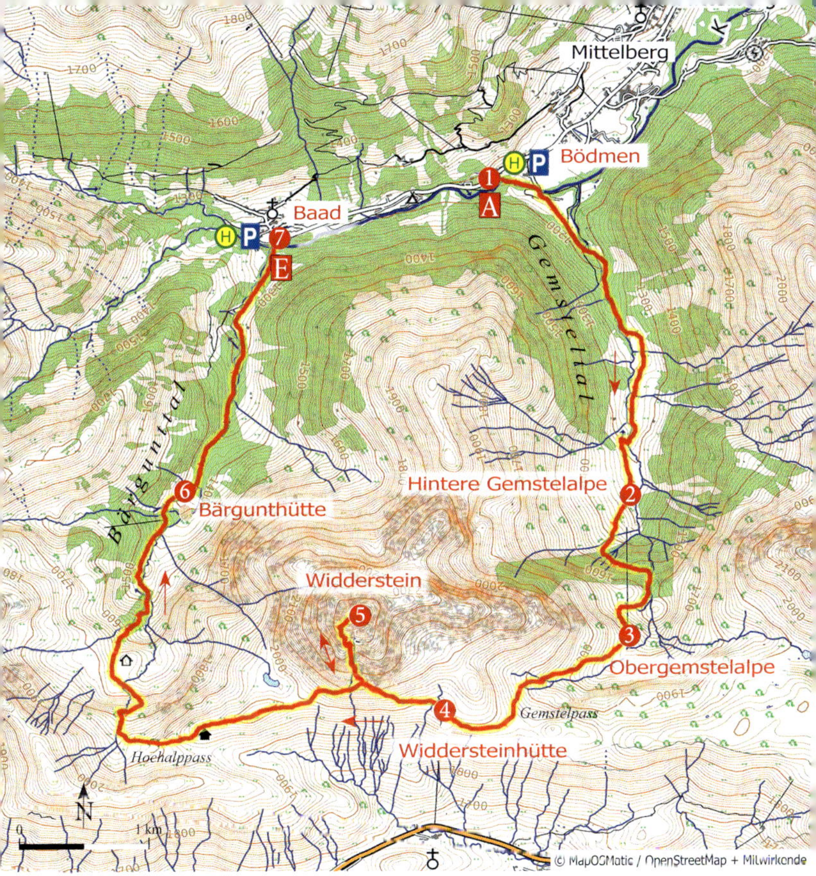

ziehen sich markante Felswände bis hinauf zu unserem heutigen Ziel, dem Widderstein.

Vorbei an der – links etwas abseits liegenden – urigen Gemstel Schönesbodenalpe wandern wir weiter taleinwärts, queren erneut den Bach und gelangen kurz darauf zur **Hinteren Gemstelalpe** ②, 1321 m, am südlichen Ende des flacheren Talbereichs. Bis hier ist das Tal ein gut besuchter Rundweg für Spaziergänger, jenseits der Hütte wird es sehr viel einsamer.

Der Weg windet sich einen mit Latschen bestandenen Schuttkegel hinauf, dann steil an einer Felswand entlang. Oberhalb einer tiefen Klamm, die der Gemstelbach in das Dolomitgestein gefräst hat, ist der Weg in den Fels gehauen (Seilsicherungen geben etwas Unterstützung) und erreicht einen weiten Kessel. Über eine weitere Felsstufe

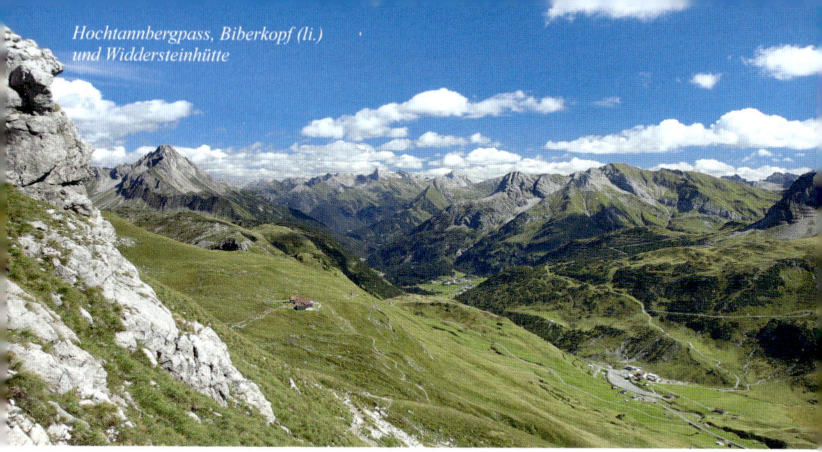

Hochtannbergpass, Biberkopf (li.) und Widdersteinhütte

gelangen wir schließlich zur recht abgeschiedenen **Obergemstelalpe** ③, 1694 m. Sie gehört zu den wenigen Alphütten der Region, die trotz fehlender Straßenanbindung noch immer bewirtschaftet werden.

An der Hütte halten wir uns rechts, steigen weiter an, queren die grasbewachsenen unteren Ausläufer des Widdersteins und erreichen schließlich den Gemstelpass (1971 m), hinter dem sich ein großartiges Panorama öffnet: Zur Rechten rücken die Gipfel des Bregenzerwaldes mit der markanten Braunarlspitze ins Blickfeld, direkt vor uns erhebt sich das Karhorn, und im Westen schließt sich die lange Gipfelparade der Lechtaler Alpen an. Direkt unter uns breitet sich die weite Hochebene des Hochtannbergpasses aus. Wir halten uns rechts und wandern auf dem herrlichen Höhenweg in wenigen Minuten hinüber zur gemütlichen **Widdersteinhütte** ④, 2009 m.

Kurz hinter der Hütte gabelt sich der Weg: Wer die Rundtour ohne Gipfelbesteigung unternimmt, hat an dieser Stelle den halben Weg sowie den gesamten Aufstieg hinter sich – und hält sich nun geradeaus. Gipfelaspiranten halten sich hier rechts und steigen über den Steilhang zum eigentlichen Beginn des Gipfelanstiegs hinauf (2120 m). Auf sehr markante Weise geht hier der schotterdurchsetzte Hang in den nackten Dolomitfels über. Die ersten Minuten sind beispielhaft für das, was uns auf den folgenden 400 Höhenmetern erwartet; Unsichere Wanderer können also recht schnell entscheiden, ob sie sich den Aufstieg zutrauen oder nicht. Einen richtigen Weg gibt es nicht. Vielmehr geht es in einer sehr steilen, etwa 10 bis 30 Meter breiten, zum Gipfel immer offener werdenden Rinne hinauf. Der »Pfad« beschreibt zahllose Serpentinen; oft hat man das Gefühl, sich verstiegen zu haben, ehe blau-weiße Markierungen auf den Felsen die Orientierung wieder herstellen. Der Anstieg sollte für trittsichere Normalwanderer kein Problem darstellen, trotzdem ist absolute Konzentration gefragt: Der auf den Felsplatten herumliegende Grus macht den Untergrund manchmal etwas rutschig, dazu besteht immer etwas Steinschlaggefahr durch über uns gehende Wanderer, weshalb man auch selber darauf achten sollte, möglichst keine Steine loszutreten. Also: Vorsicht nach oben und unten, und möglichst nicht unter Zeitdruck hinauf!

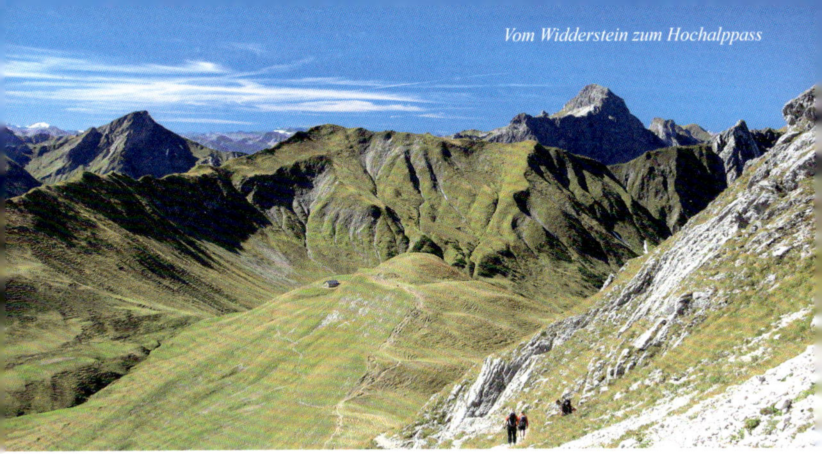

Ganz oben weitet sich schließlich die Rinne, und es geht direkt am Rand der senkrecht abfallenden Nordwand im Bogen auf den Gipfel des **Widderstein** ⑤, 2533 m. Insbesondere hier sollte man über eine ausgeprägte Schwindelfreiheit verfügen. Wer es bis ganz oben geschafft hat, kommt in den Genuss eines der schönsten Aussichtsgipfel im Kleinwalsertal!

Der Abstieg erfolgt auf demselben Weg: Zwar ist es durch den rutschigen Grus teilweise etwas unangenehmer als bergauf, dafür ist von oben der Wegverlauf leichter zu erkennen. Schließlich haben wir den Fuß der Felswand erreicht und können durchatmen. Über den folgenden Hang wandern wir rechts – westwärts – bergab, bis wir auf den Weg stoßen, der direkt von der Widdersteinhütte herüberführt (2000 m). Wer mag, kann an dieser Stelle einen kurzen, 10-minütigen Abstecher zum abgeschiedenen Hochalpsee unternehmen, der sich hinter einem kleinen Grasbuckel in einer Wiesenmulde versteckt.

Wir bleiben noch für einige Minuten auf den weiten Wiesen des Hochalppasses, dann schwindet allmählich das alpine Panorama im Süden aus dem Blickfeld. Wir passieren noch eine Hütte, dann beginnt unser langer Abstieg hinunter ins Bärgunttal. Es geht eine steile Geländestufe hinab und dann in zahllosen Serpentinen hinunter bis zu einer Lichtung, wo der Weg wieder etwas knieschonender wird. Rechts über uns reckt sich, schier unbezwingbar erscheinend, der felsige Widderstein in den Himmel. Kurz darauf haben wir auch die **Bärgunthütte** ⑥, 1391 m, erreicht. Ab hier ist unser verbleibender Rückweg nur noch ein gemütliches Auslaufen, allerdings herrscht wegen der zahlreichen Tal-Spaziergänger auch wieder etwas mehr Betrieb. Meist direkt am munter rauschenden Bärguntbach entlang, wandern wir durch lichten Wald abwärts, bis wir schließlich den kleinen Ort **Baad** ⑦,1224 m, erreichen (Bushaltestelle gleich am Ortsanfang). Wer mit dem Auto angereist ist, noch Restkondition hat und unbedingt ohne Bus zurück zum Ausgangsort gelangen möchte, kann dies auf einem einfachen Weg entlang der Breitach tun (ca. 2 km, 40 Min., leicht bergab).

31 Geißhorn und Mindelheimer Hütte

8 Std. | 1350 Hm | 17,4km

Mittelberg, Ortsteil Bödmen, 1173 m. Ab Oberstdorf etwa 17 km ins Kleinwalsertal (ca. 2 km hinter Mittelberg), Parkplätze an der Straße *(**Navi**: A-6993 Mittelberg, Bödmerstraße 89)*; Walserbus Oberstdorf–Baad im 10- bis 20-Min.-Takt, Haltestelle »Weiher«.

Endpunkt: Mittelberg, Ortsteil Schwendle; Bushaltestelle »Abzweig Schwendle«; halbstündlich nach Mittelberg, dort Anschluss an Walserbus Baad–Oberstdorf (alle 10–20 Min.).

Eine lange Tour, die gute Kondition voraussetzt. Am Beginn und am Ende einfache Wege durch Seitentäler, ansonsten Wege in hochalpinem, offenem Gelände. Der sehr steile, etwas knifflige Abstieg von der Kemptner Scharte ins Wildental setzt unbedingt Trittsicherheit und Schwindelfreiheit voraus. Der – fakultative – anstrengende Anstieg zum Geißhorn ist ebenfalls steil, aber technisch einfach (ohne Gipfel minus 240 Hm / 50 min.).

Bernhards Gemstelalpe ②; Hintere Gemstelalpe ③; Obergemstelalpe ④; Mindelheimer Hütte DAV ⑥; Fluchtalpe ⑩; Innere Wiesalpe u.a.

Hochalpine Ganztagestour der Extraklasse

Im schroffen, vom Dolomit-Gestein geprägten Südosten des Kleinwalsertals finden sich einige der beeindruckendsten Touren in diesem Buch. Auf dieser Wanderung geht es durch das hübsche Gemsteltal steil hinauf auf die Karstebene des Koblat sowie auf den Gipfel des Geißhorns, der uns mit einem sensationellen Panorama belohnt. Der herrliche Höhenweg durch das hintere Rappenalptal hinüber zur Mindelheimer Hütte mit den Gipfeln des Allgäuer Hauptkamms vor Augen bildet den zentralen Abschnitt der Tour. Der Abstieg durch das schöne Wildental schließt den Kreis.

Von der **Bushaltestelle/Parkplatz Bödmen** ①, 1173 m, wandern wir wenige Minuten entlang der Breitach flussabwärts, queren dann den Fluss und halten auf den tiefen Einschnitt des Gemsteltales zu, das sich im Süden vor uns öffnet. Nach etwa 500 Metern gelangen wir zu einer Weggabelung, die zwei Alternativen hinein ins Gemsteltal anbietet. Wir nehmen den rechten Weg, der uns auf der westlichen Seite des Gemstelbaches durch Wald anstei-

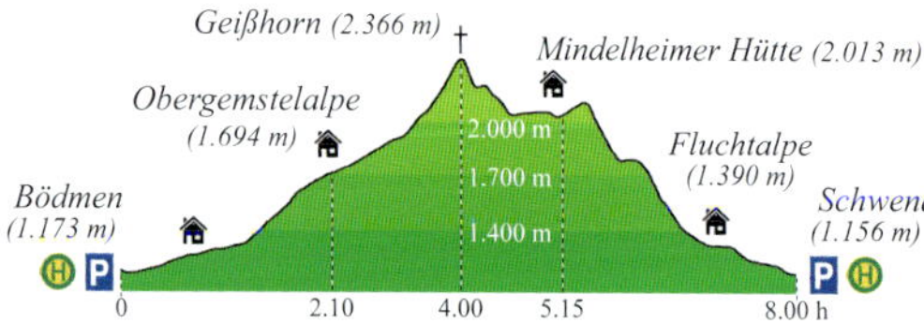

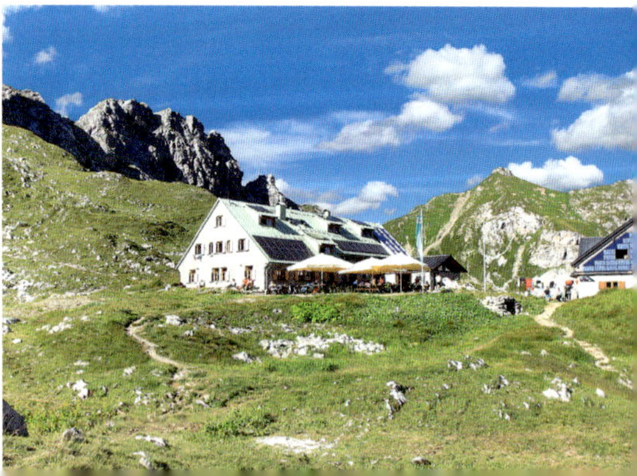

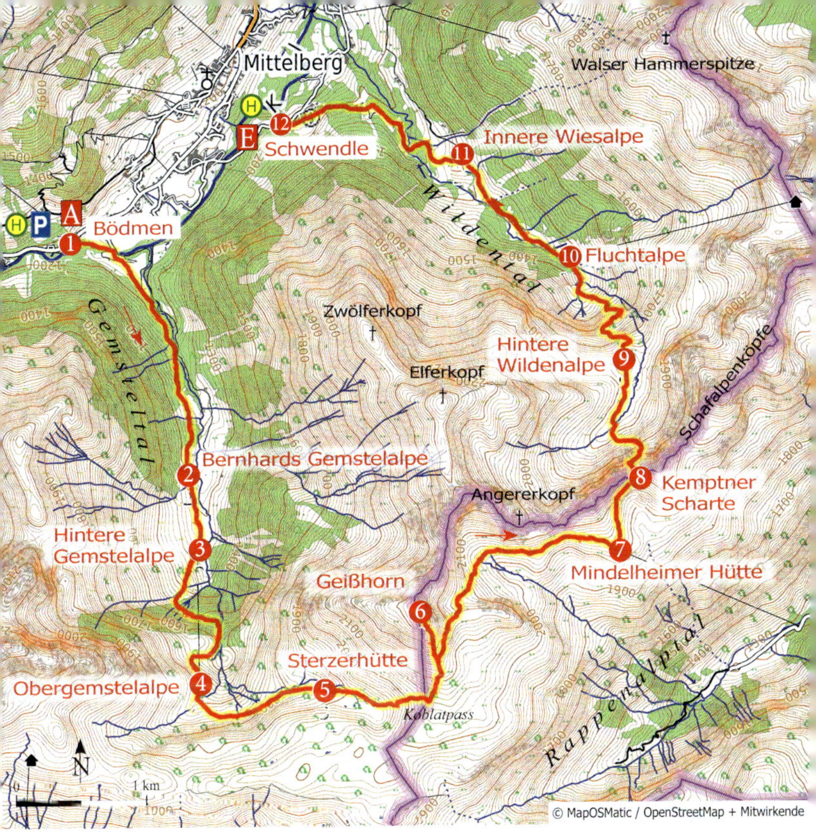

gend taleinwärts leitet. Bald öffnet sich der Wald und gibt den Blick frei auf die vor uns liegenden offenen Almwiesen, die das Gemsteltal prägen, sowie auf die steilen Felswände im Hintergrund.

Vorbei an der **Bernhards Gemstelalpe** ②, 1298 m, wandern wir weiter taleinwärts und gelangen am südlichen Ende des flachen Talbereichs zur **Hinteren Gemstelalpe** ③, 1320 m. Bis hierher ist das Tal gut besucht, jenseits der Hütte wird es schlagartig ruhiger.

Der Weg windet sich einen mit Latschen bestandenen Schuttkegel hinauf, dann steil an einer Felswand entlang. Oberhalb einer tiefen Klamm ist der Weg in den Fels gehauen (teilweise geben Seile mentale Unterstützung) und erreicht schließlich einen weiten Kessel. Über eine weitere Felsstufe gelangen wir zur **Obergemstelalpe** ④, 1694 m. Hinter der Hütte teilt sich der Weg: rechts geht es hinauf zur Widdersteinhütte und zum Widderstein, der sich majestätisch über der Hütte erhebt, während links

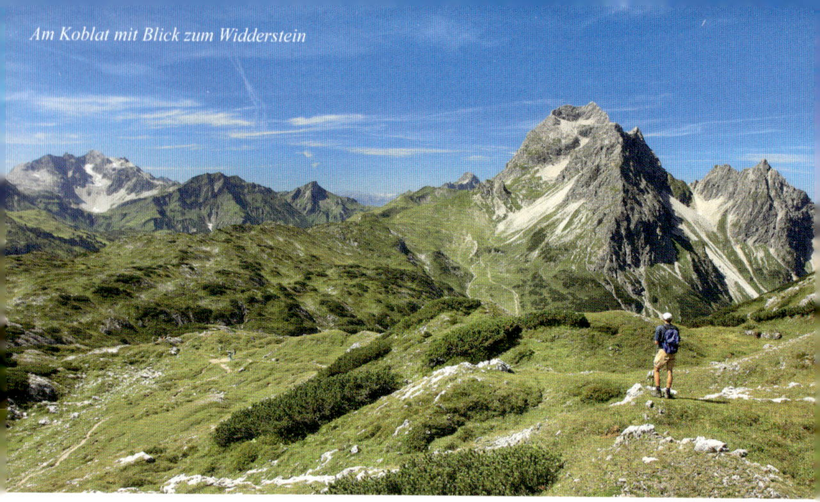

Am Koblat mit Blick zum Widderstein

unser Anstieg Richtung Geißhorn beginnt. Im weiten Bogen zieht sich der Weg den Nordhang des Kessels hinauf bis zur einsam gelegenen **Sterzerhütte** ⑤, 1859 m. Ein Blick zurück gewährt uns einen prächtigen Blick auf den Widderstein. Wir queren ein kleines Kar mit einem winzigen Tümpel und erreichen in einem letzten Anstieg die Passhöhe des Koblat (2040 m), eine urtümliche, bucklige, grasbewachsene Karsthochfläche, die den Übergang zum Hochtannbergpass und zum Rappenalptal bildet.
Für uns ist mit diesem Pass allerdings der Anstieg noch nicht beendet. Wir folgen dem Wegweiser zur Mindelheimer Hütte und steigen über Wiesenhänge steil hinauf bis zu einer Weggabelung (2130 m). Hier beginnt der Aufstieg hinauf zum Geißhorn. In zahllosen Serpentinen windet sich der Weg den steilen südseitigen Berghang hinauf, technisch zwar leicht, aber recht anstrengend – insbesondere wenn die Sommersonne auf den Rücken brennt. Wer sich den Aufstieg hinauf zum Gipfel des **Geißhorn** ⑥, 2366 m, gönnt, kommt in den Genuss eines fantastischen Panoramas: vom Widderstein im Westen über den Hochtannbergpass und den Bregenzerwald bis zu den Lechtaler Alpen weit im Osten. Etwas näher im Osten steht die beeindruckende Kette des Allgäuer Hauptkamms, die im Biberkopf mit seinen auffallenden Felsplatten ihren südlichsten Punkt erreicht. Und tief unter uns liegt, noch in Spielzeugformat, unser nächstes Ziel, die Mindelheimer Hütte *(ohne Geißhorn-Gipfel ca. 240 Hm und 50 Min. weniger)*.
Nach dem Gipfelabstecher halten wir uns, zurück an der Weggabelung, nordwärts, queren die Schutthänge unterhalb des Geißhorns und gelangen zum Wildenkopfgundsattel (2172 m), hinter der uns ein kurzer Abstieg durch leicht schrofiges Gelände erwartet. Dann geht es in einem weiten Bogen mit allmählichem Höhenverlust unterhalb der Felswände des Angererkopfes hinüber zur weithin sichtbaren **Mindelheimer Hütte** ⑦, 2013 m, einer gemütlichen Hütte mit schöner Sonnenterrasse und großartigem Panorama.
Nach einer ausgiebigen Rast liegt nun noch der letzte, allerdings recht gemächliche

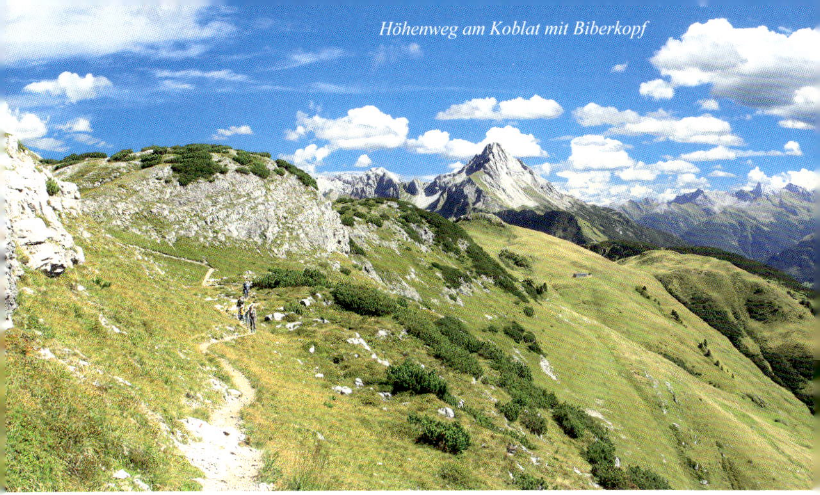

Anstieg der heutigen Tour vor uns – und zwar hinauf zur **Kemptner Scharte** ⑧, 2108 m. Der Name hat übrigens nichts mit der Stadt Kempten zu tun, sondern leitet sich vom alten Namen des Gipfels her, der von der Hütte aus gesehen der Silhouette eines Kamins (= Kempterle) ähnelt. (Hier beginnt der Mindelheimer Klettersteig über die Schafalpenköpfe hinüber zur Fiderepasshütte.)

Auf uns hingegen wartet – nach einem letzten Blick über die Szenerie hinter uns – ein Abstieg, der es in sich hat! Direkt hinter der extrem schmalen Scharte geht es erschreckend steil hinunter ins Wildental. Trittsicherheit und Schwindelfreiheit sind hier unbedingt erforderlich, Teleskopstöcke sehr hilfreich. Der Abstieg ist zum Glück harmloser, als er auf den ersten Blick wirkt.

In zahllosen Serpentinen windet sich der Pfad die Steilwand hinab, an schrofigen Passagen geben Drahtseile zusätzlich Sicherheit. Schließlich erreichen wir den flachen, von einem kleinen, mäandrierenden Bach durchzogenen Almboden der **Hinteren Wildenalpe** ⑨, 1788 m, schreiten über die offenen Weideflächen zügig voran und gönnen unseren Knien ein wenig Erholung. Beim Blick zurück dürfen wir uns selbst anerkennend auf die Schulter klopfen – angesichts des gelungenen Abstiegs durch diese so undurchsteigbar wirkende Felswand.

Direkt hinter der Alphütte beginnt der zweite Teil des Abstiegs, der uns erneut in unzähligen Serpentinen durch Latschenhänge steil hinunter ins Wildental und zur schönen **Fluchtalpe** ⑩, 1390 m, bringt. Ab dort erwartet uns ein gemütliches Auslaufen auf einem breiten Weg entlang des Wildenbaches und durch hübsche Almwiesen, vorbei an der **Inneren Wiesalpe** ⑪, 1290 m, und kurz darauf der Unteren Wiesalpe. Dort geht der Wanderweg in eine breite Forststraße und schließlich in eine Teerstraße über, auf der wir – vorbei am Bergheim Moser (1201 m) und dem Gasthof Schwendle (1168 m) – zur **Bushaltestelle »Abzw. Schwendle«** ⑫, 1156 m, gelangen; Wer zu Fuß zurück zum Parkplatz möchte, folgt weiter der Straße bergab und gelangt auf einem hübschen, fast steigungslosen Waldweg entlang der Breitach in etwa 45 Minuten zum Ausgangspunkt zurück.

32 Ins Wildental

2.15 Std. | 275 Hm | 6,6 km

Mittelberg Ortsteil Schwendle. Ab Oberstdorf ca. 17 Kilometer ins Kleinwalsertal, ca. 1 Kilometer hinter Mittelberg links ab und einen weiteren Kilometer auf der gegenüberliegenden Talseite bis zum Parkplatz, 1156 m. *(**Navi**: A-6993 Mittelberg, Schwendlestraße 68)*; Walserbus Oberstdorf-Mittelberg (alle 10–20 Min.), dort halbstündlich Anschluss nach Schwendle, Haltestelle »Abzweig Schwendle«.

Trotz einiger Steigungen insgesamt eine recht gemütliche Wanderung; breite Wege, überwiegend Schotter.

Untere Wiesalpe ③; Innere Wiesalpe ③; Fluchtalpe ④; Bergheim Moser

Almwanderung unterhalb der Schafalpenköpfe

Ein weiteres schönes Seitental des Kleinwalsertals ist das Wildental, das sich gegenüber von Mittelberg zwischen die hohen Gipfel schiebt. Durch offene Wiesen, vorbei an urigen Almhütten und entlang des Wildenbaches wandern wir bis zur schmucken Fluchtalpe im Talschluss. Die Dolomitgipfel der Schafalpenköpfe, die Walser Hammerspitze und der Zwölferkopf bilden den beeindruckenden Rahmen. Eine abwechslungsreiche Tour, ganz ohne Gipfelerlebnis, aber mit schönen Ausblicken und viel Almidylle.

Vom **Parkplatz** ①, 1156 m, folgen wir der Teerstraße bergauf, bis wir nach ca. 700 Metern zum Ende der öffentlichen Straße kommen. Auf der sich anschließenden Schotterstraße geht es weiter taleinwärts, erst rechts des Wildenbaches, dann wechseln wir aufs gegenüberliegende Ufer. Nach einem kurzen, kräftigen Anstieg erreichen wir offene Wiesen und die **Untere Wiesalpe** ②, 1257 m, mit ihrer einladenden Gartenterrasse.

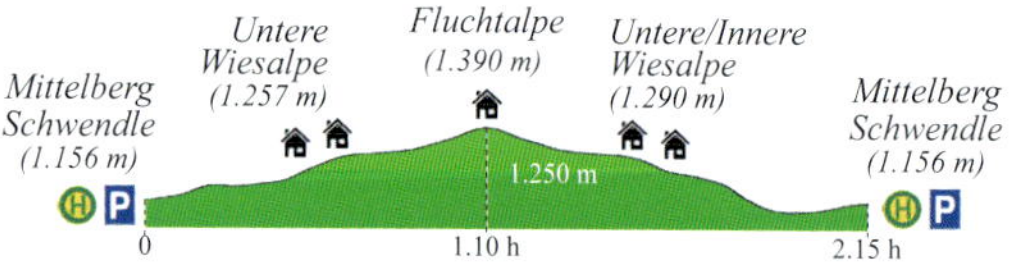

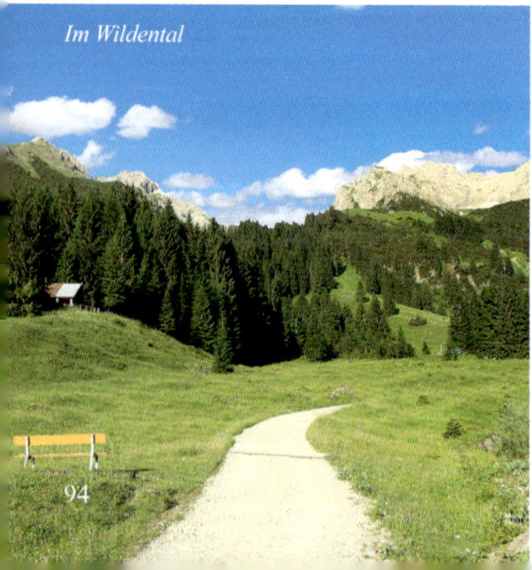

Im Wildental

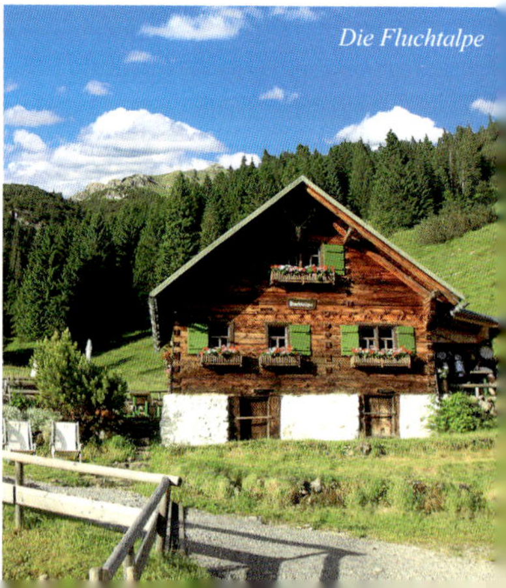

Die Fluchtalpe

Im Osten ragen die Felsgipfel der Schafalpenköpfe auf. Nur wenige Minuten hinter der Hütte wartet mit der **Inneren Wiesalpe** ③, 1290 m die nächste Einkehrmöglichkeit. Hier wendet sich der Weg nach rechts und steuert nun geradewegs auf den imposanten Talschluss zu. Mit stetiger, aber gemächlicher Steigung wandern wir weiter taleinwärts durch die schönen Almwiesen, zur Rechten begleitet vom Rauschen des Wildenbaches. Kurz vor dem Talschluss mit seinen steilen Hängen biegt der Weg links ab und endet bei der hübschen **Fluchtalpe** ④, 1390 m.

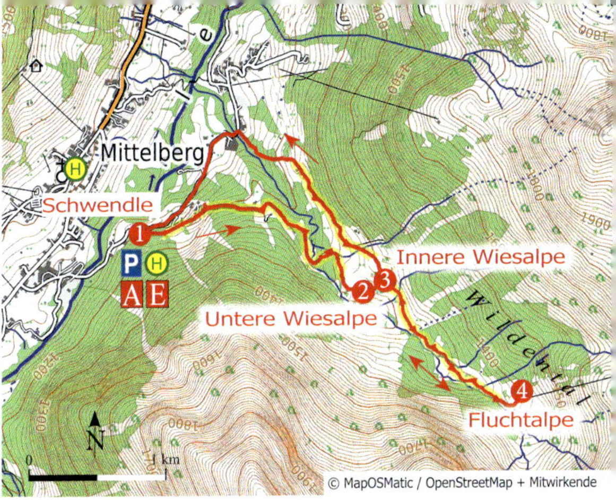

Der Rückweg erfolgt anfangs wie der Hinweg. Nach knapp 1,5 Kilometern halten wir uns bei der Inneren Wiesalpe allerdings geradeaus und bleiben noch für weitere 10 Minuten auf dem Höhenweg. Dann biegen wir links in einen schmalen Wanderweg ein, der hinab in den bewaldeten Einschnitt des Wildenbaches führt. Bald stoßen wir auf eine Straße, halten uns links, queren den Bach und erreichen auf der Straße nach ca. 800 Metern unseren Ausgangspunkt.

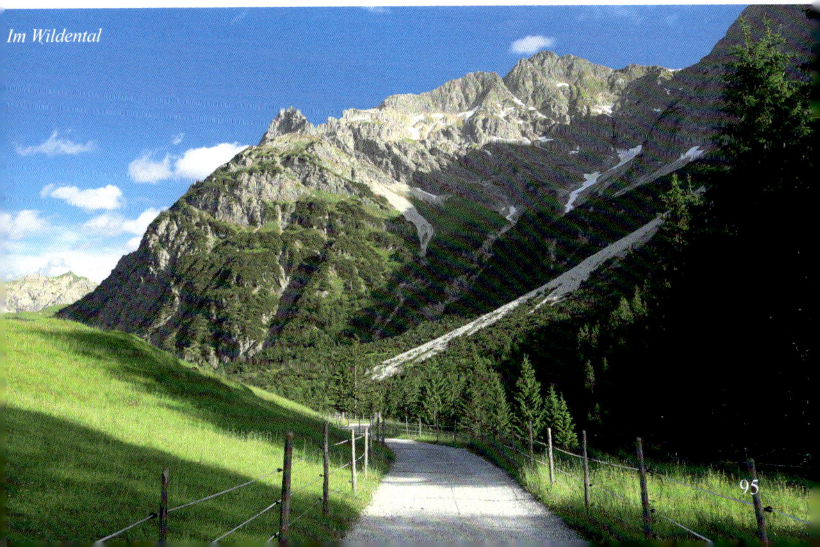

Im Wildental

33 Walser Hammerspitze und Kuhgehrenspitze

2.45 Std. | 450 Hm | 5,7 km

Riezlern, Kanzelwandbahn, 1087 m. Ab Oberstdorf etwa 11 km ins Kleinwalsertal, Talstation und Parkplätze am südlichen Ortsende von Riezlern (***Navi**: A-6991 Riezlern, Walserstraße 68)*; Walserbus Oberstdorf–Baad im 10- bis 20-Min.-Takt, Haltestelle »Kanzelwandbahn«.

Kanzelwandbahn: Kleinkabinenbahn, Betrieb ca. Mitte Mai–Ende Oktober, 8.30–16.45 h, www.ok-bergbahnen.com, Talstation 1087 m, Bergstation 1957 m.

Alpines Gelände; der teils recht schmale Felsgrat zur Walser Hammerspitze setzt unbedingt Trittsicherheit und Schwindelfreiheit voraus. Der Abstieg Richtung Kuhgehrenspitze ist auch steil, aber leichter.

Variante: Wer sich die Kletterei über den Grat nicht zutraut, kann die Hammerspitze auch über den im Text beschriebenen Rückweg (via Westflanke) besteigen.

Panoramarestaurant Kanzelwand ②; Adlerhorst ⑥

Leichte Kletterei mit wunderschöner Aussicht

Die Kanzelwandbahn bringt die Urlauber in Scharen hinauf zur Bergstation, aber dank des umfangreichen Tourenangebots verläuft es sich oben etwas. Insbesondere auf dieser hier vorgestellten Tour geht es recht ruhig zu, was an dem recht ausgesetzten Gratweg beim Aufstieg liegt, für den man eine gewisse Kraxel-Begeisterung mitbringen sollte. Auf schmalen, Pfaden geht es hinauf auf die Walser Hammerspitze, einen der herrlichsten Aussichtsberge des Kleinwalsertals. Und auf dem Rückweg kommen wir noch in den Genuss der stillen Kuhgehrenspitze. Eine recht kurze Tour mit großen Panoramen!

Nach Auffahrt mit der Seilbahn von **Riezlern** ①, 1087 m, wandern wir von der **Bergstation** ②, 1957 m, auf dem breiten Kamm geradeaus auf die Felskuppe der Kanzelwand zu. In weiten Kehren steigen wir zu einer kleinen Scharte hinauf, von der wir in wenigen Minuten links zum eigentlichen Gipfel der **Kanzelwand** ③, 2058 m, gelangen (etwas schrofiges Gelände, aber seilgesichert) und den herrlichen Rundumblick genießen.

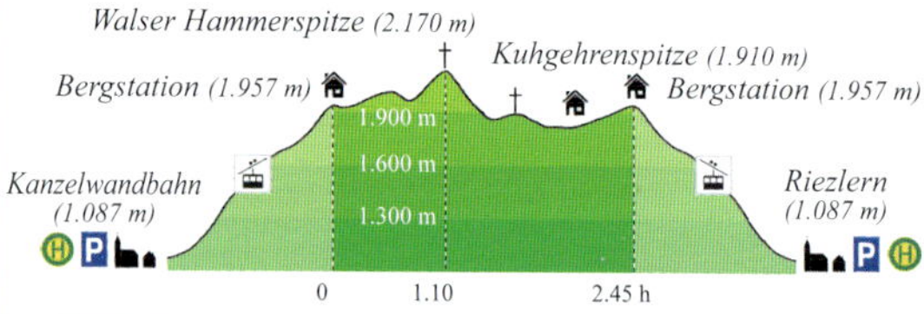

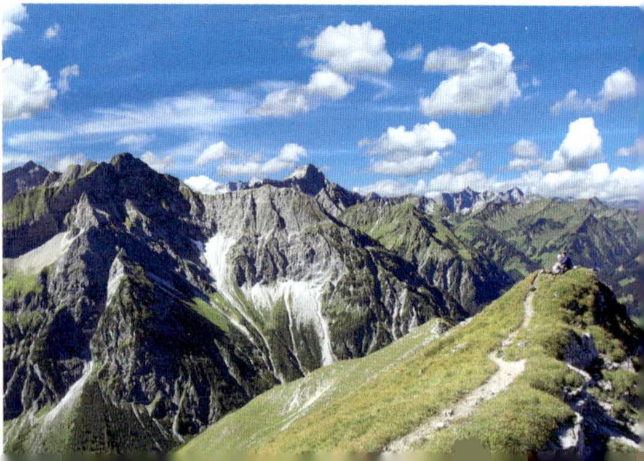

Gipfelrast auf der Walser Hammerspitze

Jenseits der Scharte breitet sich unter uns das Warmatsgundtal aus, im Hintergrund überragt von den Allgäuer Alpen. Wir folgen für knapp 30 Meter dem Weg Richtung Fiderepasshütte, umrunden einen kleinen Felssporn, wenden uns gleich dahinter nach rechts und beginnen unseren Aufstieg über den Grat. Es gibt keinen Wegweiser am Einstieg, aber letztlich ist der Weg nicht zu verfehlen, weil er sich immer am Kamm orientiert.

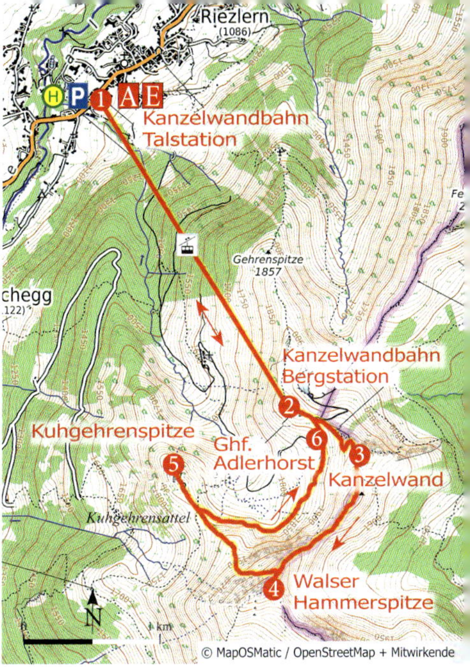

Man muss kein ausgewiesener Kletterer sein für diesen Aufstieg, aber der Grat ist schmal und felsig, der Weg nicht ganz einfach, und oft muss man die Hände einsetzen, um sich über größere Felsstufen hinaufzuziehen. Trittsichere Wanderer dürfte das aber vor keine Probleme stellen. Das erste Drittel über eine kleinere Erhebung ist recht einfach; erst hinter einer kleinen Senke beginnt der knifflige Teil, bei dem man etwas mehr als sonst auf seine Schritte achten sollte. Kurz vor dem Gipfel stößt von rechts der Normalweg zu uns (unser Rückweg), dann haben wir den Gipfel der **Walser Hammerspitze** ④, 2170 m, erreicht. Ein fantastischer Rundumblick über das Kleinwalsertal erwartet uns. Und während sich die Nordostseite des Berges als jäh abstürzende Felswand präsentiert, überrascht sein steiler Südhang mit einer sonnigen Wiese.

Vom Gipfel wandern wir ungefähr 150 Meter auf dem Herweg zurück und biegen am ersten Abzweig links ab. Mit dem Hohen Ifen vor Augen, dessen schräges Gipfelplateau auf der gegenüberliegenden Talseite die Szenerie beherrscht, geht es in vielen Serpentinen einen sehr steilen Hang zum Kuhgehrensattel (1860 m) hinab. Hier führt links ein Weg hinunter zur Inneren Kuhgehrenalpe, während uns rechts der Rückweg Richtung Kanzelwandbahn erwartet. Vorher allerdings gönnen wir uns noch den kurzen Abstecher auf den Gipfel der **Kuhgehrenspitze** ⑤, 1910 m, einen grasbewachsenen Flyschgipfel, der sich direkt vor uns erhebt – und auf den sich trotz der schönen Aussicht nur wenige Wanderer verirren. Vom Gipfel wandern wir wieder zurück zum Kuhgehrensattel, wo wir uns links halten. Es folgt ein kurzer Abstieg durch einen von Latschen bestandenen Hang, dann steigen wir allmählich im weiten Bogen wieder Richtung Bergstation an, während rechts die steilen Felswände der Walser Hammerspitze hoch in den Himmel ragen. Zum Schluss passieren wir noch die Hütte des **Adlerhorstes** ⑥, 1880 m, dann sind es nur noch wenige Minuten hinauf zur Bergstation. Mit der Bahn gelangen wir zurück zu unserem Ausgangspunkt in Riezlern.

34 Kanzelwand und Fiderepasshütte

5.45 Std. | 480 / 1380 | 14,2 km

Riezlern, Kanzelwandbahn, 1087 m. Ab Oberstdorf etwa 11 km ins Kleinwalsertal, Talstation und Parkplätze am südlichen Ortsende von Riezlern *(**Navi**: A-6991 Riezlern, Walserstraße 68);* Bus Oberstdorf–Baad im 10- bis 20-Min.-Takt, Haltestelle »Kanzelwandbahn«.

Kanzelwandbahn: Kleinkabinenbahn, Betrieb ca. Mitte Mai–Ende Oktober, 8.30–16.45 h, www.ok-bergbahnen.com, Talstation 1087 m, Bergstation 1957 m.

Alpines Gelände; ordentliche Weg zur Fiderepasshütte und auf dem Höhenweg über dem Wildental, die Abstiege hinter dem Fiderepass und von der Kuhgehrenalpe hinab nach Höfle sind teilweise recht steil.

Panoramarestaurant Kanzelwand ②; Fiderepasshütte DAV ⑤; Innere Kuhgehrenalpe ⑦

Auf stillen Wegen zu schroffen Dolomitgipfeln

Die Kanzelwandbahn erschließt ein ungemein abwechslungsreiches Tourengebiet. Während der Gratweg zum Fellhorn und auch der direkte Weg zur Inneren Kuhgehrenalpe ziemlich überlaufen sind, erwartet uns hier eine etwas ruhigere Tour durch das obere Warmatsgundtal hinüber zur Fiderepasshütte, die zwischen schroffen Dolomitgipfeln auf der gleichnamigen Passhöhe thront. Der Rückweg erfolgt auf einem aussichtsreichen Höhenweg hoch über dem Wildental und schließlich steil bergab ins Tal zum Ausgangspunkt.

Zunächst geht es von **Riezlern** ①, 1087 m, mit der Seilbahn nach oben. Auf dem kleinen Plateau vor der **Bergstation** ②, 1957 m, herrscht meist ein ziemlicher Betrieb, den wir auf dieser Tour aber recht schnell hinter uns lassen. Wir steuern den felsigen Gipfel der Kanzelwand an, der sich direkt vor uns erhebt. Es sind nur wenige Serpentinen, und schon haben wir eine Scharte erreicht; der eigentliche Gipfel der **Kanzelwand** ③, 2057 m, liegt links über uns und ist in wenigen Minuten über etwas schrofiges Gelände mit Seilsicherung zu erklimmen. Ein Aufstieg ist unbedingt lohnenswert, denn von oben bietet sich ein herrliches Panorama über das gesamte Kleinwalsertal. Direkt hinter der Scharte beginnt der Abstieg ins Warmatsgundtal, ein

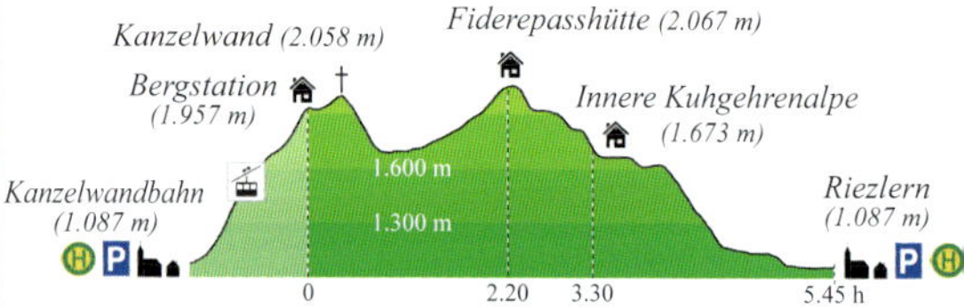

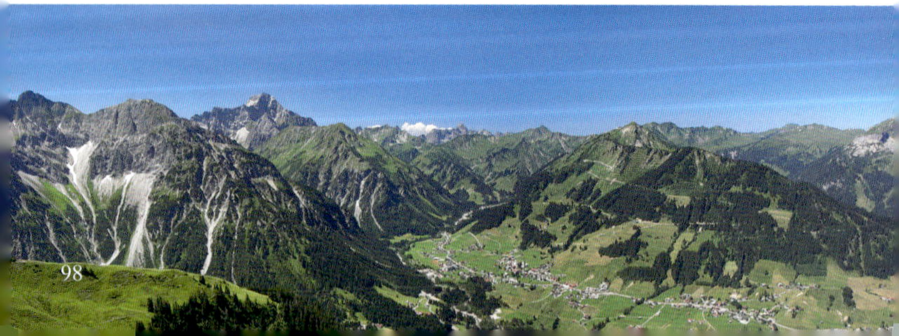

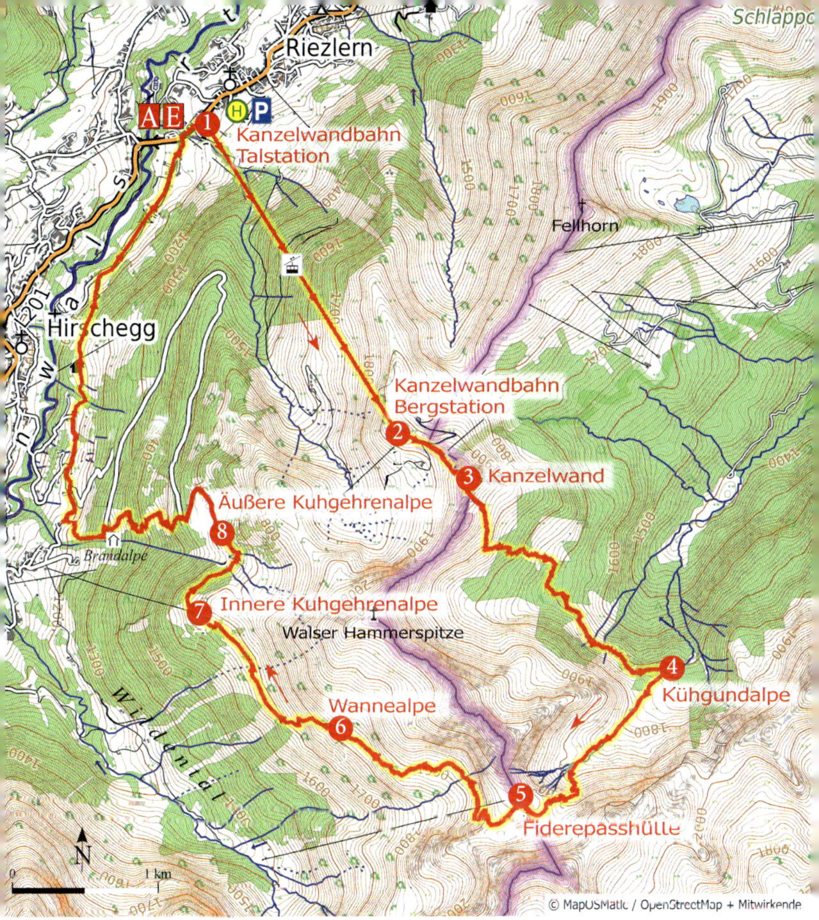

Seitental des Stillachtales (Wegweiser »Fiderepasshütte«). Es geht steil gut 250 Höhenmeter bergab, bis wir schließlich auf einen breiteren Weg stoßen, der von links (vom Fellhorn) herüberführt. Hier halten wir uns rechts und wandern mit nur leichtem Auf und Ab südostwärts über die offenen Hänge, die nur hier und da von lichtem Latschengestrüpp bedeckt sind. Rechts über uns recken sich die abweisenden Dolomitwände von Walser und Oberstdorfer Hammerspitze in die Höhe. Schon bald haben wir die beiden (aufgegebenen) Hütten der **Kühgundalpe** ④, 1744 m, erreicht.
Hier beginnt unser Aufstieg durch ein enges, geröllübersätes Tal. Gegen Ende des Anstiegs erwarten uns noch ein paar steilere Serpentinen, dann haben wir die

Panorama von der Kuhgehrenspitze

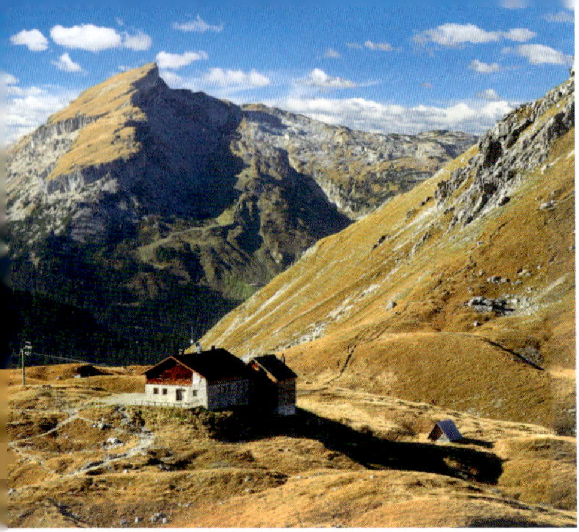

weite, bucklige Wiesenschulter des Passes erreicht, auf der die **Fiderepasshütte** ⑤, 2065 m, thront, überragt von den mächtigen Felsgipfeln der Oberstdorfer Hammerspitze und des Nördlichen Schafalpenkopfs. Mit scharfen Augen kann man auf Letzterem oft Bergsteiger entdecken, die von dort die Überschreitung der Schafalpenköpfe auf dem Mindelheimer Klettersteig in Angriff nehmen.

Wir haben nun allerdings einen Abstieg vor uns. Vom Fiderepass geht es – weitgehend parallel zum Versorgungslift der Hütte – steil und teilweise auf etwas unangenehm gerölligem Untergrund bergab bis zu einem Abzweig, der uns rechts den Weg Richtung »Innere Kuhgehrenalpe« weist. Vor uns liegt ein wunderschöner Höhenweg mit freiem Blick über das Wildental und die umgebenden Berggipfel. Anfangs sind noch einige Schuttfächer zu queren, dann haben wir die Latschen-Höhenstufe erreicht. Gemütlich geht es oberhalb des Wildentales hinüber zur **Wannealpe** ⑥, 1821 m (hier stößt von rechts der steile Abstieg von der Hammerspitze zu uns). Wir halten uns geradeaus und wandern – anfangs kurz steil bergab, dann wieder angenehm flach – knapp oberhalb der Baumgrenze hinüber zur **Inneren Kuhgehrenalpe** ⑦, 1673 m, die aussichtsreich am unteren Rand eines offenen Wiesenhanges liegt.

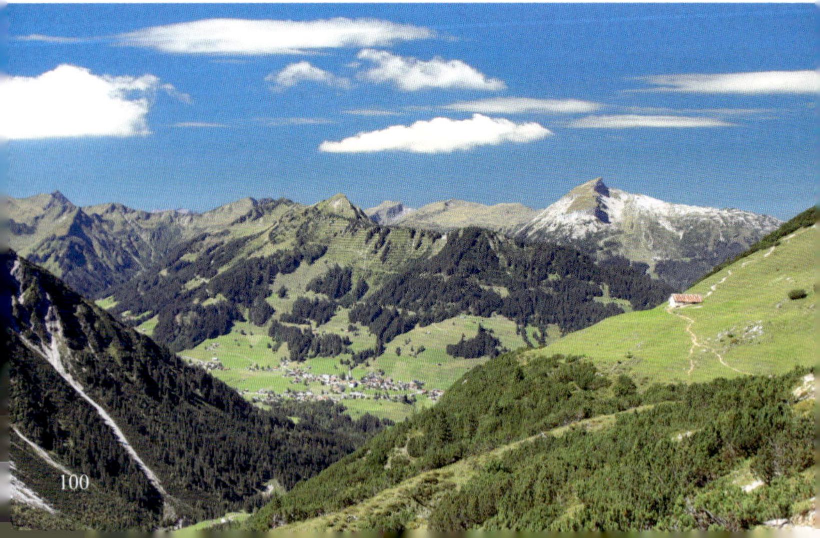

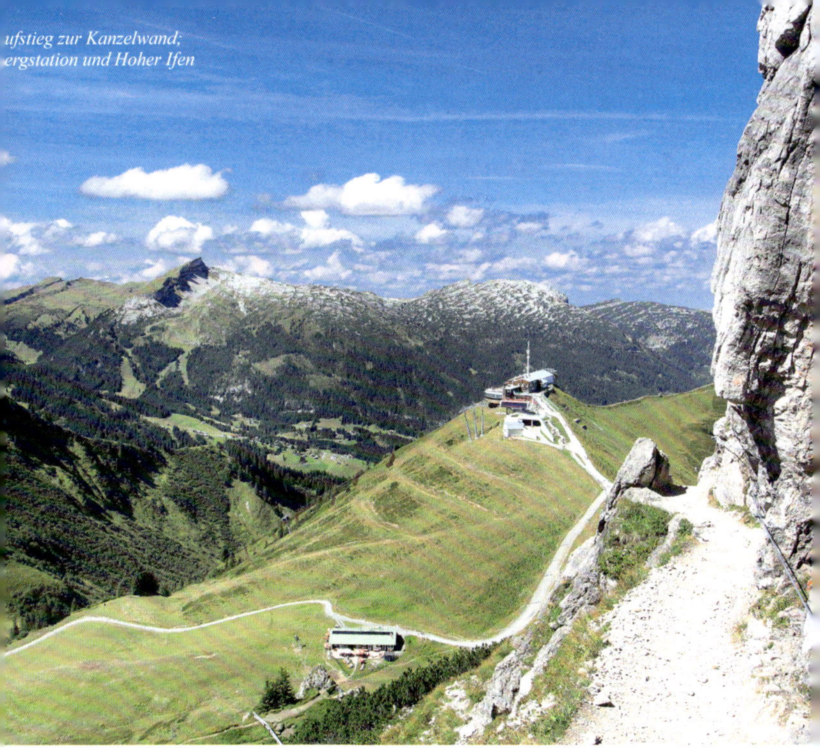
ufstieg zur Kanzelwand;
ergstation und Hoher Ifen

Von dort folgen wir dem Schild »**Äußere Kuhgehrenalpe**« ⑤, 1600 m, die wir nach etwa 20 Minuten über einen weitgehend ebenen, manchmal etwas matschigen Weg erreichen. Hier beginnt die letzte Etappe des langen, steilen Abstiegs: In weiten Serpentinen, abwechselnd durch Wald und offene Wiesenhänge, bewältigen wir rund 400 Höhenmeter und stoßen kurz unterhalb der Brandalpe auf eine Teerstraße und vereinzelte Häuser. Ab hier hat der weitere Rückweg eher den Charakter eines Spaziergangs. Wir wenden uns nach rechts und 400 Meter weiter an einem Abzweig erneut nach rechts. Von hier ist es noch eine knappe Stunde Weges zurück zum Ausgangspunkt. (Wer einfach nur zur nächstgelegenen Bushaltestelle gelangen möchte, kann von hier ins Tal der Breitach hinabsteigen und auf der anderen Talseite leicht bergauf in etwa 30 Minuten nach Hirschegg wandern.)
Um zum Ausgangspunkt in Riezlern zu gelangen, verlassen wir schließlich die Teerstraße und biegen rechts in den Wanderweg nach Riezlern ein. Ein breiter, angenehm zu gehender Weg mit einigen kurzen, knackigen Steilstrecken, der uns durch Wald und offene Wiesen nordwärts führt, erwartet uns. Bald nähern wir uns dem Ort Riezlern, passieren einen Campingplatz und haben schließlich die Runde vollendet.

Höhenweg bei der Wannealpe im oberen Wildental

35 Rappensee und Rappenseehütte

7 Std. | 1200 Hm | 17,6 km

Stillachtal, Parkplatz »Faistenoy« an der Stillachbrücke bei der Talstation der Fellhornbahn, 900 m. Von Oberstdorf 9 km ins Stillachtal *(**Navi**: 87561 Oberstdorf, Faistenoy 10)*; Wegen der Tourlänge ist der eigentliche Startpunkt bei der Bushaltestelle »Eschbachalpe« drei Kilometer weiter taleinwärts. Entweder vom Parkplatz mit dem Bus weiter oder gleich ab Oberstdorf Bus Oberstdorf (Bhf.)–Fellhornbahn–Birgsau (halbstündlich).

Bis Einödsbach breite Schotterstraße, ansonsten alpine Wege, streckenweise etwas matschig, einige sehr anstrengende und steile Anstiege. Insgesamt sehr gute Kondition und Ausdauer erforderlich.

Eschbachalpe ①; Berggasthof Einödsbach ②, Petersalpe ③; Enzianhütte ④; Rappenseehütte ⑤

Traumhafter Bergsee im Rappenalptal

Die Tour zum Rappensee ist eine der schönsten Wanderungen im Oberallgäu, ist allerdings sehr fordernd und geht – insbesondere an heißen Sommertagen – ziemlich an die Substanz. Lohn der Mühe sind wunderschöne Höhenwege im Rappenalptal, gemütliche Einkehrmöglichkeiten unterwegs sowie die weite Wiesenlandschaft mit dem herrlichen Rappensee.

Für Autofahrer ist das Stillachtal südlich der Fellhornbahn gesperrt. Aufgrund der Länge der Tour ist es ratsam, mit dem (halbstündlich verkehrenden) Bus bis zur Haltestelle Eschbachalpe zu fahren (entweder gleich von Oberstdorf oder vom Parkplatz an der Fellhornbahn). Wer vom Parkplatz loswandert, für den verlängert sich die Tour um ca. 90 Minuten (jeweils ca. drei Kilometer hin und zurück durch die Birgsauer Wiesenebene bis zur Haltestelle Eschbachalpe).

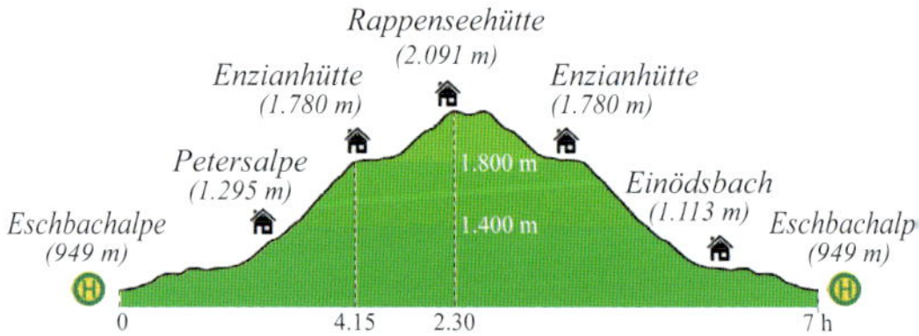

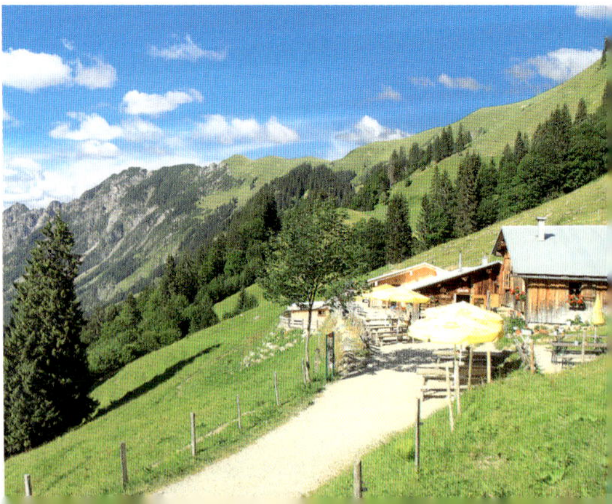

Die Petersalpe

Vom Startpunkt **Bushaltestelle Eschbachalpe** ①, 949 m, sind es nur wenige Schritte bis zum Südende der Wiesenebene, wo sich die Straße gabelt. Wir wählen die linke Schotterstraße und wandern mit gemächlicher Steigung durch lichten Wald hinauf nach **Einödsbach** ②, 1113 m. Überragt von den mächtigen Gipfeln von Trettachspitze und Mädelegabel gehört das kleine Ensemble aus Kapelle und Bauernhäusern zu den bekanntesten Motiven im Allgäu. Hinter dem Gasthaus führt ein schmaler Pfad hinab zum Bacherlochbach und auf der anderen Seite weiter taleinwärts bis zu einer offenen Wiese am Rappenalpbach. Vorbei an einem Steg über den Bach bleiben wir am linken Ufer und steigen steil durch dichten Wald auf oft etwas nassem Pfad hinauf zur **Petersalpe** ③, 1295 m, die uns auf einem sonnigen Wiesenhang erwartet. Dahinter geht es

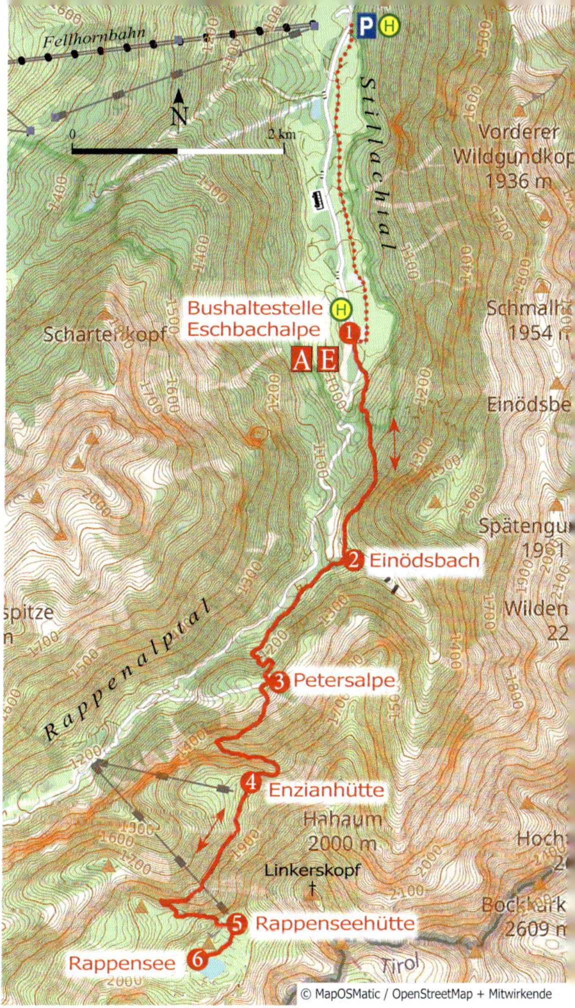

© MapOSMatic / OpenStreetMap + Mitwirkende

erneut steil bergauf, wobei der Weg an vielen Stellen unangenehm matschig und rutschig ist. Schließlich lassen wir die letzten Bäume und Latschenbestände unter uns zurück und erreichen ein weitläufiges Wiesenplateau mit der **Enzianhütte** ④, 1780 m. Ab hier wird unser Weg sehr viel schöner und aussichtsreicher. Unser Blick schweift über die Gipfel des hinteren Rappenalptales, während wir auf einem weitgehend ebenen Pfad durch die schönen Wiesen wandern. Links steigt das Gelände sehr steil zum

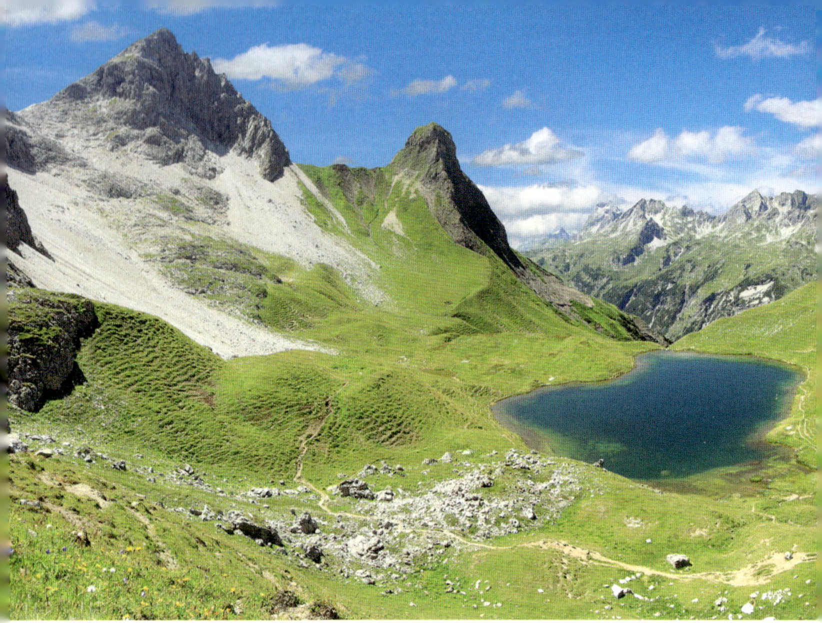

Linkerskopf auf, einem der steilsten Grasberge im Allgäu. Einige kleine Rinnsale, die etwas Konzentration verlangen, sind zu überqueren, ehe der Weg erneut etwas steiler zu einer Passhöhe (1969 m) hinaufführt, hinter der sich eine weite aussichtsreiche Wiesenlandschaft öffnet. Wir halten uns links und steigen in steilen Serpentinen an der nördlichen Abbruchkante dieses Plateaus hinauf zur **Rappenseehütte** ⑤, 2091 m. Das recht gewaltige Unterkunftshaus mit über 350 Schlafplätzen verdankt seine Popularität in erster Linie dem Heilbronner Weg, der von hier über den Allgäuer Hauptkamm hinüber zur Kemptener Hütte im oberen Trettachtal verläuft. Von der Hütte sind es nur wenige Minuten zum wunderschönen **Rappensee** ⑥, 2047 m. Der See liegt inmitten eines weiten Wiesenkessels, der im Halbrund von mächtigen Dolomitgipfeln eingerahmt wird und sich nach Westen öffnet. Ein herrliches Plätzchen für eine ausgiebige Rast. Der Abstieg erfolgt schließlich auf dem Hinweg.

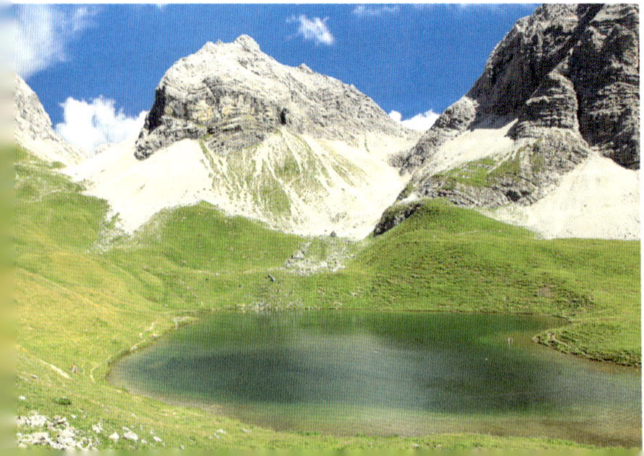

Am Rappensee

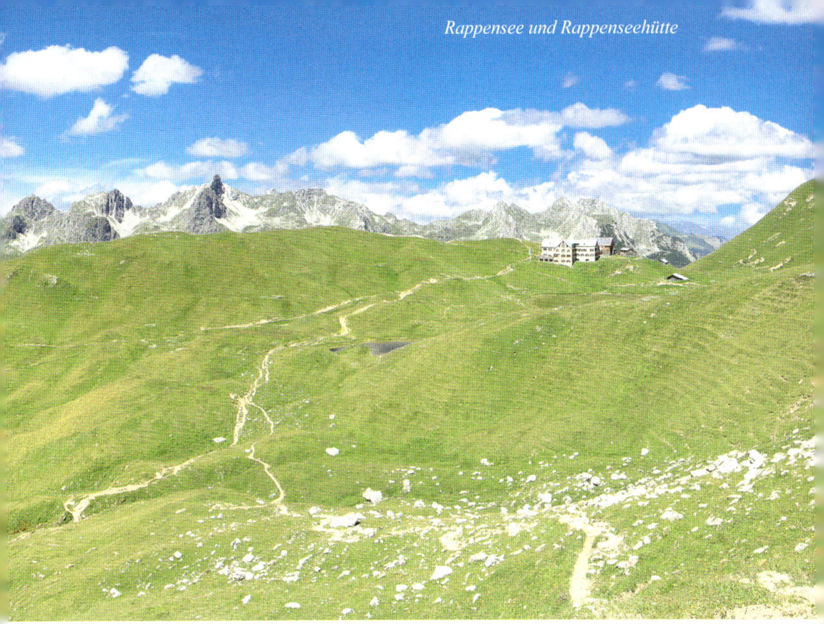

Rappensee und Rappenseehütte

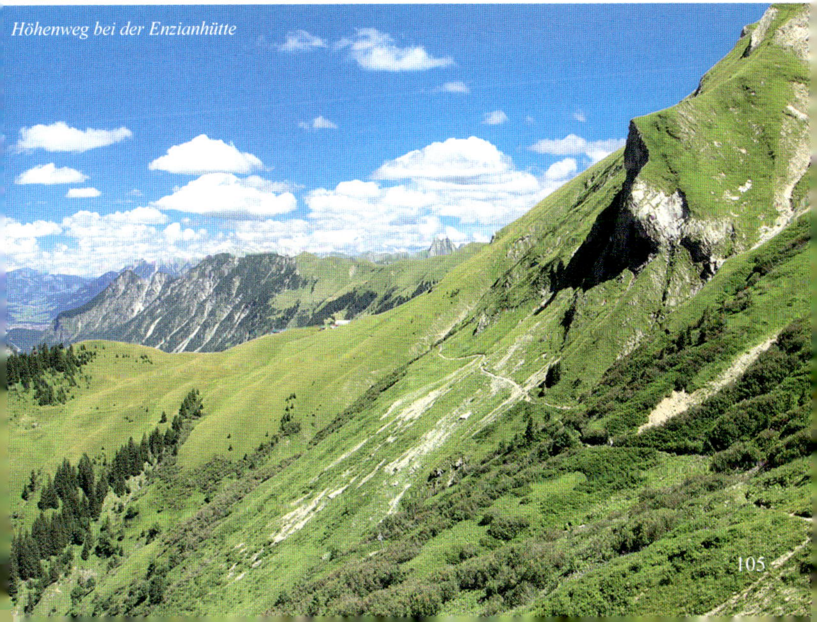

Höhenweg bei der Enzianhütte

36 Auf den Besler

3.15 Std. | 500 Hm | 7,4 km

Riedbergpass-Straße, 1210 m. Ab Fischen ca. 7 km Richtung Balderschwang, Parkplatz auf der linken Straßenseite *(**Navi**: 87538 Obermaiselstein, Riedbergstraße/Herzbergalpe)*; Busse Oberstdorf/Fischen–Balderschwang 3–4 x täglich, Bushaltestelle »Wannenkopfhütte« (am P).

Gute Wege mit einigen Steigungen, beim Abstieg vom Besler über seine Nordseite teils arg matschig, dort ist im Dauerschatten bis weit in den Frühsommer hinein mit Schneeresten zu rechnen.

Obere Gundalpe ④, Schönbergalpe ⑥

Felsgipfel mit beeindruckender Aussicht

Zwar ziehen im Allgäu die hohen, schönen Felsgipfel im Süden unweigerlich die Blicke auf sich, wenn es um Aussichtsberge geht, so sind es allerdings oft die Gipfel in der mittleren Etage, die bei vielen Wanderern die Nase vorn haben. Der Beslergipfel gehört in diese Kategorie, ein etwas kantig wirkender Geselle oberhalb des Riedbergpasses, mit einem großartigen Panorama in Richtung Allgäuer Alpen. Viele Wege führen hinauf, wobei die hier beschriebene Tour etwas länger, aber dafür stiller ist.

Vom **Parkplatz** ①, 1210 m, an der Riedbergpassstraße steigen wir kurz hinab in den Talgrund der Schönberger Ach und links vorbei an der **Herzbergalpe** ②, 1200 m. Gleich hinter der Alphütte folgen wir rechts einem schmalen Weg und steigen über Wiesen und dann im Wald schräg hinauf zum **Jagdhaus Schwarzenberg** ③, 1334 m. Dort halten wir uns rechts und wandern auf dem »Königsweg« weiter durch schönen Bergwald bergan, bis wir den Kamm und offene Almwiesen erreichen, mit einem ersten freien Blick in Richtung Süden. Kurz darauf stoßen wir auf einen Schotterweg, auf dem wir schräg über

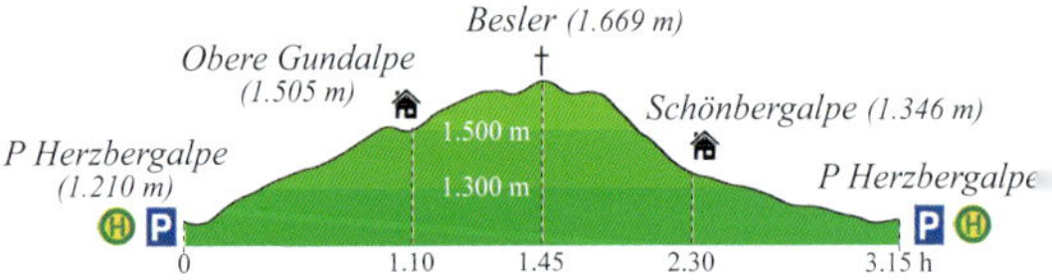

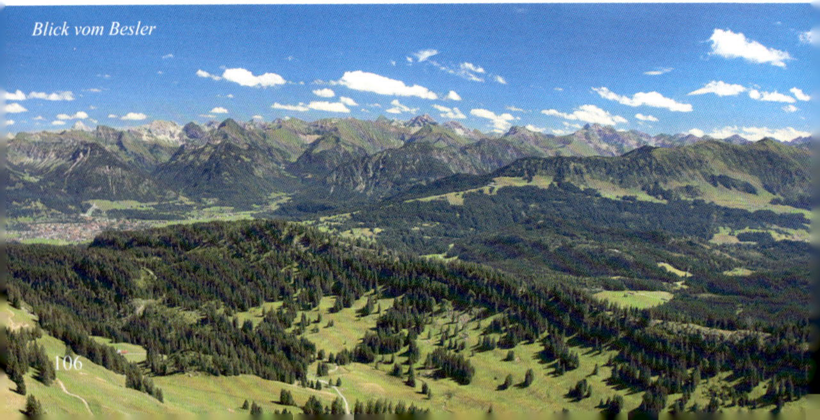
Blick vom Besler

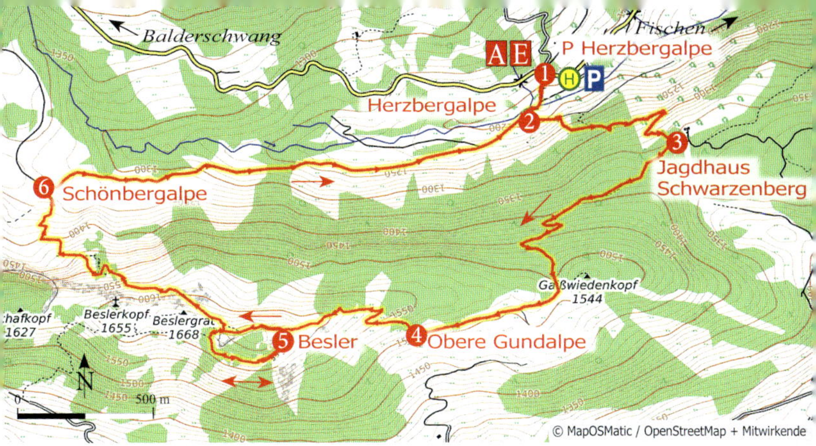

freie Almflächen zur **Oberen Gundalpe** ④, 1505 m, hinüberwandern. Von hier bringt uns ein recht steiler Weg hinauf zum Fuß des mächtigen Felsblocks, der den eigentlichen Besler-Gipfel bildet. Wer gerne kraxelt, kann hier über eine steile, schräge und teils seilgesicherte Felsrinne direkt zum Gipfel hinaufklettern. Nicht wirklich schwierig, aber für den einen oder anderen Wanderer vielleicht doch etwas zu viel Nervenkitzel…Entspannter, aber etwas länger ist der Normalweg »hintenrum«: dazu gehen wir geradeaus direkt unterhalb der senkrechten Felswand entlang gut 250 Meter bis zu deren Westende, dort links über den Kamm, auf der anderen Seite erneut links und über die bewaldete Südflanke auf den **Besler-Gipfel** ⑤, 1680 m. Der Ausblick vom Felsplateau ist phantastisch: Der Blick gleitet von Riedbergerhorn und Lochbachtal bis über die gesamte Kette des Allgäuer Hauptkamms. Bei aller Pracht ist allerdings Vorsicht geboten, insbesondere wer mit Kindern unterwegs ist: es geht auf zwei Seiten senkrecht steil bergab, und wegen des verkarsteten Kalkgesteins ist das Plateau recht holprig und voller Stolperstellen.

Wir wandern über den südseitigen Normalweg zurück, wechseln wieder über den Grat auf die Nordseite des Berges und halten uns dort links. Gleich darauf passieren wir ein großes Geröllfeld mit mächtigen, wild herumliegenden Felsbrocken. Dann geht es über den steilen und streckenweise recht matschigen, weil fast das gesamte Jahr schattigen Nordhang des Beslerkopfes hinunter zur **Schönbergalpe** ⑥, 1346 m. Dort wenden wir uns nach rechts und wandern bei angenehmem Gefälle über Wiesen und Weiden parallel zur Schönberger Ach zurück zur Herzbergalpe und zum Parkplatz.

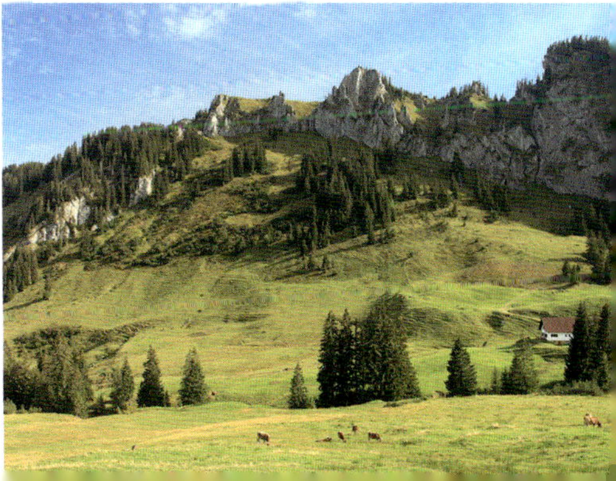

Besler und Schönbergalpe

37 Aufs Riedbergerhorn

2 Std. | 350 Hm | 4,4 km

Parkplatz Grasgehren am Riedbergpass, 1438 m. Ab Fischen ca. 9 km Richtung Balderschwang (**Navi**: *87538 Obermaiselstein, Riedbergstraße*); Bus Oberstdorf/Fischen–Balderschwang 3–4 x täglich.

Alpines Gelände, aber überwiegend gut zu gehende Wege. Teils recht steile Serpentinen und Anstiege, nach Regentagen teils matschig.

Berggasthütte Grasgehren ①

Einfacher Grasgipfel mit großem Panorama

Das Riedbergerhorn ist ohne Frage einer der schönsten und beliebtesten Aussichtsberge im Oberallgäu. Ein hübscher Grasberg mit sanften Hängen, der den weiten Almkessel von Grasgehren überragt und dank seiner exponierten Lage ein unverstelltes 360-Grad-Panorama auf die Allgäuer Alpen, die Nagelfluhkette und den Bregenzerwald bietet. Und da man auf der Riedbergpassstraße bereits auf über 1400 m Meereshöhe gelangt, sind die Wege hinauf recht kurz.

Am Scheitelpunkt des Riedbergpasses auf gut 1400 m führt eine kurze Stichstraße in den Talkessel von Grasgehren hinein mit seinen weiten Almwiesen. Der große Parkplatz verdankt seine Ausdehnung in erster Linie seiner Bedeutung als sehr beliebtes Skigebiet, aber auch im Sommer locken die Gipfel zahlreiche Gäste an. Insbesondere das Riedbergerhorn, dessen nahe Wiesenkuppe schräg vor uns in den Himmel ragt. Wir lassen die **Berggasthütte Grasgehren** ①, 1440 m, hinter uns und wandern auf einem

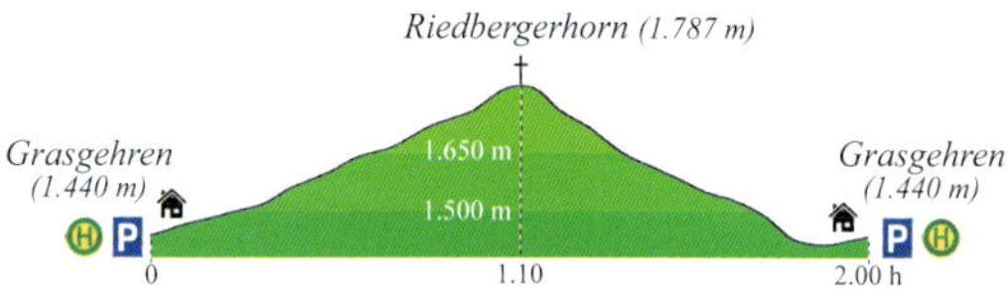

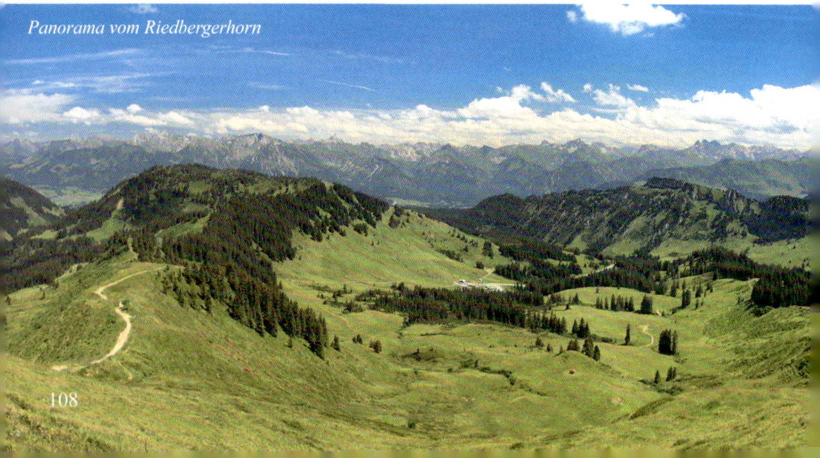

Panorama vom Riedbergerhorn

breiten Schotterweg – stetig ansteigend – in nördlicher Richtung durch eine Landschaft mit weiten Wiesen und offenen Almflächen, denen die herumstreunenden Kühe den letzten typischen Allgäu-Schliff geben. Während sich hinter uns – jenseits der Riedbergpassstraße – der breite Felsenkamm des Beslers erhebt, gewinnen wir allmählich immer mehr an Höhe und erreichen nach einigen recht steilen Kehren schließlich einen Sattel (1616 m), den Übergang zum Bolgenach-Tal. Auf dessen Nordseite erheben sich weitere Gipfel wie Weiherkopf und Ochsenkopf, jenseits davon bildet die Nagelfluhkette den Hintergrund. Wir wenden uns hier nach links und steigen auf dem schmalen Grat weiter gipfelwärts. Mit jedem gewonnenen Meter wird die Aussicht schöner, links in der Ferne rücken immer mehr die Allgäuer Alpen ins Blickfeld, mit dem Besler genau im Süden und den Gottesackerwänden dahinter. Zum Schluss noch einige letzte Serpentinen, dann haben wir das weitläufige Gipfelplateau des **Riedbergerhorns** ②, 1787 m, erreicht. Welch ein Panorama! Die Aussicht ist uneingeschränkt und reicht von den Allgäuer Alpen und den Gipfeln des Bregenzerwaldes über das nahe Balderschwanger Tal bis hinüber ins Illertal. Der Gipfel ist meist gut besucht, aber auf seinen ausgedehnten Wiesen dürfte jeder ein ruhiges Plätzchen finden.

Der Abstieg erfolgt über den Südhang: Anfangs geht es recht steil und auf etwas gerölligem Untergrund in Serpentinen abwärts, dann wird das Gefälle allmählich etwas angenehmer und wir wandern weiter bergab. Schließlich verlassen wir den Kamm, wenden uns nach links und steigen am Rand eines Wiesenhanges hinab nach Grasgehren.

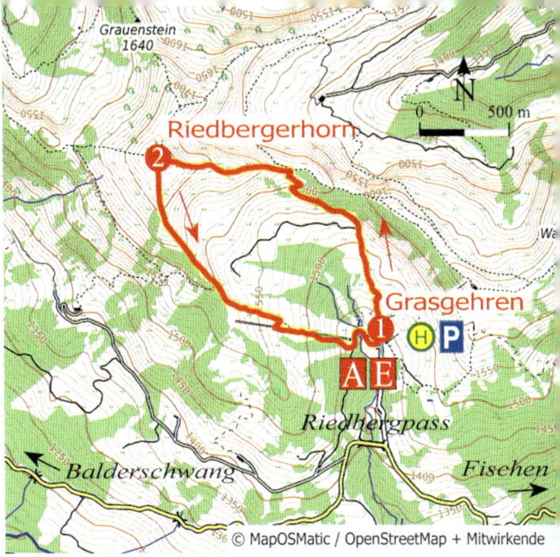

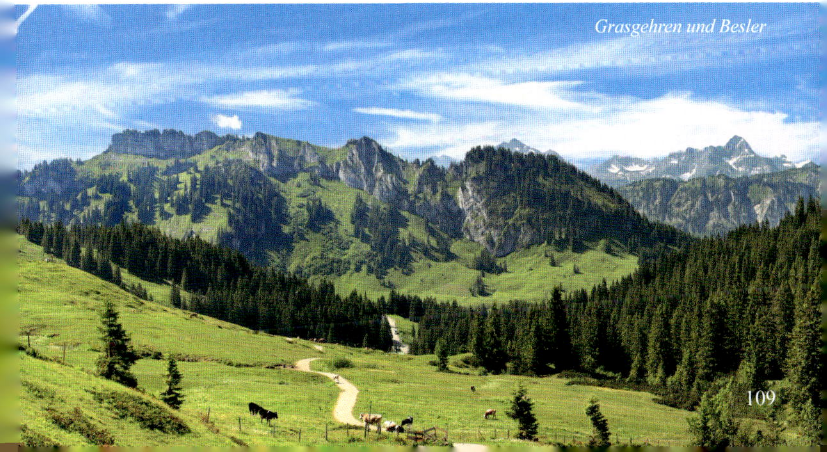

Grasgehren und Besler

38 Auf den Siplingerkopf

3.30 Std. | 700 Hm | 8,5 km

Balderschwang, 1044 m. Ab Fischen ca. 17 km über den Riedbergpass nach Balderschwang, Parkplätze ca. 300 m östlich des Ortes entlang der Hauptstraße (***Navi**: 87538 Balderschwang, Dorf 16)*; Bus Oberstdorf/Fischen–Balderschwang 3–4 x täglich.

In der unteren Hälfte breite, mäßig steile Almstraßen, am Siplingerkopf einige ausgesetzte, steile Passagen, bei Nässe wegen des glatten Nagelfluhgerölls unangenehm.

keine Einkehr unterwegs

Schöner Aussichtsberg im Balderschwanger Tal

Das dünn besiedelte Balderschwanger Tal führt im Oberallgäu etwas ein Schattendasein. Durch den hohen, Riedbergpass vom Illertal getrennt, wirkt es etwas abgelegen und scheint sich eher Richtung Vorarlberg zu orientieren. Und auf den ersten Blick meint man wenig Spektakuläres zu entdecken. Doch weit gefehlt! Den Bergen ringsum fehlt zwar das markante, felsige, das im Illertal so präsent ist, aber wer auf die Gipfel hinaufsteigt, wird begeistert sein von den weiten Ausblicken, den freien Wiesen in den alpinen Höhen und den stillen Wegen. Diese schöne Tour führt uns hinauf auf den Siplingerkopf, einen der höchsten Gipfel im weiten Rund mit phantastischer Rundsicht – und etwas leichter Kraxelei.

Gleich am Parkplatz vor **Balderschwang** ①, 1044 m, beginnt ein Wirtschaftsweg, auf dem wir – vorbei an einem Bauernhof – unseren Anstieg beginnen. Es geht mäßig steil über offene Wiesenhänge bergwärts, wobei wir nach wenigen Minuten eine 2000-jährige Eibe passieren, die – bei allem Respekt vor ihrem außergewöhnlich hohen Alter – nicht besonders bemerkenswert ist. Wir steigen weiter aufwärts, vorbei an der **Oberen Socheralpe** ②, 1256 m,

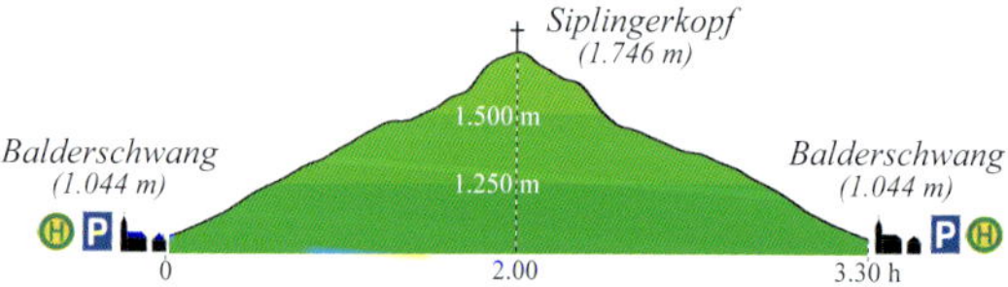

Obere Wilhelminealpe

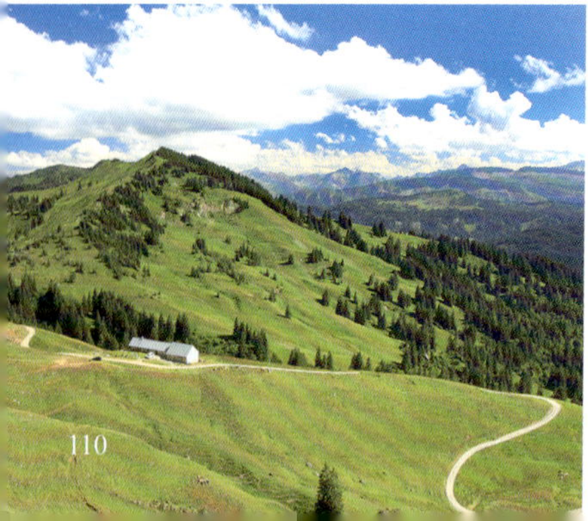

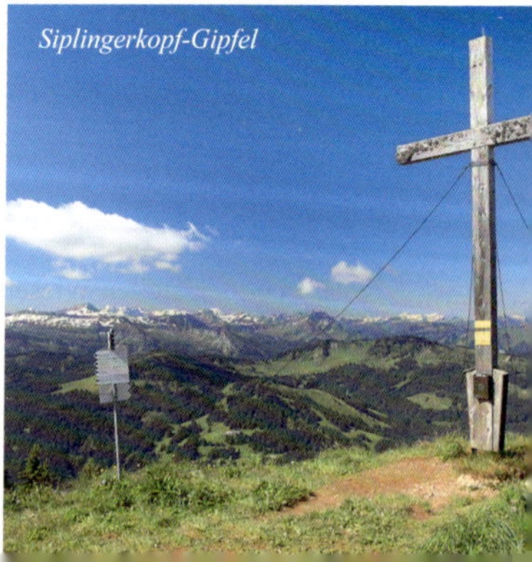

Siplingerkopf-Gipfel

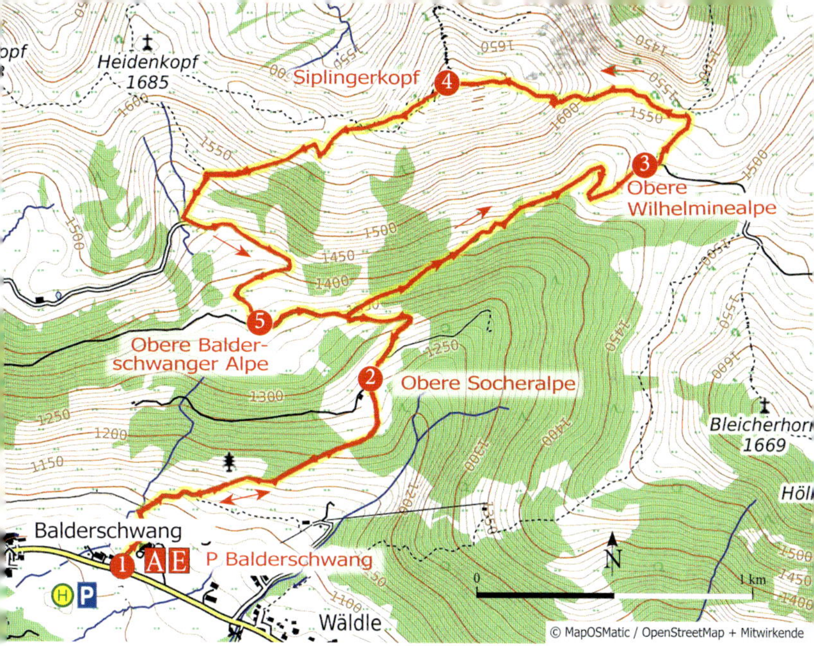

am folgenden Abzweig rechts und stetig weiter bergan – mal durch Wald, mal über Wiesen – bis zu einer Wiesenschulter, auf der die **Obere Wilhelminealpe** ③, 1515 m, thront. Links über uns erhebt sich unser Ziel, der Siplingerkopf. Von der Hütte steigen wir etwas weglos quer über den Wiesenhang bis zum nahen Grat hinauf und dort links Richtung Siplingerkopf. Der folgende Anstieg zwischen den teils senkrecht stehenden Nagelfluhwänden hindurch ist streckenweise recht steil und durch loses Nagelfluhgeröll unangenehm, die Aussicht ist allerdings beeindruckend und wird mit jedem gewonnenen Höhenmeter umfassender. Schließlich wird das Gelände einfacher und wir wandern über einen breiten Wiesenkamm hinauf zum Gipfelkreuz des **Siplingerkopf** ④, 1746 m, von wo wir einen uneingeschränkten, phantastischen Rundblick genießen können: im Norden das Gunzesrieder Tal mit der Nagelfluhkette, im Süden tief unter uns das Balderschwanger Tal, dahinter die Gipfel des Bregenzerwaldes und im Südosten die ferne Gipfelparade der Allgäuer Alpen. Nach ausgiebiger Rast erwartet uns nun ein etwas ausgesetzter Gratweg. Wir steigen vom Gipfel Richtung Westen ca. 100 Höhenmeter auf dem schmalen Pfad ab, der sich mal direkt auf, mal neben dem Grat entlangzieht. Am tiefsten Punkt, bevor der Kamm wieder ansteigt, zweigt links ein Weg ab, dem wir über den steilen Wiesenhang abwärts folgen. Schließlich stoßen wir auf eine Almstraße, halten uns links und wandern hinab zur **Oberen Balderschwanger Alpe** ⑤, 1369 m. Etwas später erreichen wir wieder den Aufstiegsweg und wandern auf diesem – vorbei an der Oberen Socheralpe und der alten Eibe – zurück zum Ausgangspunkt.

39 Vom Hirschsprung zur Judenkirche

3.00 Std. | 260 | 6,9 km

Kleiner Wanderparkplatz »Sturmannshöhle« am Hirschsprung (enge Felspassage) an der Straße Tiefenbach–Obermaiselstein, 882 m *(**Navi**: 87561 Oberstdorf-Tiefenbach, Lochbachstraße)*; Bus ab Oberstdorf und Fischen via Obermaiselstein mit Halt am »Hirschsprung« (ca. stündlich).

Gute, breite Wald- und Schotterwege, zur Judenkirche steil hinauf.

Keine Einkehr unterwegs

Stille Wege rund um den Ochsenberg

Am westlichen Illertalrand zwischen Oberstdorf und Fischen erhebt sich ein einzeln stehender, dicht bewaldeter Bergrücken, der Ochsenberg. Auf dieser sehr stillen Wald- und Wiesen-Wanderung umrunden wir den Berg und erkunden unterwegs zwei geologische Sehenswürdigkeiten: den Hirschsprung, einen hohen, engen Felsdurchlass, sowie die Judenkirche, einen beeindruckenden Felsbogen mitten im tiefen Wald.

Wir starten die Tour am **Hirschsprung** ①, 882 m, einem Felsdurchbruch an der Straße von Obermaiselstein nach Tiefenbach, so schmal, dass gerade Platz für die Straße bleibt. Der Legende nach rettete sich einst ein Geweihträger durch einen beherzten Sprung hinüber vor seinen Verfolgern. Zu Beginn erwartet uns ein etwa 500 Meter langes, enges Tal mit hoch aufragenden, hellen Felswänden, vor Jahrtausenden von der damaligen Breitach auf ihrem Weg vom Kleinwalsertal ins Illertal geschaffen, ehe sie sich in Form der Breitachklamm eine Abkürzung in den Untergrund fräste.

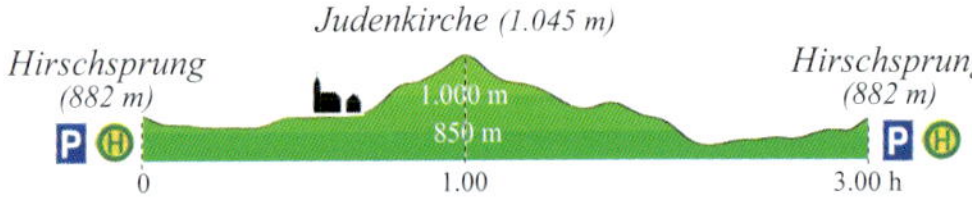

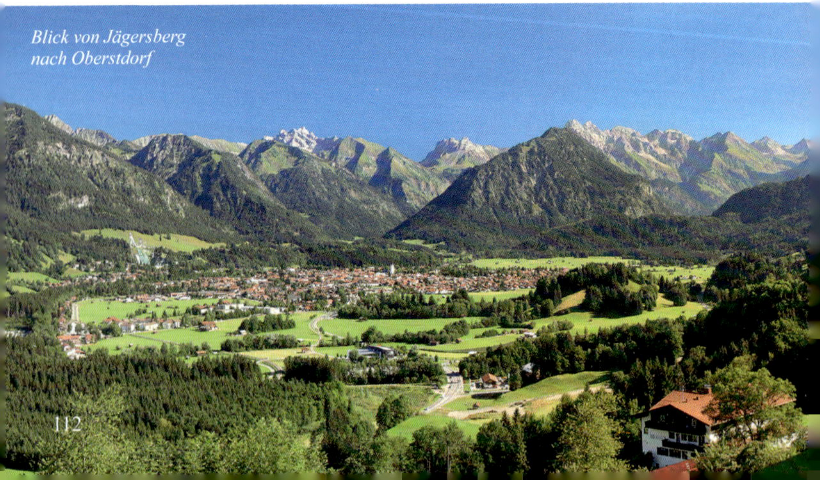

Blick von Jägersberg nach Oberstdorf

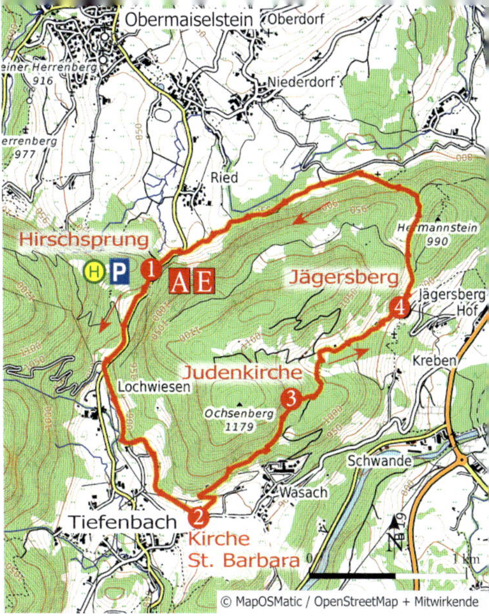

Wir wandern durch den engen Talabschnitt auf einem Fußweg entlang der ruhigen Straße, bis sich das Tal etwas weitet. Dort halten wir uns schräg links und folgen einem Weg am Waldrand entlang, um kurz darauf erneut links abzubiegen und gut 100 Meter bergan zu steigen. Dann geht es auf einem angenehmen Weg durch offene Wiesen hindurch zur schönen **Kirche St. Barbara** ②, 890 m.

Von dort zieht sich der Wanderweg steil den mit einem herrlichen Laubwald bestandenen Hang hinauf, vorbei an einer – bei Kletterern sehr beliebten – Felswand aus hellem Schrattenkalk bis zu einer kleinen Wiese mit einem schönen Ausblick auf den Oberstdorfer Talkessel. Dort halten wir uns links und erreichen nach einem recht steilen Anstieg den höchsten Punkt der Wanderung, die sogenannte **Judenkirche** ③, 1045 m: ein beeindruckender Felsbogen aus hellem Kalkgestein, deren seltsamer Name seinen Ursprung im Mittelalter hat und darauf schließen lässt, dass den damaligen Bewohnern der Gegend dieser Ort irgendwie fremd und heidnisch erschien.

Von der Judenkirche geht es auf einem Waldweg steil bergab, bis wir nach wenigen Minuten auf einen Wirtschaftsweg stoßen. Entlang einiger Hütten, Wiesen und Obstbäume steigen wir hinab zum Hof von **Jägersberg** ④, 901 m, von wo sich uns ein schöner Blick auf Oberstdorf und die Allgäuer Alpen bietet.

Wir halten uns links, bewältigen einen kurzen Anstieg und folgen dann den Wegweisern zum Hirschsprung. An der nächsten Weggabelung rechts, dann allmählich bergab, bis nach knapp 15 Minuten links ein schmaler, schöner Waldweg abzweigt, auf dem wir – vorbei an einem kleinen Wasserfall – kurz darauf den Waldrand erreichen.

Vor uns breiten sich die Wiesen von Obermaiselstein aus, im Hintergrund erheben sich Weiherkopf und Wannenkopf. Durch diese Wiesen laufen wir ohne größere Steigungen in 20 Minuten zurück zu unserem Ausgangspunkt am Hirschsprung.

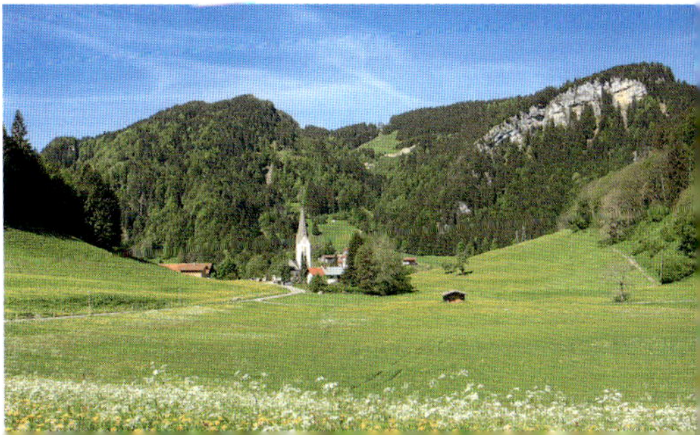

Tiefenbach und Kirche St. Barbara

40 Hörnerbahn und Bolgental

3.15 Std. | 100 / 700 | 9 km

Bolsterlang, Hörnerbahn oberhalb des Ortes, 940 m (**Navi**: *87538 Bolsterlang, Hörnerstraße)*; Bus Oberstdorf–Fischen–Bolsterlang–Ofterschwang alle 1 bis 2 Std.

Hörnerbahn: Kleinkabinenbahn, Betriebszeiten ca. Anfang Mai–Anfang November, 8.30–16.30 h, www.hoernerbahn.de, Talstation 940 m, Bergstation 1540 m.

Leichte Wanderung auf breiten Wegen (teils Teerstraße), fast nur bergab; gegen Ende ein paar steilere Wegstücke.

Hörni`s Nest ②; Berghaus Schwaben ③; Bolgenalpe ④; Zunkleitenalpe ⑤

Weite Almwiesen und offene Grasberge

Auf dieser Tour wandern wir an den oberen Hängen des schönen Bolgentales weit in Richtung Talschluss unterhalb des Riedbergerhorns, ehe wir durch das hübsche Tal entlang einiger einladender Alphütten abwärts steigen. Zum Ende der Wanderung wartet in Gestalt des Sonderdorfer Kreuzes eine beeindruckende Aussichtskanzel hoch über dem Illertal. Eine gemütliche Tour voller Abwechslung und fast ohne Anstieg.

Die Hörnerbahn bringt uns entspannt von **Bolsterlang** ①, 940 m, hinauf zur **Bergstation** ②, 1540 m, die auf einem kleinen Plateau zwischen Weiherkopf und Bolsterlanger Horn thront. Von hier haben wir einen schönen Blick über das gesamte Bolgental bis hin zum Riedbergerhorn, welches das Tal in der Ferne abschließt. Bevor wir die eigentliche Wanderung beginnen, können wir uns noch einen Besuch des Weiherkopf-Gipfels gönnen, wobei der Anstieg hinauf zwar nicht allzu lang, aber doch recht knackig ist. 125 Höhenmeter höher erwartet uns dafür ein großartiges Panorama über das Illertal und die

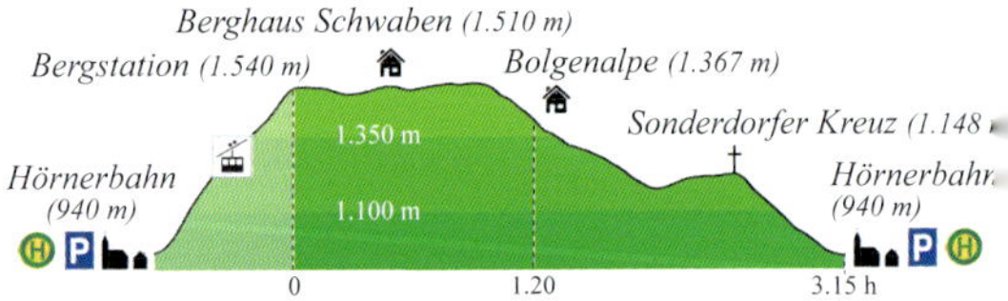

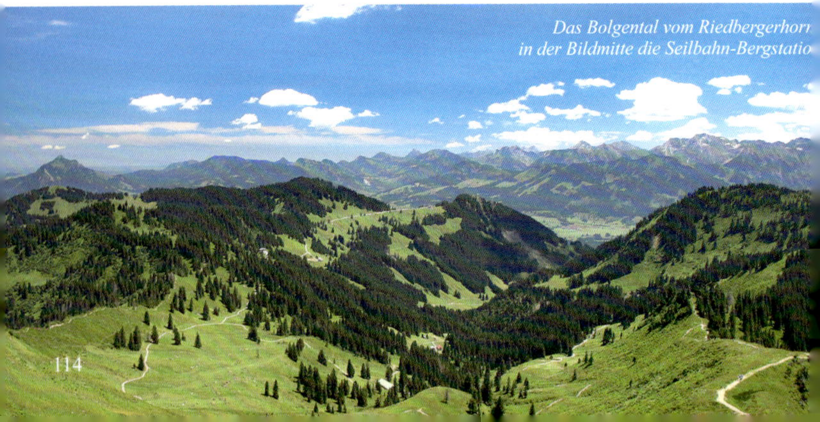

Das Bolgental vom Riedbergerhorn, in der Bildmitte die Seilbahn-Bergstatio

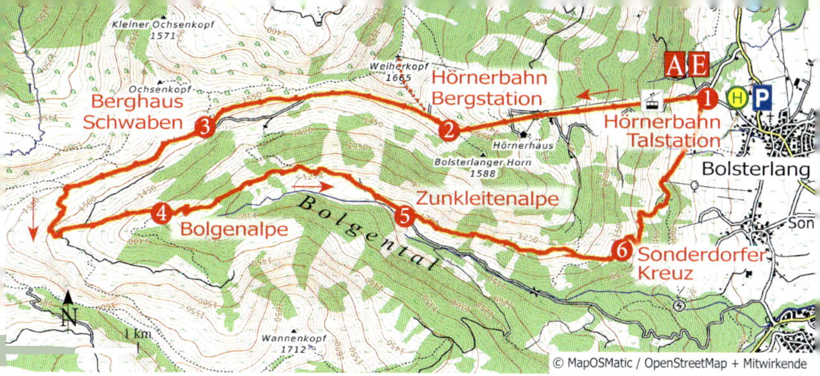

Allgäuer Alpen. Wieder zurück, dürfen wir uns nun ganz auf die heutige, recht gemütliche, weil weitgehend bergab führende Tour konzentrieren. Dazu wandern wir auf dem breiten Weg westwärts, bis nach etwa einem Kilometer – wo der Hauptweg etwas an Höhe verliert – rechts ein Pfad abzweigt, auf dem wir zum **Berghaus Schwaben** ③, 1510 m, hinüberspazieren. Und auch der weitere Weg bleibt leicht und angenehm zu gehen, gewinnt fast unmerklich an Höhe, während wir immer weiter ins Bolgental eindringen. Eine sehr idyllische, typisch allgäuerische Alplandschaft erwartet uns mit offenen Wiesen, hier und da eine kleine Baumgruppe, und im weiten Rund die grünen, grasbewachsenen Hänge der sanften Flyschberge. Bevor der Weg im weiten Linksbogen durch diese Wiesen hinüber zu einer Passhöhe (Richtung Grasgehren) zieht, biegen wir an einem Abzweig links ab und beginnen unseren Abstieg. Nach wenigen Minuten gelangen wir zur (Oberen) Bolgenalpe, biegen scharf links ab und wandern auf einer Almstraße hinunter zur **(Unteren) Bolgenalpe** ④, 1368 m, sowie etwas später zur direkt an der Bolgenach gelegenen **Zunkleitenalpe** ⑤, 1178 m. Dort lassen wir den Talboden hinter uns und folgen einem schmalen Pfad (Wegweiser »Hörnerbahn Talstation«), der sich gemächlich einen sonnigen Wiesenhang hinaufzieht und dabei die steilen Südflanken des Bolsterlanger Horns quert, während das Rauschen der Bolgenach allmählich zurückbleibt. Dann weitet sich das Tal und wir wandern über eine aussichtsreiche Wiese allmählich abwärts bis zu einem wunderschönen Aussichtspunkt beim **Sonderdorfer Kreuz** ⑥, 1148 m, oberhalb des gleichnamigen Dorfes. Vor uns breitet sich das Illertal aus, im Hintergrund reicht die Kulisse vom Kratzer im Süden bis zum Grünten im Norden; genau gegenüber sind Nebelhorn und Rubihorn zu erkennen. Hinter dem Kreuz geht es in einigen Kehren steil über eine Wiese bergab, durch ein kleines Wäldchen und schließlich auf einem Schotterweg hinunter zum Parkplatz an der Talstation.

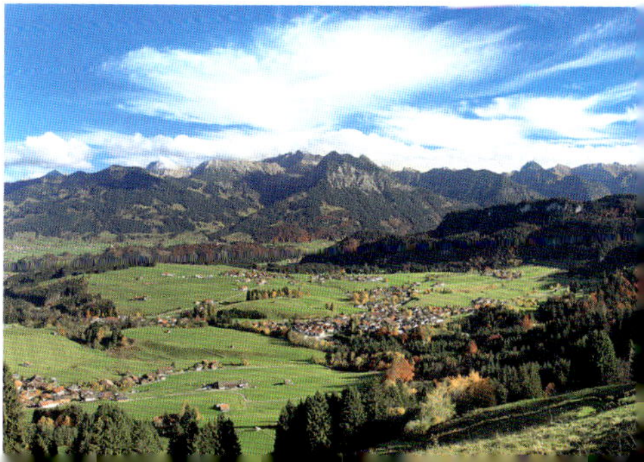

Blick vom Sonderdorfer Kreuz

41 Über die Hörnerkette

2.15 Std. | 450 / 200 | 5,5 km

Ofterschwang, Weltcupexpress oberhalb des Dorfes, 880 m (*Navi: 87527 Ofterschwang, Panoramaweg 7*); Bus Sonthofen–Bolsterlang ca. alle 1 bis 2 Std.

Weltcupexpress: Sessellift, Betriebszeiten ca. Anfang Mai–Anfang November, 9–16:30 h, www.go-ofterschwang.de, Talstation 880 m, Bergstation 1294 m.

Endpunkt: Bolsterlang *Hörnerbahn:* Kleinkabinenbahn, Betriebszeiten ca. Anfang Mai–Anfang November, 8.30–16.30 h, www.hoernerbahn.de, Bergstation 1540 m, Talstation 940 m, Rückfahrt zum Ausgangspunkt mit Bus Bolsterlang–Sonthofen (ca. alle 1 bis 2 Std.).

Weitgehend leichte Wanderung auf meist gut begehbaren Wegen, teils Almwiesen, teils Wald, mit kurzen, steileren Passagen (nach Regentagen teils matschig).

Weltcuphütte ②; Fahnengehrenalpe ④; Hörni`s Nest ⑦

Beliebte Panoramatour hoch über dem Illertal

Zwischen Sonthofen und Fischen wird das Illertal von der sogenannten Hörnerkette begleitet, einem mäßig hohen Bergrücken, aus dem einige Gipfel – die »Hörner« – herausragen. Diese Berge machen aus dem Tal einen etwas unscheinbaren Eindruck, gehören aber zu den schönsten Aussichtskanzeln der Region. Nicht ohne Grund führen zwei Seilbahnen hinauf und erschließen einen wunderschönen Höhenweg mit großen Panoramen. Eine herrliche, allerdings auch sehr beliebte Tour.

Von **Ofterschwang** ①, 880 m geht es gemütlich hinauf zur **Weltcupexpress-Bergstation** ②, 1294 m (mit der Weltcuphütte nebenan), wo wir uns links halten und auf dem breiten Fahrweg gemächlich bergan spazieren. Nach knapp 15 Minuten zweigt rechts – am höchsten Punkt des Fahrweges – ein Trampelpfad ab, der uns steil über eine Wiese hinauf zum nahen Gipfelkreuz des **Ofterschwanger Horns** ③, 1406 m, bringt. Wie auch bei den folgenden Gipfeln dieser Tour handelt es sich nicht wirklich um ein »Horn«, sondern um eine breite Wiesenkuppe. Die Aus-

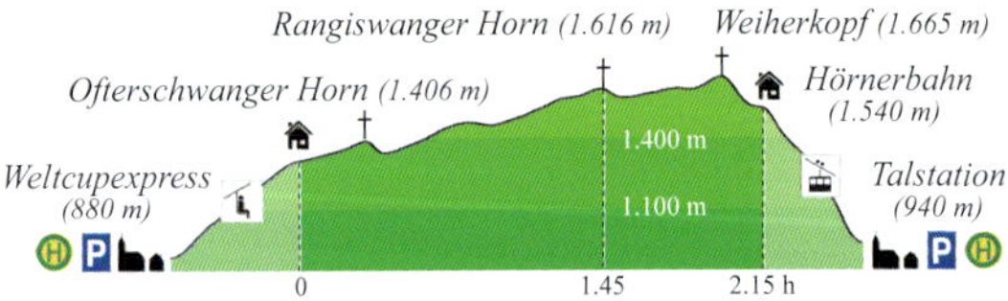

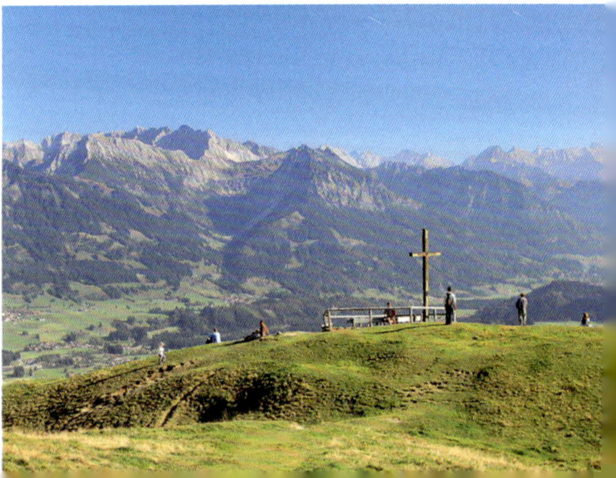

sicht von oben über das weite Illertal zu unseren Füßen mit den Gipfeln der Allgäuer Alpen im Hintergrund ist allerdings sensationell.

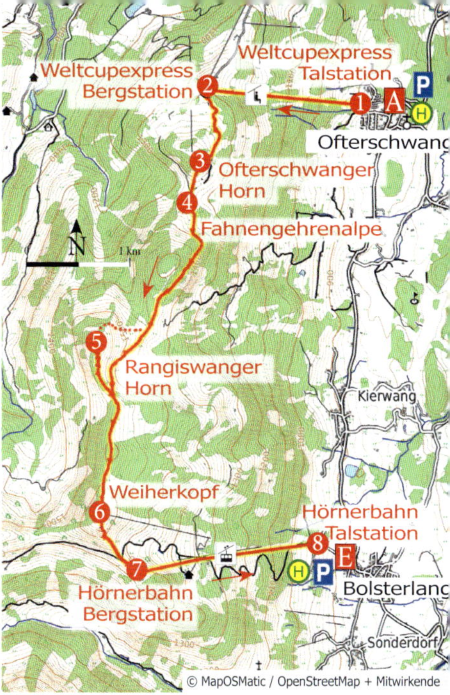

Der Abstieg erfolgt über einige enge Kehren den steilen Südhang hinab zur nahegelegenen **Fahnengehrenalpe** ④, 1330 m, bevor der Weg durch einen recht urwüchsigen Wald langsam wieder an Höhe gewinnt. Unterhalb des Rangiswanger Horns gelangen wir wieder in freies Almgelände. Der Anstieg zu dessen Gipfel über die Nordostflanke ist recht steil und zieht sich in vielen Kehren durch ausgewaschene Erosionsrillen hinauf. Nach Regentagen ist es hier oft unangenehm rutschig und der Hang selber trägt die unschönen Spuren der vielen Wanderer, die sich alle einen halbwegs trockenen Weg gesucht haben. Deshalb ist es oft ratsamer, über die Südseite aufzusteigen: dazu dem Hauptweg noch etwas in südlicher Richtung bis zu einem Grat folgen, dann dort scharf rechts und gemütlich in wenigen Minuten hinauf zum Gipfelkreuz. Oben angekommen auf der Kuppe des **Rangiswanger Horns** ⑤, 1616 m, erwarten uns wieder eine ausgedehnte Wiese und ein prächtiger Rundblick, der auch hinüber ins westlich gelegene Gunzesrieder Tal reicht. Der Abstieg vom Gipfel über seine Südflanke trifft nach wenigen Minuten wieder auf den Hauptweg (1563 m). Wir durchqueren ein kleines Waldstück und stehen plötzlich am oberen Rand eines ausgedehnten, hübschen Hochmoors, durchsetzt von einigen knorrigen Fichten und im Hintergrund eingerahmt von den Gipfeln der Allgäuer Alpen. Hinter dem Moor folgt noch ein letzter, recht steiler Anstieg hinauf zum **Weiherkopf** ⑥,1665 m, dem höchsten Punkt auf unserer Tour mit einer ebenso schönen Aussicht wie seine Vorgänger.

Als letzte Etappe erwartet uns ein kurzer, aber sehr steiler Abstieg hinunter zur **Bergstation der Hörnerbahn** ⑦, 1540 m sowie die Seilbahnfahrt hinab zur Talstation oberhalb von **Bolsterlang** ⑧, 940 m.

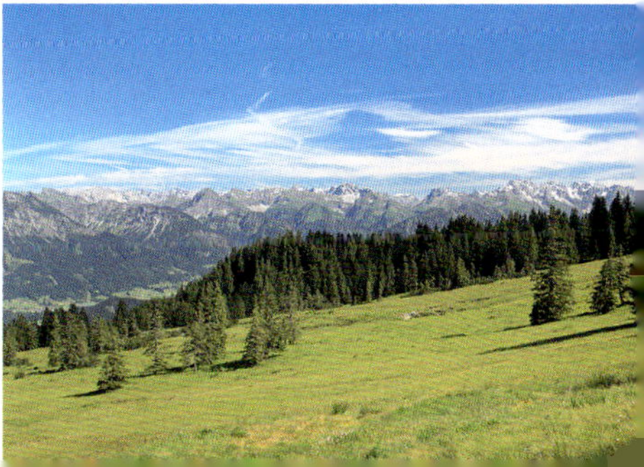

Hochmoor am Weiherkopf

42 Wittelsbacher Höhe und Tiefenberger Moos

2.30 Std. | 100 Hm | 6,4 km

Straße zwischen Tiefenberg und Muderbolz, Parkplatz, 796 m; Von der B19 Sonthofen–Oberstdorf ca. 3 km südlich von Sonthofen (Ampel auf einer Kuppe) nach Westen und ca. 1,5 km Richtung Ofterschwang, Parkbuchten rechts und links der Straße *(**Navi**: 87527 Ofterschwang, Muderbolz).*

Breite, leichte Wege, kaum Steigungen, eher Spaziergang-Charakter.

Café Mayr in Schweineberg ③

Stille Wege im Illertal

Zwischen der langen Hörnerkette auf der westlichen Illertalseite und dem tischebenen Talboden breitet sich die sogenannte »Westliche Illerterrasse« aus, eine leicht gewellte, etwas abgeschieden wirkende Landschaft mit weiten Wiesen, versteckten Hochmooren, verstreut liegenden Bauernhäusern sowie schönen Ausblicken auf die umliegenden Berggipfel; eine stille Seite des Allgäus, die wir auf dieser gemütlichen Wanderrunde durchstreifen.

Vom **Parkplatz am Moor** ①, 796 m, gelangen wir in wenigen Schritten zum Rand des Hochmoores, halten uns links, um dann – nach ca. 100 Metern – rechts auf einem schmalen Pfad ins Moor hineinzuwandern. Es geht durch lichten Wald und später durch eine hübsche Moorlandschaft weiter, wobei wir uns an zwei Abzweigungen jeweils rechts halten. An der dritten Kreuzung – am westlichen Rand des Moores – nehmen wir den Weg geradeaus (Richtung Muderbolz), queren kurz eine Wiese, um dann im Wald leicht bergauf und auf breitem Weg zu einem Reiterhof hinüberzugehen. Dahinter überqueren wir die Straße, 20 Meter rechts und auf der gegenüberliegenden Seite einen breiten Weg zwischen Weideland leicht bergan bis zu einer (schmalen, kaum befahrenen) Straße.

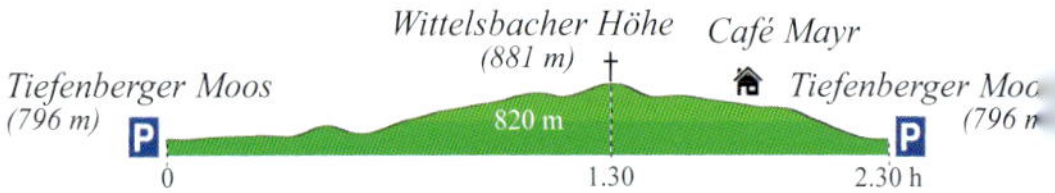

Tiefenberger Moos (u.)
Wittelsbacher Höhe (S. 119)

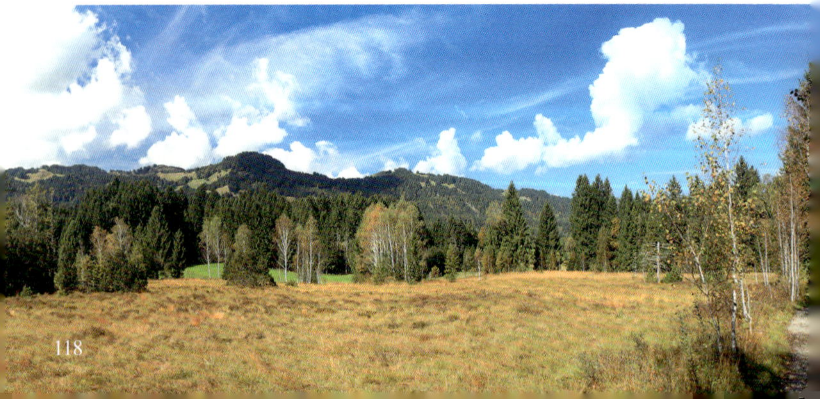

Dieser folgen wir etwa 250 Meter rechts, dann biegen wir links in einen Wirtschaftsweg ein. Nach weiteren 250 Metern (in einer Linkskurve) verlassen wir diesen, gehen rechts einen Wiesenweg hinauf und erreichen nach wenigen Metern links einen kleinen Wald. Durch diesen hindurch und schließlich rechts am Waldrand über eine kleine Kuppe. Direkt vor uns thront eine schöne Linde oben auf einer Anhöhe. Auf einem Schotterweg wandern wir im weiten Linksbogen durch Wald und später über Wiese hinauf zur **Wittelsbacher Höhe** ②, 881 m, einem lauschigen Plätzchen mit einer großartigen Aussicht. Anfangs geht es auf gleichem Weg zurück durch den Wald, dann auf dem Schotterweg hinüber zum nahen Ort Schweineberg mit dem **Café Mayr** ③, 841 m. Von dort gehen wir etwa 250 Meter auf der Autostraße westwärts, wenden uns hinter einem letzten, einzelstehenden Haus links und spazieren über einen aussichtsreichen Wiesenweg an der großen Hotelanlage der Sonnenalp vorbei hinunter zum Parkplatz.

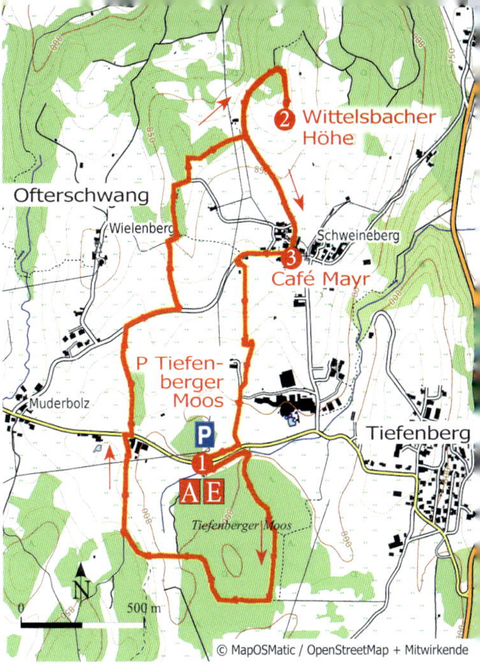

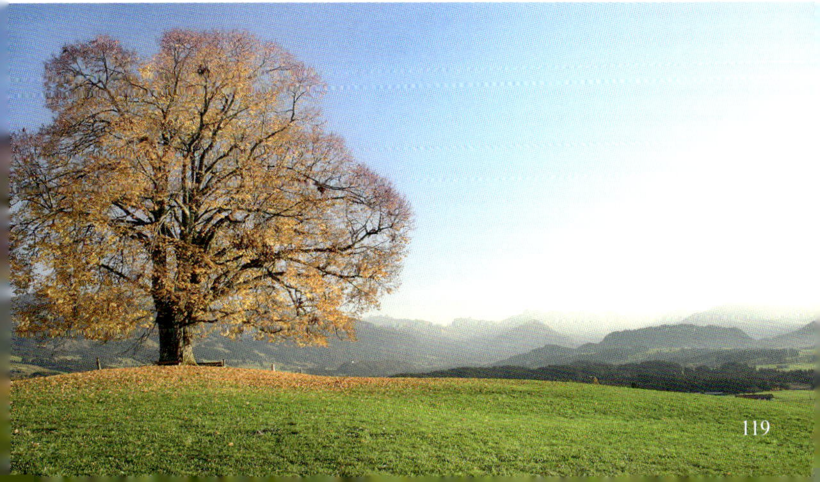

43 Hinauf auf den Schnippenkopf

4.30 Std. | 700 Hm | 10,7 km

Berggasthof Sonnenklause oberhalb von Hinang, 1045 m; beim Feuerwehrhaus an der Umgehungsstraße von Hinang auf der Stichstraße 2 km hinauf zur Sonnenklause *(**Navi**: 87527 Hinang, Hinang 48).*

Teils recht steil, nach Regentagen streckenweise arg matschig.

Ghs. Sonnenklause ①; Altstädter Hof ②

Über den aussichtsreichen Sonnenkopfgrat

Östlich von Fischen wird das Illertal vom Sonnenkopfgrat flankiert, einem langgestreckten, schmalen Kamm mit steilen Hängen, die in einer Kette von Einzelgipfeln enden. Wir steigen hinauf auf diesen Grat und wandern auf ihm bis zu seinem höchsten Punkt, dem 1833 Meter messenden Schnippenkopf, begleitet von herrlichen Ausblicken über das Illertal, die Allgäuer Alpen sowie das Retterschwanger Tal auf der Rückseite des Grates.

Von der **Sonnenklause** ①, 1045 m, folgen wir der Straße entlang einer Wiese bergauf bis zu einer Weggabelung. Rechts führt die Straße auf etwas direkterem Weg hinauf zum Sonnenkopf, wir wählen allerdings den linken Schotterweg in Richtung »Altstädter Hof«. Mal durch Wald, mal über offene Wiesen steigen wir steil bergwärts und stoßen schließlich auf einen Querweg, der uns links in wenigen Minuten hinüberbringt zum **Altstädter Hof** ②, 1280 m, der aussichtsreich auf einem Wiesenhang über dem Illertal thront. Dort biegen wir rechts ab, steigen anfangs weiter auf einer Forststraße bergan, dann steil geradeaus über einen schmalen Pfad bis zu einer Kuppe. Hier halten wir

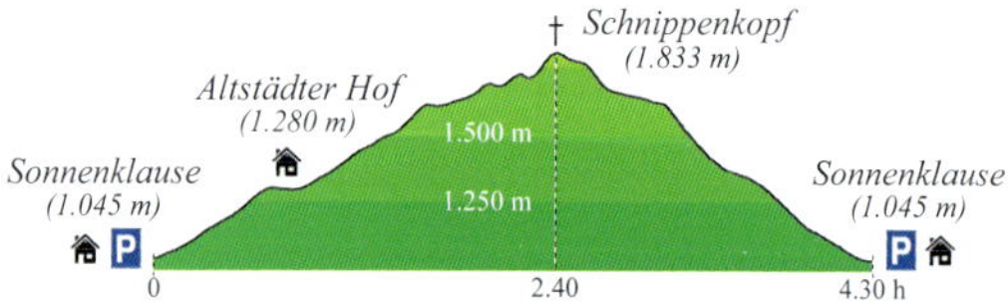

Blick vom Schnippenkopf zurück Richtung Sonnenkopf; rechts das Retterschwanger Tal

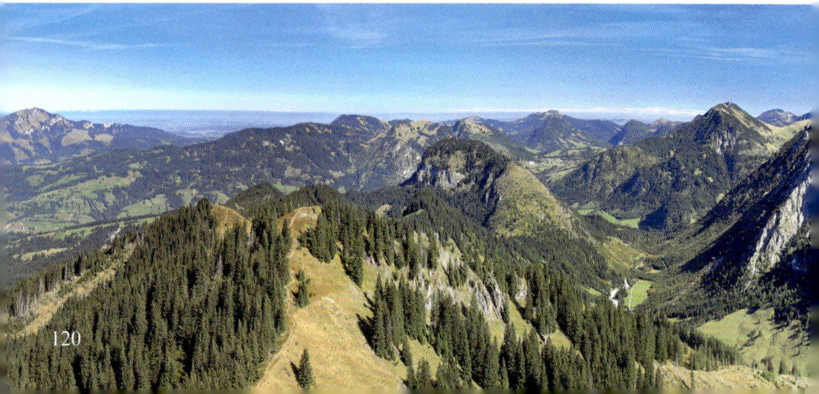

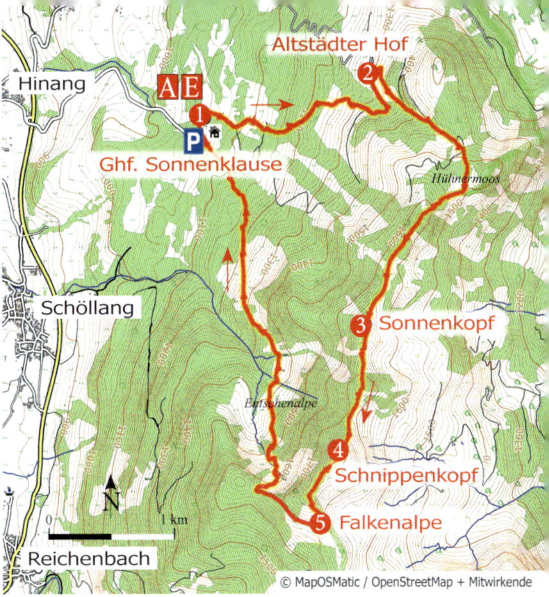

uns rechts und gelangen in wenigen Minuten zu einer kleinen, reizvollen Lichtung, dem Hühnermoos. Der weitere Weg zieht sich nun recht steil und etwas holprig an einer Kante entlang – hinter der das Gelände ins Retterschwanger Tal abfällt – bis zu einem Wiesengrat hinauf. Gemächlich ansteigend geht es nun auf dem Grat weiter zum ersten Gipfel, dem **Sonnenkopf** ③, 1713 m. Links breitet sich das Retterschwanger Tal aus, beeindruckend eingerahmt von den schroffen Dolomitwänden des Nebelhorns und Großen Daumens. Es folgt die nächste Kuppe in der Reihe, der Heidelbeerkopf, dann peilen wir den höchsten Punkt der Wanderung und des Grates an, den **Schnippenkopf** ④, 1833 m. Durch seine steile, bei Nässe unangenehm rutschige Nordflanke ansteigend, gelangt man auf einen weiträumigen Wiesenbuckel mit wunderschönem Rundumblick über das Illertal bis weit hinein ins Kleinwalsertal. Über offene, von einigen Latschenkiefern durchsetzte Wiesen steigen wir auf seiner Südseite wieder abwärts bis zur **Falkenalpe** ⑤, 1700 m. Hier biegen wir rechts ab und wandern quer zum Hang im Wald leicht abwärts. Dann steigen wir rechts – auf teils etwas matschigem Weg – in den weiten Talkessel der Entschenalpe ab. Dort geht der Pfad in eine Almstraße über, die unangenehm steil bergab führt, aber durch die freien Wiesenhänge mit einem schönen Panorama entschädigt. Im Wald weit vor uns sind bereits die Dächer der Sonnenklause zu erkennen. In einer steilen Kehre verlassen wir die Teerstraße und folgen rechts einem schmalen, wieder etwas angenehmer zu gehenden, schönen Waldweg. Immer geradeaus erreichen wir nach längerem Abstieg unseren Ausgangspunkt.

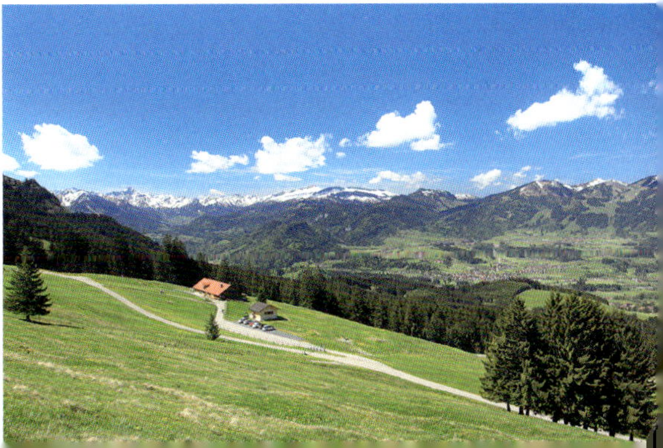

Altstädter Hof

44 Entlang der Iller zur Schöllanger Burgkirche

2.45 Std. | 150 Hm | 7 km

Fischen, Parkplatz direkt an der Illerbrücke, 760 m (Straße Fischen–Schöllang) *(**Navi**: 87538 Fischen, Illerstraße 5)*; Bus und Bahn Linie Immenstadt/Sonthofen–Oberstdorf ca. halbstündlich. Vom (Bus-)Bahnhof ca. 500 m quer durch den Auwald direkt zum Iller-Uferweg.

Breite, leichte Wege mit leichtem Auf und Ab, meist Schotter; eher Spaziergang-Charakter.

Gasthof in Rubi (Abstecher)

Die Iller bei Fischen (u.) Schöllanger Burgkirche (re.)

Abwechslungsreiche Wanderung im Illertal

Die Iller ist in ihrem späteren Verlauf im Unterallgäu kanalisiert, in ihrem Oberlauf zwischen Oberstdorf und Immenstadt hingegen zeigt sie sich von einer sehr naturnahen, schönen Seite. Kristallklares Wasser, das sich zwischen den weiten Kiesbänken hindurchschlängelt, mit hübschen Uferwegen auf dem begleitenden Illerdamm, und im weiten Rund die schöne Bergwelt. Nach einem längeren Spaziergang am Ufer entlang steigen wir auf dieser Tour hinauf zur Schöllanger Burgkirche, die aussichtsreich auf einem bewaldeten Bergrücken thront. Eine gemütliche Runde mit schönen Ausblicken.

Vom **Parkplatz** ①, 760 m, aus überqueren wir die Iller und biegen gleich dahinter links auf den Illerdamm ein, der den Fluss – als wunderschöner Radweg – auf über 20 Kilometer zwischen Oberstdorf und Immenstadt begleitet. Nach zwei schweren Überschwemmungen um die Jahrtausendwende hatten die Verantwortlichen ein Einsehen und verbreiterten den begradigten Fluss wieder, so dass die Iller in diesem Bereich heute einen sehr schönen, naturnahen Charakter aufweist – mit ausgedehnten Kiesbänken, zwischen denen sich das klare Wasser immer wieder neue Wege sucht. Netter Nebeneffekt: nach dieser Umgestaltung passt nun zwischen Uferdamm (der als stark

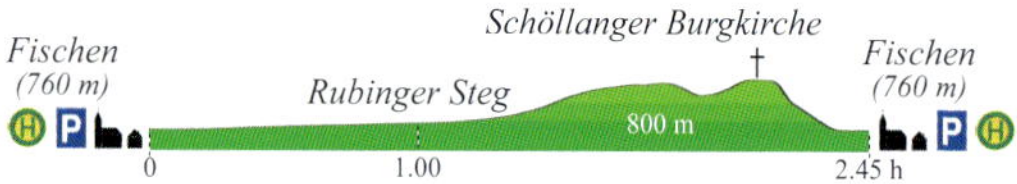

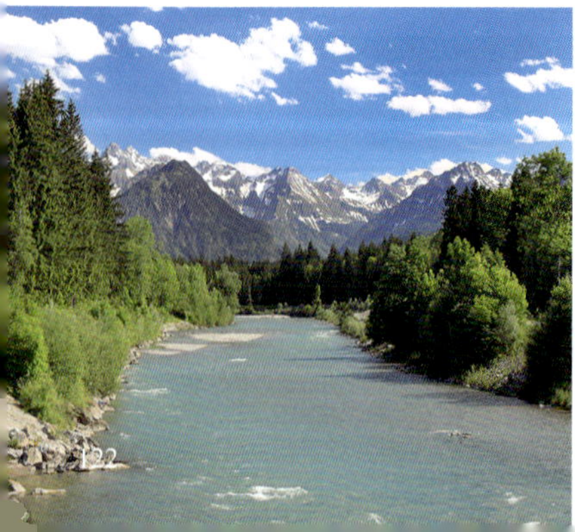

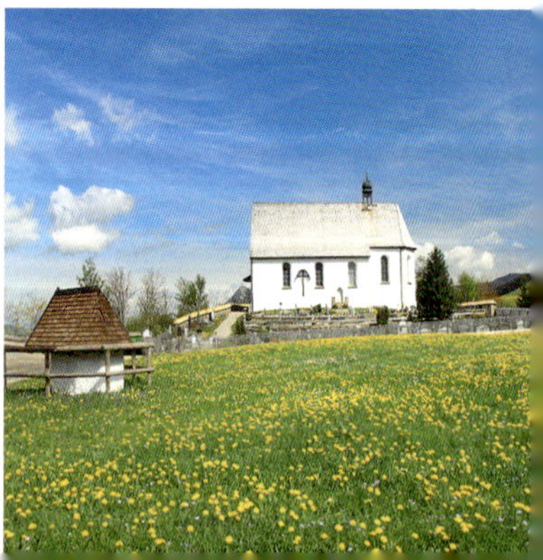

frequentierter Radweg eher ungeeignet zum Wandern ist) und Fluss auch noch ein ruhiger Fußweg. Auf diesem spazieren wir gut drei Kilometer flussaufwärts, immer direkt am rauschenden Wasser entlang mit dem bewaldeten Steilhang des Burgbergs auf der gegenüberliegenden Uferseite. Bald erreichen wir eine **Fußgängerbrücke** ②, 780 m, wechseln aufs andere Ufer, lassen den Fluss hinter uns und halten auf das kleine Dorf Rubi zu. Bei der Dorfkapelle beginnt links ein längerer, gemächlicher Aufstieg einen weiten Wiesenhang hinauf mit schönem Bergpanorama Richtung Oberstdorf und Allgäuer Alpen im Süden. Oben auf der Kuppe angekommen, wandern wir durch einen schönen Mischwald weiter, zum Schluss noch ein kurzes Teerstraßen-Stück, dann haben wir die einsame **Schöllanger Burgkirche** ③, 892 m, erreicht, die exponiert auf dem nördlichsten Punkt des langgestreckten Höhenzuges thront. Oben öffnet sich ein schöner Blick hinunter Richtung Fischen und zur Iller sowie – in der anderen Richtung – auf das hoch aufragende Rubihorn. Auf der Ostseite der Kirche – durch eine kleine Pforte in einer Mauer hindurch – beginnt ein schmaler, streckenweise sehr steiler Pfad den bewaldeten Nordhang hinab. Am Ende des Abstiegs treffen wir auf einen breiteren Weg, auf dem es gemütlich weiter hinab zum Ausgangspunkt geht (wem der steile Nordhang-Pfad zu ausgesetzt ist, der kann alternativ der Straße mit gemächlichem Gefälle abwärts folgen und nach einer weiten Kehre unten am Hangfuß dem ersten Abzweig links folgen und so den o.g. breiten Weg erreichen, der uns dann zum Startpunkt zurückbringt).

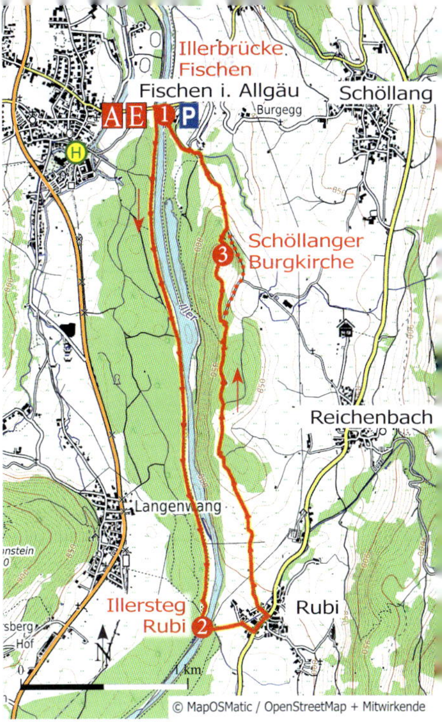

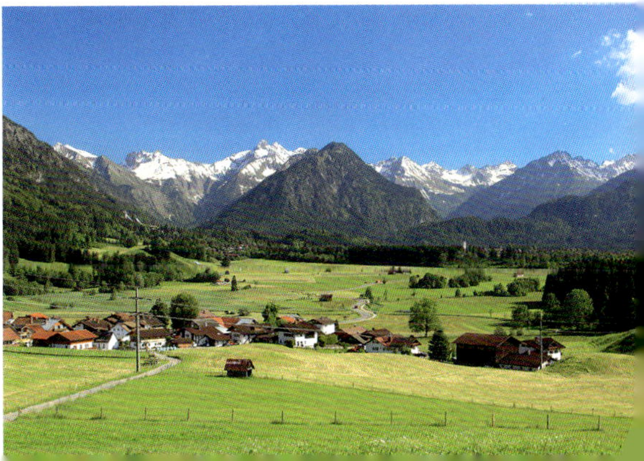

Rubi und Allgäuer Alpen

45 Wiesenweg von Schöllang nach Oberstdorf

3 Std. | 75 / 120 | 7 km

Schöllang, 855 m; auf halber Strecke zwischen Sonthofen und Oberstdorf auf der Nebenstrecke auf der östlichen Illertal-Seite. Parkplatz etwas versteckt in der Ortsmitte hinter der Touristeninfo *(**Navi**: 87561 Oberstdorf-Schöllang, Schelchwangenweg 3)*;
Bus Oberstdorf–Sonthofen ca. stündlich (Bushaltestelle in der Ortsmitte bei der Kirche).

Breite, leichte Schotterwege mit leichtem Auf und Ab; eher Spaziergang-Charakter.

Moorstüble ② (Abstecher bei Reichenbach);
Gasthaus in Rubi ③

Gemütliche Talwanderung mit weiten Aussichten

Eine der schönen Eigenschaften des Allgäus ist, dass man für aussichtsreiche Wanderungen nicht zwingend in großen Höhen unterwegs zu sein braucht. Auch im unteren Illertal findet sich eine Vielzahl an abwechslungsreichen Touren inmitten schönster Natur. Auf dieser gemütlichen Wanderung spazieren wir von Schöllang nach Oberstdorf, es geht auf leichten Wegen durch Wiesen und entlang kleiner Moore, während vor uns ständig die hohen Gipfel der Allgäuer Alpen präsent sind.

Vom Parkplatz sind es nur wenige Schritte hinüber zur **Schöllanger Kirche** ①, 855 m, in der Mitte des kleinen Dorfes (Bushaltestelle). Von dort folgen wir der Hauptstraße gut 150 Meter südwärts, biegen dann links in eine Seitenstraße ein, nach 50 Meter rechts und gleich wieder links. Auf dieser schmalen Straße lassen wir das Dorf hinter uns, unterqueren die Umgehungsstraße und erreichen gut 100 Meter weiter einen querverlaufenden Schotterweg, wo wir uns rechts halten. Hier beginnt nun der angenehme Wiesenweg, der uns für die folgenden zwei Stunden nach Oberstdorf begleitet, ein gemütlicher Spazierweg mit schönen Ausblicken und zahlreichen Bänken

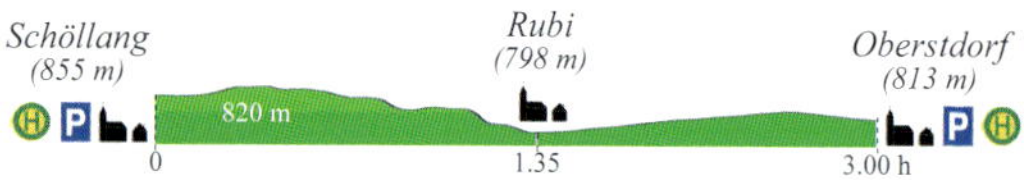

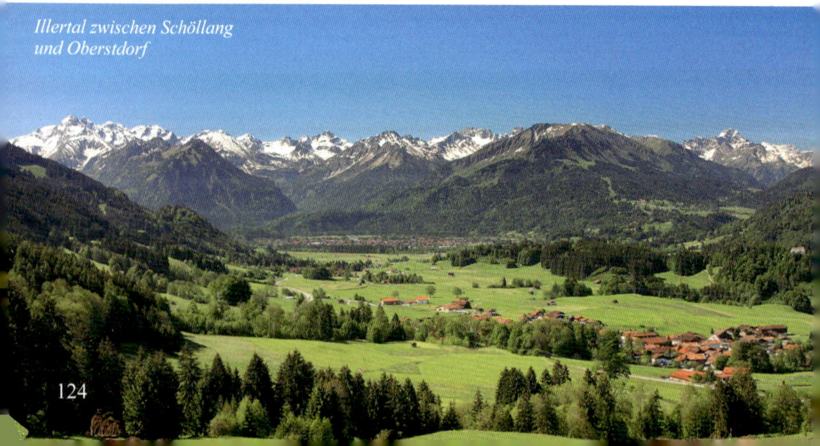

Illertal zwischen Schöllang und Oberstdorf

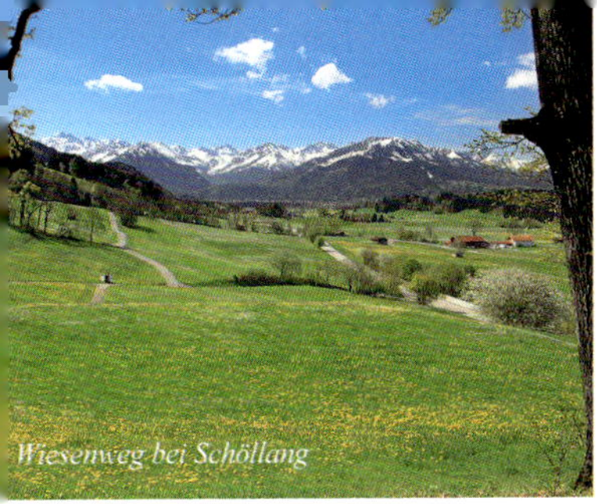

Wiesenweg bei Schöllang

unterwegs, im Großen und Ganzen immer südwärts mit dem einen oder anderen kleinen Schlenker mittendrin. Nach etwa 20 Minuten erreichen wir das Dorf **Reichenbach** ②, 867 m (kurz vorher zweigt rechts ein Stichweg zum 'Moorstüble' ab), dort kurz rechts-links und hinüber zu einem großen Wanderparkplatz ('Gaisalpe'). Wir bleiben unterhalb des Parkplatzes, halten uns dahinter rechts und wandern am Gaisalpbach entlang – vorbei an einem hübsch gestalteten Waldspielplatz – abwärts bis zu einer Brücke. Dort links und weiter auf dem Wiesenweg hinüber Richtung **Rubi** ③, 798 m, unterhalb des gleichnamigen Horns (immer der Beschilderung »Oberstdorf« folgen). Wir lassen das Dorf rechts liegen und bleiben auf dem Wanderweg, passieren ein kleines Moor und kommen zur Rubinger Oy, einer tischebenen Wiesenfläche nördlich von Oberstdorf. Der Weg führt uns schließlich durch diese Wiesen in den Ort hinein bzw. zur Trettach. Wir bleiben am linken Flussufer und erreichen auf dem schmalen Uferweg 500 Meter weiter die Nebelhornbahn-Talstation. Von hier zum Bus bzw. zum Bahnhof **Oberstdorf** ④, 813 m, sind es gut 15 Minuten durch die Fußgängerzone.

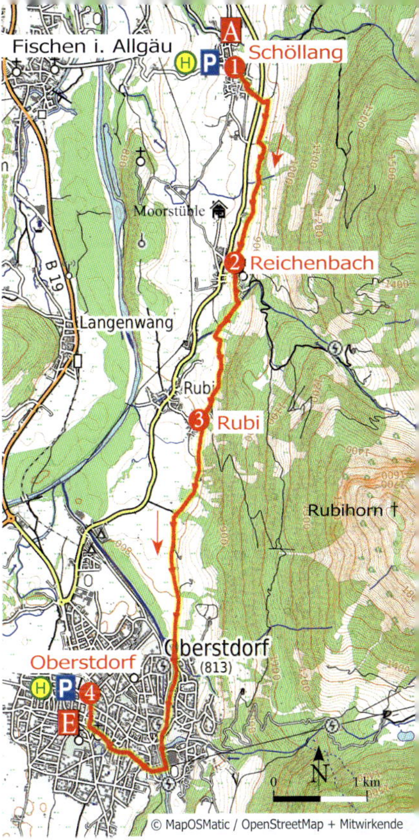

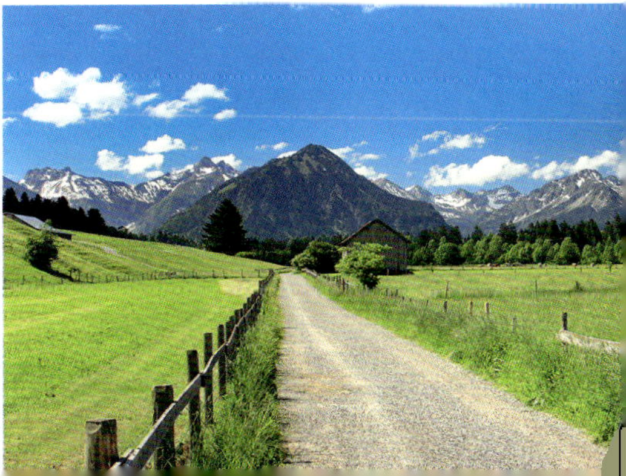

Rubinger Oy

REGISTER

Wanderführer über die Region:

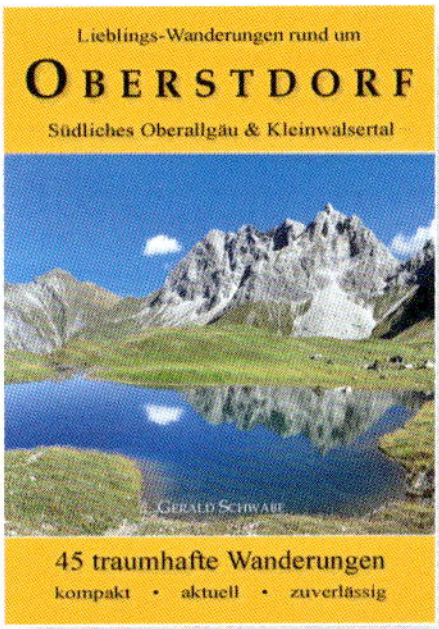

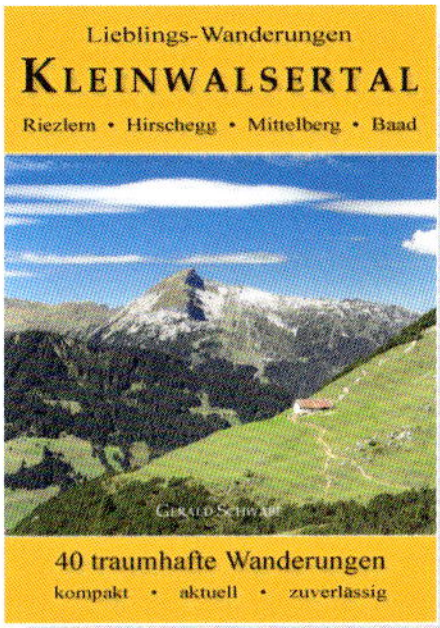

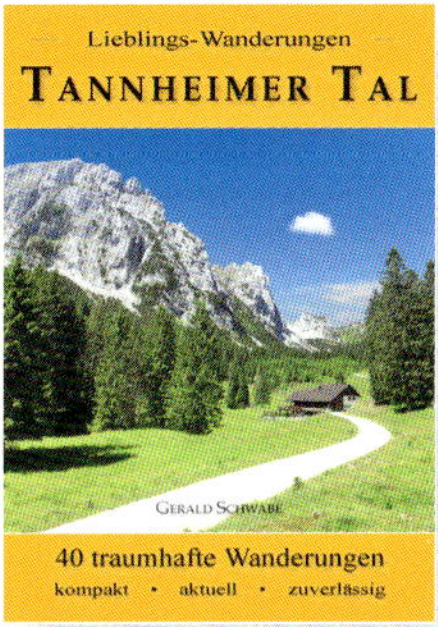

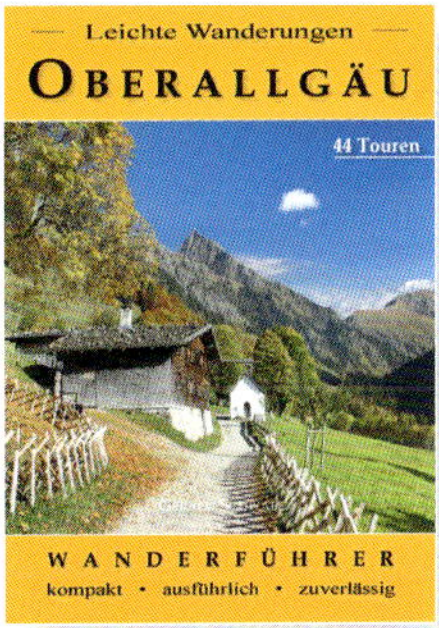

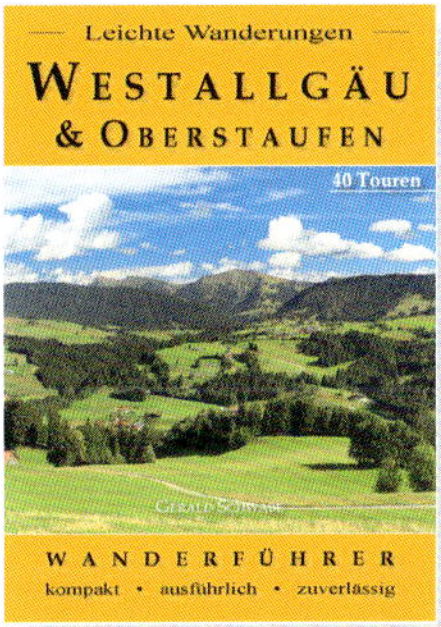

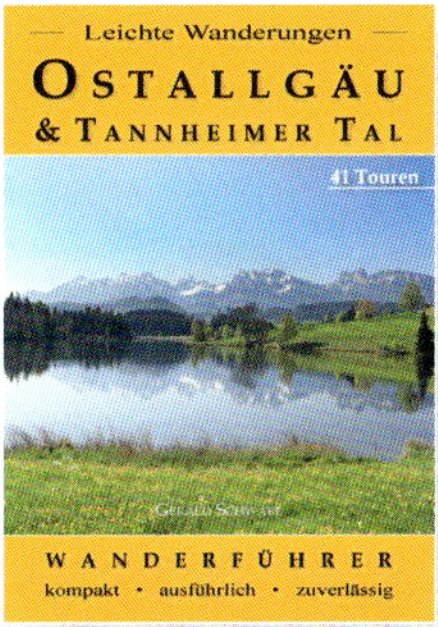

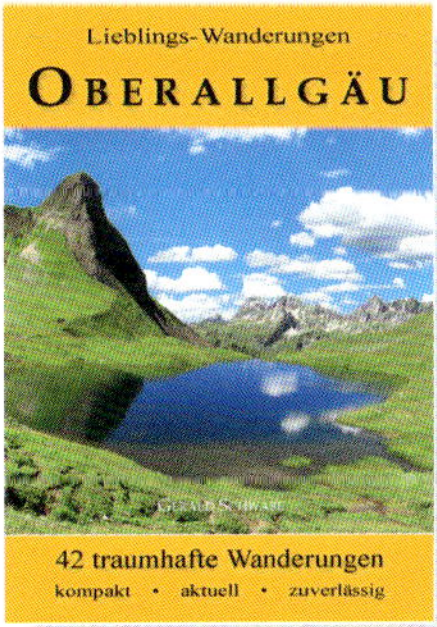

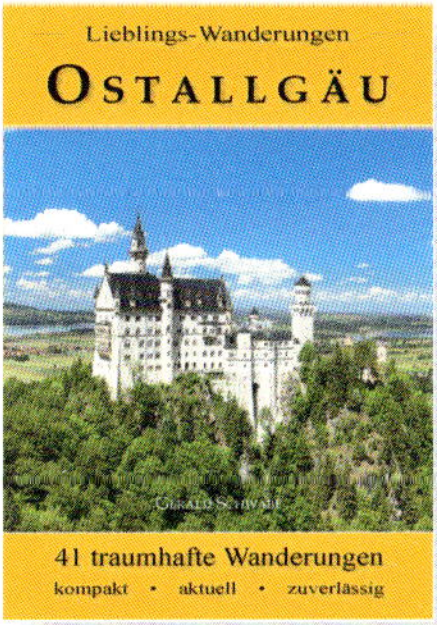

IMPRESSUM

Fotograf und Autor:

Gerald Schwabe lebt seit der Jahrtausendwende im Allgäu und hat seine Passionen Fotografieren und Bergwandern zum Beruf gemacht. Über 40 Wanderführer und Bildbände über die Region sind seitdem entstanden und zeugen von seiner Begeisterung für die Berge und das Allgäu. Seine bekannten Panorama-Aufnahmen sind über *www.allgaeu-panoramen.de* als großformatige Leinwandbilder erhältlich.

Umschlagvorderseite: Eissee und Großer Wilder im Oytal bei Oberstdorf
Umschlagrückseite: Trettachtal bei Oberstdorf

Bildnachweis: Alle 140 Aufnahmen stammen vom Autor
Gestaltung, Layout, Satz und Grafik: Gerald Schwabe
Kartographie: 45 Wanderkärtchen und 2 Übersichtskarten:
© OpenStreetMap – Contributors (www.openstreetmap.org),
erstellt mit MapOSMatic (https://print.get-map.org)
Druck: AZ Druck und Datentechnik GmbH, Kempten

5., aktualisierte Auflage 2025

ALPENVERLAG SCHWABE
Rubihornweg 24, DE-87509 Immenstadt
www.alpenverlag-schwabe.de
E-Mail: geraldschwabe@gmx.de

ISBN 978-3-949988-11-0

Wenn Sie Kritik, Lob oder Anmerkungen zu diesem Wanderführer haben,
freue ich mich über Ihre Nachricht:
Leserzuschriften bitte per E-Mail an: geraldschwabe@gmx.de